基督教文化研究丛书

主编 何光沪 高师宁

初编 第 4 册

黑格尔"辩证法"的真正起点和秘密——
青年时期黑格尔哲学思想的发展（1785 年至 1800 年）

陈 果 著

花木兰文化出版社

国家图书馆出版品预行编目资料

黑格尔"辩证法"的真正起点和秘密——青年时期黑格尔哲学
思想的发展（1785年至1800年）／陈果 著 -- 初版 -- 新北市：
花木兰文化出版社，2015〔民104〕
目 2+220 面；19×26 公分
（基督教文化研究丛书 初编 第4册）
ISBN 978-986-404-195-4（精装）

1. 黑格尔（Hegel, Georg Wilhelm Friedrich, 1770-1831）2. 学术
思想 3. 辩证逻辑
240.8   104002083

ISBN-978-986-404-195-4

9 789864 041954

基督教文化研究丛书
初编 第四册

ISBN：978-986-404-195-4

黑格尔"辩证法"的真正起点和秘密——
青年时期黑格尔哲学思想的发展（1785年至1800年）

作　　者 陈果
主　　编 何光沪 高师宁
执行主编 张 欣
企　　划 北京师范大学基督宗教文艺研究中心
总 编 辑 杜洁祥
副总编辑 杨嘉乐
编　　辑 许郁翎
出　　版 花木兰文化出版社
社　　长 高小娟
联络地址 台湾 235 新北市中和区中安街七二号十三楼
　　　　 电话：02-2923-1455 ／传真：02-2923-1452
网　　址 http://www.huamulan.tw 信箱 hml810518@gmail.com
印　　刷 普罗文化出版广告事业
初　　版 2015 年 3 月
定　　价 初编 15 册（精装）台币 28,000 元

黑格尔"辩证法"的真正起点和秘密——
青年时期黑格尔哲学思想的发展（1785年至1800年）

陈 果 著

作者简介

陈果，1981 年 2 月生于上海，从 1999 年到 2008 年在复旦大学哲学系获得了学士、硕士和博士学位。2008 年 6 月至今，留校任教，是深受学生欢迎的人气教师。

提　　要

本文乃是依据诺尔先生（Dr. Herman Nohl）编辑的《黑格尔早期著作集》所提供的文本线索，探讨黑格尔青年时期对于哲学领域的最初进路：基于基督教神学问题所做出的哲学思考 —— 主要体现于五个较成体系的文本 ——《民众宗教和基督教》、《耶稣传》、《基督教的权威性》、《基督教的精神及其命运》和《1800 年体系残篇》。笔者进行了微观的研究、斟字酌句的琢磨，尝试着寻找五个文本之间的内在连贯性。在这五个文本中，每一个文本都为下一个文本提出了一个问题，而每一个文本同时又是对上一个文本所提出之问题的思考和解答。如此循序渐进的思想挪移过程，展现了从青年时期黑格尔的基督教神学思想导向其成熟时期包罗万象的哲学体系之发展历程，由此揭示了黑格尔如太阳系一般庞大而丰满的哲学体系的最初起源与最深的秘密。

感谢导师张庆熊教授多年的指导与栽培，
并且以此铭记我属于复旦的大学时代。

此专著获得了
"上海市哲学社会科学规划中青班专项"

目次

前　言

　　卡尔·洛维特在他的著作《从黑格尔到尼采》的开篇写道："歌德把德国文学变成了世界文学，而黑格尔则把德国哲学推行为世界哲学。"长久以来埋头于成堆的黑格尔撰写的或者撰写黑格尔的著作中，本以为对他的姓名以及任何评价都已然麻木，至少不会引起内心激荡的澎湃了。然而事实证明并非如此，在看到这一句精湛而诚实的总结时，我不禁感觉自己些微有点沉醉而不可自拔。

　　曾经秉持着这样一个淡然的生活哲学——"做一个平凡人，并不比作一个伟人更简单"，以至于当我把目光投射到日常生活的琐碎细节时，更容易敏感于许多被人们当成习以为常的"伟大"。但是这样的伟大，因为它只是点点滴滴的零星闪光，散布在更为细碎繁杂的生活枝节中，最终只是被历史的巨流淹没，最多会成为少数一些人的模糊印象，但是这些印象最后也跟着这些人一起进入生命的休眠。被历史遗忘，似乎是作为孤独的个体生命的必然宿命。当一个人的姓名被持久地作为一个国家或者民族的象征时，这种伟大已经撑裂了日常生活的镜框，伸展进了更为广阔的背景。充溢在这样的个人大脑中的思想也溢出了包裹着他的肉体凡胎，影响着甚至改变着一个国家或者民族的走向，这些人激越为历史汪洋中最顶端的浪花，在阳光下瞬间或者长久爆发出的灿烂足以使得他们成为持存的记忆，即便百年之后蓦然回首，依然可以在岁月的斑驳遗迹中重见他们往昔的骄傲。世界，如果可以给出一个约略的定义的话，大概就是包罗万象的所有。当一个人作为存在者撼动了存在着的世界，这是何等的伟岸，因为他们不只是生活在这颗蔚蓝色的星球上，跟随着它的旋转周期等待着自身生命轮回的芸芸众生，他们更是举起了那根无形的阿基米德"杠杆"，撬动了整个地球。

从现实的角度看，影响世界的力量很多，比如瘟疫、洪水等天灾，或者战争、革命等人为因素，但是最后能够广泛弥漫、亘古常新的，往往只有——精神，当一切有形的存在在时间的磨砺下风化为逝去的峥嵘，那么留下来的只有那些虽然看不见摸不着，却依旧鲜活生动地跳跃于人类神经纤维上的思想精灵。黑格尔就是这样的一个思想灵魂，或许他的双脚未曾亲近过世界上的绝大多数土壤，但是几乎每一个地方都能发现他的脚印，而且时间抖落下的尘土并没有掩盖住这些脚印，反而进化为丰肥的春泥，栽培着那些从脚印中抽芽萌发的枝条，它们生长得格外茁壮，形态各异，但尽管如此，在绿影摇曳之间却依然清晰可辨黑格尔特有的气息，无论最终的果实是怎样的丰富多样，根却坚实地倚赖着黑格尔深不可探的精神存在。

想起了世界著名的"侦探女王"阿加莎·克里斯蒂的书中那位聪明过人的英国乡村女侦探简·马普尔太太不经意间吐露的那句耐人寻味的话："不论是什么时代，人性总是相通的。"人性逾越了时空，作为一个永恒的命题，弥漫在一切人类精神所及之处。过去、现在、未来的分界只是为一些粗糙的、停留在时代的表皮、从未潜入心灵最深处的东西而预备的；而那些整理着人类思想的脉络，探究着藏匿于纷繁芜杂的现象背后之本质精神的人，却因为黑暗中那一束真理之光的照射而分享了真理本身的永恒性。

在阅读青年黑格尔的宗教哲学的著作时，我恍惚能瞥见闪烁在字里行间的隐约灵光，那几个世纪前传来的声音依然清晰地震动着我的耳膜，更震动着我头脑中某些角落里似曾相识的观念和想法。那些文字展示的不只是知识，还有人类单凭自己的体力和脑力建造起的巴比塔所无法企及的智慧。

"虽然脚踩污泥，却依然仰望星空"，这是一种带着几分稚气的浪漫主义情结，但是作为一介书生，一个哲学的初学者，在蹒跚地摸索寻觅真理的道路上，能够抬头凝望一个巨人的背影，并在他的指引下迈上通向精神殿堂的心路历程，这又是何等的荣幸和幸福？黑格尔对人类的关怀，时时处处体现在他的早期神学著作中，18 岁的他就已经意识到："如果这些经验能够教会我们大致的判断，许多信仰或许是谬误，而与我们有不同想法的人的信仰却可能是真理，那么，我们就不再会仇视，不再会无情的攻击别人。我们知道，陷入谬误是极其容易的；所以，不会把这种情况归咎于恶意和无知，而是始终以公正和博爱来对待他人。"[1] 这种公正和博爱的心情贯彻了黑格尔毕生的哲学思想。对于黑格尔，除了知识上对他的景仰，更有对其人格的敬爱。但是爱，必须首先建立在理解的基础上，不得不承认，在阅读并且理解黑格尔著作的过程中，大多数时间伴随着信心褪色的失落以及百思不得其解的叹息，有时甚至忍不住抱怨自己的大脑缺乏必要的哲学细胞。但是"明知山有虎，偏向虎山行"的鲁莽和稚气，何尝不是一种"荡气回肠"的英雄气概？——这也是我每逢知难落泪之际，时时用来聊以自慰的自我鼓励之词。无论如何，借用黑格尔在其《精神现象学》中的一句话："这条达到科学的道路本身已经就是科学了。"[2] 但愿我在这条道路上能够为后来者铺上一块砖，也算是不枉此行了。

导　论

（一）本文的目的以及所要解决的问题

　　"在西方哲学史上，恐怕除了柏拉图之外，再没有一个哲学家像黑格尔那样，能够掀起如此灿烂多姿、思想激越的一个哲学时代，以至于那么多认真肃穆、享有教授头衔的学者如此那般沉浸于信念之狂热驰骋、想象力之卓越迸射。"[3]正因为他的哲学体系空前宏大、无所不包，他的哲学语言带着搅乱日常思维的玄奥色彩，所以每一个研究黑格尔的后人似乎都可以在那样"雾里看花"的模糊境况下勾画出一个"自己的"黑格尔。或者说，由于黑格尔哲学的原创性和实践性，任何人都可以根据自己所处的不同时代以及个人的不同理解来美化或者丑化黑格尔。"他之后的哲学家们要么赞同他，要么反对他。几乎没有什么哲学家能够用冷静的、超然的态度来对待黑格尔的哲学，也很少有人能够以绝对公正的态度来衡量他的功过。有人将黑格尔贬为冒充内行者或者言词晦涩者，但是也有人把他称颂为现代哲学史上最伟大的思想者之一。这样的截然相反的"黑格尔观"，使得人们要么全盘否定黑格尔哲学，要么孜孜不倦地花费几十年的时光投入对其哲学的细致研究。但是无论我们对于黑格尔是偏爱还是厌烦，我们始终都无法漠视他的存在。由于他在哲学界的重大历史意义，我们不可能忽略他的价值。大多数现代哲学的流派，要么是深受其影响，要么是对其哲学的激烈反击。这不单单指马克思主义哲学和存在主义哲学——此二者当然是其中最为典型的例子——也包括了批判理论、解释学，如果从反面的否定角度看，分析哲学也是其中一支。黑格尔始终是现代哲学的分水岭，正是以他作为源头，现代哲学的众多流派开始发散、分流。如果一个现代哲学家试图要寻觅其自身哲学的根源，迟早都会追溯到黑格尔哲学。"[4]

对于一种哲学思想的研究，最常规的、也是最有效的方法就是从其思想的源头进行开掘。这样的方式可以避免"断章取义"所导致的误解，也有助于研究者步步递进、由浅入深，不会由于突如其来的复杂性而令人茫然。笔者在本文中试图要做的就是揭示黑格尔青年时期的基督教哲学（基督教哲学，以下简称"宗教哲学"或"宗教学"）思想在其整个哲学生命中所具有的关键性价值。换言之，笔者希望借着本文阐发这样一条思路，即黑格尔"作为一个哲学家，是如何发现哲学、并进而发现他自己的哲学的。"[5] 这样的对于一个哲学家之思想根源的开掘是非常必要且重要的，因为不论是一个人，一种事态，还是一段思潮，总是根植于它最初萌发时所依托的背景，并且其后的逐步发展往往秉承着一条内在的连贯性，即使这样的连贯性在某一个阶段被表现为一种反向的、对此前之脉络的否定。但是，"否定本身就是一种肯定"，因为"否定"的隐性前提是"有表达'否定'的必要性和重要性"，而这实际上就是一种变相的"重视"。"重视"则已然是最直接的、最有力的"肯定"。套用马克思的一句名言，即"异化与异化之扬弃走的是同一条道路"。无论是正面的"认同"，或者是负面的"批判"，只是一种表象上的差异，实质上，这两者对待某一种思想时所采取的貌似截然相反的态度却分享着一个鲜明的共同点，即对于这一种思想的重视——这样的"重视"如此深切，以至于它们发自内心地觉得必须对此说些什么；两者的言说动机是一致的，区别仅仅在于它们言说的角度或所站的立场。所以，当我们不加以细致检审、反复思量，就对某一种学说或者某一个思想给出"自相矛盾"的评语时，笔者深信，这只能证明研究者的轻率或者无知。而黑格尔哲学正是由于自身层层推进的自我否定性而如此这般屡屡招致后人的误解。但是我们必须牢记这样的一个规律，即任何思想（不是一时兴起的"灵感"或者带有神秘色彩的预言）的发展，即便乍一看貌似前后矛盾或者彼此断链，实际上都遵循着自身的某一种逻辑，循序渐进地经历层层曲折与蜕变，最终才定格在一个相对成熟与稳定的形态上。如果我们没有发现这一轨迹，那并不能证明它不存在，而只是说明了它的隐蔽，或者说我们还没有做好准备去理解它。当我们面对青年时期黑格尔的神学思想时，这就是一种不得不加以澄清的境况。对于黑格尔哲学而言，他的体系之源头就来自于那些看似零乱而矛盾的基督教哲学思想手稿，这些思想是黑格尔在其哲学轨道上迈出的第一步，所以要真正理解黑格尔哲学，我们不能把黑格尔哲学作为一个未经发育期而直接跃入成熟阶段的东西，而要看成一个"自始至终"逐步生成的过程，在黑格尔那里，"始"与"终"不是一对水火不容的对立物，而是环环相扣的整体，是交相辉映、彼此和谐的思想发展的必经之路——没有"始"，也就谈不上"终"；没有这个"始"，也就不可能走到那个"终"。一旦放置在整体性之中，"始"与"终"之间语词上的对立性由此消弥而达成了和解。所以作为"始"的黑格尔青年时期的基督教哲学思想以及其最后作为"终"所呈现给众人的的成熟哲学体系并不是两个断裂的片断，而是一个浑然一体的完整系统。因而要更加贴合原意地理解黑格尔成熟时期的哲学思想，必须要弄清楚其哲学思想的来源，也就是说，要深入理解黑格尔哲学体系所建立于其上的青年时期基督教哲学思想这个基础。但是正如我们前面所说的，这一时期，他的每一个文本似乎都是对了前一个文本的否定，这样的摇摆不定使得黑格尔的众多研究者们不由自主地认为，青年时期黑格尔的宗教学思想与他之后成熟时期所展现出来的完满哲学体系是两个相关甚微的断层；前者中更迭起伏的思路所透露出的"不完善"以及出此显示的黑格尔的"不自信"，仿佛与后期黑格尔演绎出的"太阳系"般宏大且自恰的哲学系统不相呼应；并且青年时期黑格尔的思想重点毫无疑问是基督教哲学，而成熟时期的黑格尔却完全是一个在他的时代掀起了思辨哲学之高潮的领军人物，这样大相径庭的思维视角所引来的最直接的、最普遍的看法便是：黑格尔弃宗教学而从哲学，或者说，在对宗教学的否定基础之上黑格尔建立了其对哲学的肯定。由于这样的认识，自然而然就产生了一种相应的结果，即把青年黑格尔的宗教学思想排斥在了黑格尔整个哲学生命之外。虽然这样的"排斥"并没有任何"划界式"的宣告或者说明，但是研究者们一旦谈及黑格尔哲学时，其《精神现象学》却成了一个无需解释的、理所当然的起点。或许，"划界式"的宣告或者说明也是一种多余，因为"宣告"本身就意味着"重要性"，但是青年时期黑格尔的宗教学思想在很多黑格尔研究者们看来并不重要，是一个次要的和可有可无的部分，所以"宣告"的意义也就随之湮灭了。然而，如果我们真的把青年黑格尔从黑格尔的整个哲学生命中切割去，这不但丧失了对一个哲学家思想之历程的最基本的尊重，而且这也恰恰是对于黑格尔本人及其思想的最大悖逆。因为这样的"切割"制造的正是一种"对立性"——青年时期与成熟时期的对立、宗教学思想与哲学体系的对立、一个人生命中的一部分与另一部分的对立——，而"对立性"是黑格尔终其一生一直在竭力克服的东西。"黑格尔在任何情况下都希望的，是'死的对立'转化为'活的关系'，为的是重建一种原初的整体性。"⁽⁶⁾这样看来，从对立的角度来看待和研究"反对对立性"的黑格尔哲学，实在不是什么明智之举。

笔者在此恰恰要对黑格尔青年时期的基督教哲学思想手稿逐一进行细致的梳理，通过这一段时间跨度上虽不算漫长，即 1785 年至 1800 年，却代表了黑格尔最初的对于哲学问题、或者说从哲学角度对于宗教问题进行认真思考之开端，也直接导向他耶拿时期的名作《精神现象学》的宝贵思想资源，来揭示黑格尔早期基督教哲学思想对其日后哲学体系之建立以及绝对精神之关涉的重大影响。"用任何一种简单粗暴的方式来批评黑格尔的办法非但不能够使得我们从这位伟人那里汲取到任何营养，反而只能在那些已然泛滥成灾的误解中再添加一些笑料或者话柄。毋宁说，一种扎实的黑格尔研究需要的是一种非常谨慎的'破译密码'式的态度——换言之，我们得小心翼翼地在黑格尔的字里行间寻觅其背后的微言大义，在那些让人头疼的玄学表达中寻找到那些最现实、最感性的东西。"ⁱ所以笔者希望能够借着本文，通过对于黑格尔早期基督教哲学思想的细致分析，来尝试着纠正一下"那些已然泛滥成灾的误解"，同时，找出一些"最现实、最感性的"、在黑格尔整个哲学体系中一以贯之的持久的东西。

用《精神现象学》中黑格尔自己的原话来说："这条达到科学的道路本身就已经是科学了。"⁽⁷⁾换言之，向着真理迈出的第一步，实质上已然是走上了真理之路。所以当笔者决定以"青年时期黑格尔的宗教学思想"作为自己论文的主题时，从不奢望能够得出什么关于黑格尔哲学的真理般的结论，只是抱着一颗热忱而平静的心真诚地希望，自己的这一切努力和尝试能够成为自己迈向真理过程中的第一步。虽然已经感觉倾我全力，但是由于自身智力之愚钝和视野之狭隘，可想而知，文中的疏漏不周自然比比皆是，甚至不乏令行家啼笑皆非之处。除了表示衷心的歉意以及恳请读者的同情与体谅之外，也无从表达自己的汗颜与惭愧。希望今后能够继续有更多的机会丰富自己的哲学智慧，从而离哲学之真理越走越近。

（二）我国关于黑格尔哲学的研究状况——研究者对于青年时期黑格尔基督教哲学思想的种种误解，以及研究其青年时期基督教哲学思想的必要性及重要性[1]

黑格尔，作为西方哲学史上的一座奇峰，他的哲学思想素来是哲学界后人进行哲学研究的一个公认的焦点。在西方哲学界，对于黑格尔哲学思想的研究可以分为三个阶段，"第一个阶段是从黑格尔逝世到二十世纪初，这是一段或捍卫黑格尔或与之战斗的年代。本阶段研究工作的根本缺陷在于，只对晚年黑格尔的成熟体系和三段论式的方法〔由正题、反题以及合题组成的辩证法〕感兴趣，却忽视了这个体系产生的历史。换言之，他们抓住了黑格尔的死东西，放跑了活东西。这就为错误解读黑格尔提供了可能，并直接导致了黑格尔哲学的衰落。其实马克思当时已经指出了黑格尔哲学的全部秘密在《精神现象学》一书中，这已经走向了对黑格尔哲学的历史起源的探讨。第二个阶段是从二十世纪初到四十年代末。当时受英美黑格尔主义思潮的影响，黑格尔哲学在德国重新复活。用狄尔泰的话来说，与黑格尔进行战斗的时代已经结束，对他进行历史性认识的时代已经到来。这个阶段出现了一批对于黑格尔思想进行历史性研究的著作，如诺尔的《黑格尔早期神学著作》、莫拉特的《评德意志宪法》和《伦理体系》等、狄尔泰的《青年黑格尔的历史》、克罗纳的《从康德到黑格尔》、海尔林的《黑格尔：他的意愿和著作》、卢卡奇的《青年黑格尔》。然而这个阶段的研究也有它的局限性，首先，方法上的片面性，他们常常不是从黑格尔的文本出发，而是预先确定几个基本概念，认为它们代表了黑格尔的主要思想，然后再在文本中找出一些相应的内容作为佐证；其次，政治上的狭隘性。……第三个阶段是从二十世纪五十年代开始，一直延续至今。本阶段的特征可以用伽达默尔的一句话来概括：'回到黑格尔本身，拼读黑格尔。'"[(8)]可见，对于黑格尔哲学的研究一直都处在一个推陈出新的渐近过程中，从来都没有达到一个所谓的"终点"，因为黑格尔哲学本身并不存在"终点"，黑格尔本人也从未设想过要确立一个"终点"，甚至"绝对精神"这个在黑格尔哲学体系中貌似到达其顶点的理念，也因为其内在的无限丰富性以及自身的亘古永恒性而仅仅成为了在空间中辐射式地向外不断延展、不断滋生，在历史时间里无尽绵延的一个"起点"。在黑格尔这里，

1　"导言"的（二）、（三）（四）部分得到了复旦大学哲学系教授徐英瑾老师的指导，其中的主要思路与徐英瑾老师在《二十世纪英美哲学》中的论述一脉相承。

每一个 "结论" 都只是开启下一个通往真理之门的钥匙，相应地，每一个 "真理" 之表象也只是催生更具纯粹性之 "真理" 的基础。因此，要真正了解黑格尔以及黑格尔的哲学，就不能只是专注于把握他的哲学体系中高高在上的那个顶点，这样的尝试只不过映证了一种企图 "不劳而获" 的思想惰性，这种惰性促使人们一味地追逐着解决问题的、最终的直接答案，而无视于问题的产生、发展以及思想在自我挣扎中自我突破、自我推进的心路历程，这样的研究心态就是上文中所提到的对于 "活东西" 与 "死东西" 的本末倒置，而本末倒置的结果不但加深了对于黑格尔哲学的误解，而且也难免由于这种不负责任的粗鲁态度而混淆视听，误导了后来者。要深入了解一个人或者一种思想，就必须具备这样一份最基本的尊重，即不能不理会他曲折的成长过程，却只是待到他成熟圆满之时轻松采撷他的最终果实，基于那一瞬间的理解来对他的一生盖棺定论；而是要陪同着他步步成长，在思想的发展过程中与他共同攀爬，拾级而上，体验其中的甜酸苦辣，只有这样的 "同在感" 才有可能使我们更真切地体认他的情感、他的觉悟、他的思想之缘起以及前后思维之关联，从而更准确地领会建立于这一切关联之上的他的整个思想体系之脉络。用黑格尔自己的话来说，"在涉及一种既把自己的理念表述为确定的思想，又明确探讨和规定过范畴的价值的哲学时，如果有人还仍然对理念作断章取义的理解，从理念的表述中仅仅挑出一个环节（如同一性），把它冒充为总体，并且按照当下遇到的最佳方式，毫无拘束地搜罗各个片面虚妄而通行于日常意识的范畴，这种篡改手法就会彻底破产。对于思想关系的有素养的认识是正确把握哲学事实的首要条件。直接知识的原则不仅明确地认为粗鲁的思想是有道理的，而且明确地把它当作规律，但思想的认识以及主观思维的修养，就像任何一种科学或艺术和技能一样，并不是直接的知识。"[9]
因此，对于黑格尔哲学研究者而言，仅仅只是试图通过抓住黑格尔哲学的一个关键词而实行猛烈的轰击，从而意图捣毁黑格尔哲学体系之大厦，或者一当谈及黑格尔哲学，便简单地以一言以蔽之为 "辩证法哲学" 或者 "同一性哲学"，如此基于草率与懒惰的 "自信" 都无可争议地落入了黑格尔上文所预言的、企图一蹴而就掌握 "直接知识" 的、"粗鲁的思想" 之窠臼。言下之意，如果要研究黑格尔哲学，我们就要细致地留意黑格尔在其哲学发展过程中的每一个脚印，因为在黑格尔这里，任何一个足迹都不是对于未知历程的无知漫步，而是直接或者间接导向下一个目的地的必要中介。所以，基于对步步维艰的思想过程本身的尊敬，笔者希望能够从黑格尔哲学思想意识萌芽处的第一步，即青年时期黑格尔的宗教学思想，开始着手，进而展开对于黑格尔哲学之路的探索。

就我国对于黑格尔哲学的研究情况而言，主要是这样的一个格局，"1949年中华人民共和国成立以后到1976年所谓的'文化大革命'结束，大家所广为传播的观点是按照列宁的说法把黑格尔哲学看成是马克思的'三人来源'之一，一方面批判黑格尔哲学，一方面又强调吸取其'合理内核'，黑格尔是当时最受重视的西方哲学家。1976 年以来，哲学界由重视西方古典哲学转而注意西方现当代哲学的介绍和评论，黑格尔哲学更多地遭到批评，其总体地位远不如从前了，但不少学者对黑格尔哲学的兴趣与研究却比以前更加深沉、更多创新。"[10]事实上，笔者不得不提醒读者们予以注意，在前一个阶段，虽然黑格尔哲学广受关注，以至于到了妇孺皆知的程度，但是这样的重视和强调却仅仅适用于黑格尔哲学经过马克思哲学加工删选后的"合理内核"，即人所熟知的"辩证法的三大规律"（"量质互变规律"、"对立统一规律"以及"否定之否定规律"）。于是"辩证法"成为了黑格尔哲学的关键词或者说"标签"，而辩证法的来源以及其形成的缘由却鲜为人知、少有人问津。这自然脱离不了特定的社会环境之因素：一来，当时的中国对于黑格尔哲学的原始文本相当陌生，黑格尔哲学著作的中文译本十分贫乏，对于其哲学的认识很大程度上是倚仗于马克思哲学这个媒介的诠释和说明，所以就当时我们所了解的黑格尔哲学，也可以被理解为"马克思哲学视阈中的黑格尔哲学"，且不论马克思哲学所架起的桥梁是否直达黑格尔哲学的本意，不可否认的是，这已经和黑格尔哲学本身间隔了一层隔膜；二来，当时唯物主义在中国普遍盛行且深入时代骨髓，宗教问题一直属于那个未被开禁的敏感领域，更不用说就基督教哲学思想展开深入的讨论了，即便黑格尔确实是"当时最受重视的西方哲学家"，他被重视的部分也只是其被纯粹化了的思辨哲学，他的基督教哲学思想部分很自然地就会被当成一种避之不及的麻烦而"自动屏蔽"，甚至像"恶性肿瘤"那样被彻底切除，从而保证黑格尔哲学在传播过程中的"思想健康性"，所以我们对于黑格尔哲学的认识仍然被圈定在相当严格的局限性之内。基于这样的历史原因，作为黑格尔哲学之核心的"辩证法"久而久之便成为了通达黑格尔哲学的"直接知识"，或者说成为了一蹴而就、摘取黑格尔哲学之桂冠的"捷径"，因而每谈及黑格尔哲学，由其辩证法所导向的“同一性”就汇聚成了它的唯一焦点。所以，即使到了后一个阶段，“不少学者对黑格尔哲学的兴趣和研究”所表现出的“深沉与创新”也大都集中于贯彻着“辩证法”这一精神的众多黑格尔成熟时期的“大部头”著作，至于辩证法产生之前的思想历程，在“辩证法”所放射出的耀眼光辉下也就黯然失色、湮灭无踪了。在浩如烟海的关于黑格尔哲学的研究著作中，只有极少数的作品探讨了青年时期黑格尔在 1785 年至 1800 年期间的基督教哲学思想。其中宋祖良先生的《青年黑格尔的哲学思想》以及赵林先生的《黑格尔的宗教哲学》都对笔者的论文撰写起到了重要的指导作用。宋祖良先生的著作短小精致，在其字里行间的分析解释之中，颇见其对青年黑格尔宗教学思想的认识深度，然而毕竟由于其所处的年代仍然是一个对于宗教问题保持着高度警惕性以及强烈防备心态的特定时期，所以其中不乏大量出于对时代精神的妥协而作出的牵强解释，而在现今的人们看来，这样的只属于特殊时代的非自由的语言事实上已经严重地影响了对于黑格尔宗教学思想的准确阐释和尽意表达。赵林先生的著作少有这样的顾虑，所以对于青年时期黑格尔的宗教学思想的解读无需过多的遮掩或者迂回，只是由于赵林先生的《黑格尔的宗教哲学》一书集中介绍解析了黑格尔整个一生的宗教学思想，因此在这样的大背景下，很明显，青年时期的宗教学思想只能充当黑格尔宗教哲学的一个序幕罢了，所以即便赵林先生已经对于黑格尔早期宗教学著作予以了充分的重视以及精微的考察，由于篇幅的关系以及文本的整体结构，这一部分仍然不足以达到详尽。而除了上述两者之外，几乎很难再找到对于青年时期黑格尔的基督教哲学思想进行专项研究的中文文本或者中文著作了。可见，我们作为研究者对于黑格尔哲学的认识和探索，恰恰背离了黑格尔本人所主张的“对于思想关系的有素养的认识是正确把握哲学事实的首要条件。”同时，对于“辩证法”断章取义地运用也完全脱离了其最初萌芽及此后赖以生存的土壤——基督教哲学思想背景，以至于当后来的很多哲学家对“黑格尔的辩证法思想”进行严厉的批判时，这个靶子仅仅是名义上的“黑格尔的辩证法”，其实质却与“黑格尔的辩证法”相去甚远。他们所批判的辩证法是一种另类的哲学思维方式，是一种避重就轻的语言技巧，而不是黑格尔意义上“基于对生活的理解与之和解”[11]的存在精神，在黑格尔这里，辩证法不是一种特殊的推理形式或者主观构建出来的“理想国”，而是在素朴的自然状态下事物发展进化的真相、历史自我展开的实况。一旦遗忘了辩证法的“内在生命力"，即自我的运动，却仅仅把它静态地视为机械的"正题——反题——合题"的演进模式，那么辩证法也就不再具有黑格尔哲学之灵魂，即把"死的对立"转化为"活的关系"[12]。辩证法不仅仅是黑格尔在面对一切对立格局时所采取的以不变应万变的思维视角，更是贯穿于宇宙万象之自身发展、"合久必分、分久必合"的自然精神，在黑格尔这里，"精神从来没有停止不动，它永远是在前进运动着。"[13]而对于辩证法之生命力的认识必须依赖于对辩证法成长环境的熟悉，这就向我们提出了这样的一个问题，即辩证法究竟是怎样产生的？换言之，我们不得不刨根问底，深入到辩证法成形之前的思想内部，也就是黑格尔的最初哲学思想进路，从而避免自身在对黑格尔哲学进行整体把握的过程中陷入黑格尔本人最为反感的"死东西"的泥泞中。可惜，对于青年时期黑格尔宗教学思想的轻略几乎成了绝大多数黑格尔哲学研究者的通病，"至今为止，绝大多数哲学家和学者对于黑格尔哲学的兴趣仍然集中在他 1807 年写作的《精神现象学》。……他们把成熟时期或者说那个'哲学全书'的黑格尔作为真正的黑格尔，而把青年时期的黑格尔作为一个不成体系的初出茅庐之辈而彻底省略了。"[14]由于对于黑格尔哲学之根源缺乏严肃的探究以及深刻的理解，使得他诚然是一个重要人物，却也，"确实是一个问题人物。……黑格尔饱受质疑的一个主要原因取决于他那令人反感的晦涩语言，这招致了以清晰明了著称的当代哲学的一致批评。另一个主要原因乃是其哲学体系中形而上学的明显泛化，这招致了康德哲学者以及实证主义者们的不满。他似乎轻松地越过了横在不同知识之间的任何边界，直接快乐地探讨诸如'精神'以及'绝对'这样的模糊不清的实体存在。黑格尔被作为是一个不负责任的形而上学家之形象，这个形象的定位最初来自于罗素对于黑格尔作出的著名的评价，即黑格尔的整个哲学体系只不过是建立在一些基本的逻辑失误上。"[15]由此不难理解，对于黑格尔而言，"被视为一位最伟大的诡辩家，一名遣词造句方面的异能者已经成为了他不可摆脱的历史命运"[16]，连大哲学家理查德·罗蒂先生本人也是抱着这样一种态度来看待黑格尔的辩证法的。他认为："黑格尔所谓的辩证法，根本不是一种论证的程序或统一主客体的方式，而只是一种文学技巧，用来从一个语汇平顺、迅速地过渡到另一个词汇，以制造骇人听闻的格式塔转换效果。黑格尔的作法，不是保留旧的俗见，并作出区分以协助这些俗见融贯一致；相反的，他不断更改这些旧俗见所使用的语汇。他在批评前人时，不是说他们的命题是错的，而是说他们的语言已经落伍了。由于发明了这种批评方式，年轻的黑格尔脱离了柏拉图、康德一脉相传的传统，而为尼采、海德格尔、德里达等人开启了一个反讽主义哲学的传统。对于这些反讽主义者而言，他们的成就是建立在他们与前人的关系之上的，而非他们与真理的关系之上"。[17] 显然，在罗蒂先生眼中，黑格尔的辩证法不但与真理无关，而且仅仅是一种"哗众取宠"的"语言格式塔转换"。诚然，承载着黑格尔之辩证法的哲学语言确实有其惊骇之处，它常常制造出一种令人费解的"自相矛盾"形式，"夺去了人们的理智和他们的常识"，[18] 颠覆了在黑格尔之前一切被习以为常的哲学语言系统。但是，语言与思维是一对双生儿，相依相辅、互为支托，我们在语言中所发觉的问题，其源头往往植根于这种语言所蕴藏的内在思想。黑格尔的哲学语言确实出离了此前任何既定的哲学传统语言系统，因而罗蒂先生所说的"他在批评前人时，不是说他们的命题是错的，而是说他们的语言已经落伍了"这一观点不无道理，但是这只是一个现象上的事实，却远没有涉及到黑格尔独创其语言风格之本质原因。黑格尔的生长环境没有任何异乎寻常之处，他所受到的教育完全符合当时德国的官方正统，并且在早年时期黑格尔讨论哲学问题时所使用的语言表达方式也并没有显露出任何特立独行之迹象，那么问题由此凸显：使得黑格尔发生语言格式塔转换的根源何在？究竟是何种契机促使他意识到"前人的语言落伍了"，从而必须抛弃那种不合时宜的语言方式？或者更确切地说，在什么样的情况下，黑格尔面对怎样的哲学理念时，顿时发现对于柏拉图、康德都游刃有余的哲学语言竟然如此词不尽意，以至于他不得不重新发明一种语言方式才能充分表达？就语言与思维的亲密关系而言，当黑格尔指出"前人的语言落伍了"之时，黑格尔是否同时表明"前人的思想同样也落伍了"？那么与这种"落伍"之思想相对应的、黑格尔本人的思想又是什么？

这一连串的问题都敦促着我们去探索隐匿着黑格尔语言格式塔转换之谜的密码，而这个密码并不存在于被马克思认为是"黑格尔哲学之圣经"[19] 的《精神现象学》中，也不存在于语言格式塔转换已成为既定事实的黑格尔成熟时期的众多哲学著作中，而恰恰是静静地潜伏在青年时期的黑格尔宗教学思想中，正是在那一段时期，他的思想以及其思想的载体——语言——萌生、成长、成形，经历了每一个哲学家以及思想家都共有的思想发展历程中的挣扎和定位，最终才展现为我们所熟知的《精神现象学》中的黑格尔形象。所以要真正了解黑格尔的哲学语言——它的成因以及演变，就需要我们去除种种固有的偏见或者误解来走进黑格尔，亲身体验那发生在黑格尔青年时期的思想转型。

（三）黑格尔哲学体系中宗教与哲学的关系——黑格尔哲学之宗教维度的重要性：直接证据

　　正如前文中笔者所强调的，本文试图做的，就是向读者展示一条道路，即黑格尔作为一个哲学家，是如何顺着这条道路"发现他的哲学"[20] 的。这条道路的起点是基督教哲学，终点是"绝对精神"，而对于黑格尔而言，这两者并不是相互分离的，却是彼此同一的，所以终点并不是偏离起点的远游，也不是其思想成长过程中灵光乍现的"基因突变"，而是发乎于起点、止乎于对起点的"圆圈式的回归"。换言之，在黑格尔这里，宗教与哲学不是一组相互矛盾的对立面，而是呈现为不同面向的同一体。虽然从成熟时期黑格尔的哲学体系来看，在黑格尔区分绝对精神之发展过程时，宗教并不是被排列于绝对精神的最高阶段，而是被作为第一个阶段的"艺术"和最高阶段的"哲学"之间的中间过渡层次。乍一看，似乎黑格尔将哲学理解为对于艺术与宗教的双重扬弃，因为在这后两种形式中，绝对精神都只是通过感性的或者表象的方式来显示自身，却仍然难以摆脱主观性的约束，而在哲学里，精神却达到了最彻底的自由，即精神能够在哲学中成为自我反思着的思想。换言之，精神在哲学的阶段完成了主体与客体的统一，从而实现了对于原初之整体性的回归。然而，这里必须加以注意的是，"宗教内容向另一种形式〔哲学〕的这种'转换'事实上并不意味着它的被摧毁，而是意味着在变得更好的意义上成为另外的东西。如果宗教以这样的方式被转换回自己的精神内容，那么这对宗教来说再好不过了"，这是把宗教从一种表象的形式升华为一种"哲学的实存"，宗教不是死去了，而是以哲学形式重生，它不是因为低于"最高的理念"而被舍弃的，它是"最高的理念"在自身成长过程中的一个"环节"，也就是说，宗教是通达"绝对自由的一个环节"。[21] 更进一步地说，在绝对精神发展的上述三个阶段之分列中，艺术、宗教并不是作为外在于哲学的"他者"，也不是与哲学经历了一番较量之后而成为了哲学的手下败将，实质上，它们是作为内在于"哲学"的两个具有不同表现形式的环节而成为了哲学自身之丰富性及彻底自由的必要基础。换言之，"借助着这种区分，并且把宗教从情感的和表象的形式提升为概念的形式"，在黑格尔那里不但不是对于宗教的否定或遗弃，相反，恰恰是"对于基督宗教的积极辩护。"[22] 如果我们把黑格尔的绝对精神发展的三个阶段——艺术、宗教和哲学——理解为三个彼此独立且良莠不齐的集合，后一个集合由于自身的优势征服、统摄了前者，并且从本质上消灭了前者，那么我们就误解了这三个层次之间的密切关系，也更大地误解了黑格尔辩证法的真精神。对于黑格尔而言，他所要克服的就是任何一种死气沉沉的对立关系，相反他所做的是要让这样的对立性在运动和发展的更高视阈中获得解放，并升华为素朴之自然所具有的最原初的状态，即浑然一体的整体。而且这样的状态并不是一帖经由人类的大脑主观构建从而调和出来的自我安慰剂，而是未经人为干涉的自然之真性情。在黑格尔那里，"生活"本质上就是在人类理智分析、分类、分裂之前的"自然"，他的"哲学"从来不是把"生活"当作理智之反思所研究的对象，理智反思对于"生活"的认识只是帮助我们看清"生活"之原貌，在看清的同时加深我们对生活的"理解"，从而使得我们在理解的基础上，以理性之豁达重新回复到与"生活"本身的合而为一。而且，这样的"合而为一"不是对于理智参与前的、混杂着人类的懵懂和盲目的原始统一性的单纯回归，而是基于对生活的深刻认识以及深沉情感而主动迎向生活、与之和解的内在勇气和自由意志。这就是"詹姆斯和记斯多林先生（Hutchison Stirling）所指的'黑格尔的秘密'——'基于对生活的理解而与之和解'"，[23] 也就是黑格尔辩证法的灵魂所在。鉴于黑格尔本人对其哲学之实践性的重视与强调，所以辩证法的精神在生活中的落实也就自然而然地连贯成了一套稳定而持久的人生姿态，即清醒地认识生活、明智地选择生活、坦然地包容生活，不难看出，这样的姿态本身就是"美"、"爱"和"智慧"的混合体，散发着"真善美"的气息，所以在这里我们找不到"艺术"、"宗教"或"哲学"的界限。黑格尔对它们三个层次的划分只是在回应理智反思之诘问时才根据三者各自不同的表现形式而采取的应对之策，然而一旦回归于"生活"这一维度，一旦超越了理智反思之局限性、跃入"绝对精神"的无限领域，它们就重新交融为"一"。也就是说，黑格尔哲学对于"艺术"、"宗教"和"哲学"的区分只是在面对人类有限的理智反思之大脑以及与之相对应的语言时、在抱以充分理解和同情的基础上所作的和解或妥协，但是对于绝对精神自身以及深入绝对精神之无限性去领会其内在生命力之涌动的人类心灵而言，"艺术"、"宗教"和"哲学"始终都是相互渗透、莫逆共生地实存在一个融会贯通的自恰体中。正像卡尔·洛维特先生所说的那样，在黑格尔庞大的哲学体系中，"宗教哲学并不是整个体系的一个可以分离的部分，而是他的精神重心。对于黑格尔的哲学来说，'世俗智慧'和'上帝认识'是一回事，因为它们的知识都论证了信仰的理由。他自称被上帝罚作一个哲学家，'灵感的语言'对他来说与'概念的语言'是一回事。在他看来，读报纸与读圣经有同等的帮助。……真正的哲学自身就已经是对上帝的崇拜，尽管是以'独特的方式'。"[24] 由此可见，一旦我们领会了"宗教"与"哲学"在黑格尔那里的合一，那么相应地，"上帝"与"绝对精神"也就同样在黑格尔那里达成了统一。这一结论的获得，绝非出于空穴来风的猜测，也不是牵强附会的勾连，而是完全基于黑格尔本人的论证，即他在《宗教哲学》讲演一开始针对人们对于其宗教与哲学之关系的误解所做出的说明，"哲学使宗教成为其探考的对象，而且这一探考因而呈现为某种不同于其对象者，那末，可能造成这样的印象，似乎仍然涉及两方面在其中互不相属、各自分离的关系。在如此考察的情况下，我们则脱离构成宗教的那个虔敬和慰籍的领域。至于对象及作为思考活动的探考，它们如此不同，犹如，譬如说，数学中的几何体与其所探考的精神。然而，这一关系之呈现为上述景况，无非是骤然看来而已，即认识尚处于那种与宗教的分离中，而且是有限的。然而，一旦我们更缜密地观察这一关系，原来哲学与宗教实际上有着共同的内容、共同的需求和意向。宗教的对象，犹如哲学的对象，是其客观性中的永恒真理、上帝（神）及无（除上帝及对上帝的说明）。哲学并非世间的智慧，而是对非世间者的认识；并非对外在者、经验的定在和生活的认识，而是对永恒者、作为上帝者以及与其自然相关联者之认识。其原因在于：这一自然应显现并发展。因此，哲学对宗教进行阐释，也就是对自身进行阐释；对自身进行阐释，也就是对宗教进行阐释。作为对自在自为的永恒真理的关注，作为对这一思的精神的对象之关注，而非作为恣意妄为或者特殊的兴致，哲学乃是同宗教并无二致的活动；精神从事哲理的思考，精神以同样的活力潜心于这一对象，并同样断然摈弃其特殊性，深入其客体，如宗教意识；宗教意识同样力图弃绝一切特殊者，并完全沉入这一内涵。就此而言，宗教与哲学相契合。实际上，哲学本身就是对上帝的事俸，也就是宗教，因为它无非是在其对待上帝方面对主观臆说和评断之摈弃。因此，哲学和宗教相等同，其差异在于：哲学诉诸自己的方法，即不同于通常称之为名副其实的宗教方法者。"[25] 宗教与哲学在黑格尔那里根本不是两个互不关涉的领域，也不是对象与研究者的关系，而是呈现为不同面相、从而诉诸于不同方法的同一体。宗教中的上帝"完全是独立的、无所制约的、自由的，而且是自身的终极目的（Endzweck）"，在这一具有绝对性的范畴中，"精神的意识绝对自由，而且自身是真的意识，因为它是绝对真理的意识"，[26] 它就是"绝对精神"。由此可见，宗教和哲学在黑格尔的哲学体系中本质上是一体的，因此不但他的哲学起源植根于其早期的基督教哲学思想，而且这一起源并不因为开启了其思辨哲学之门而退出了黑格尔的思想舞台，实际上它伴随着黑格尔哲学的始终，或者说黑格尔的哲学就是宗教哲学。与其按照传统的观念把黑格尔归类到"理性主义者"之行列，不如说他实际上是一位真正的"宗教哲学大家"，因为"理性主义"在常识意义上往往被视为"神秘主义宗教信仰"的对立面，在这个层面上，黑格尔显然是名不符实的，因为黑格尔的理性"从来没有把对基督教的'认识'理解为否定，而是理解为对于绝对宗教的精神内容的辩护。在他看来，基督教的受难说和拯救说即便是对于思辨来说也是至关重要的。要在他的著作中和书信中找出对于基督教的嘲讽性诋毁，那是白费力气。在他进行论战的地方，只不过是针对那些由某些神学流派提出的无概念的、表象的不适宜方式。特别在晚年，他明确提出自己的哲学的基督性。……（黑格尔的哲学）是一种立足于基督宗教的历史根底之上的哲学。"[27] 因而我们更加清醒地意识到基督教哲学或者说建立在基督教哲学基础上的宗教维度，对于黑格尔的哲学，不论是其发生、发展或者完成，起到了多么决定性的作用。并且虽然在成熟时期黑格尔的哲学著作中并不像他青年时期那样纠结于宗教问题，但是即便是貌似与宗教没有任何交集的论著中，也总能时不时嗅到内在于黑格尔哲学文本中的宗教氛围：根据《精神现象学》的中文译本将此文本所划分成的五大阶段——意识、自我意识、理性、精神、绝对精神——，似乎并不突显宗教的重要地位，实际上宗教在整个文本进行哲学探讨的系列中也确实占了不多的篇幅，但是如果我们放弃在字里行间、对宗教思想的微观搜索，结合我们此前所提到的黑格尔哲学与宗教的密切关系，从整体的角度看，这五个阶段的序列所传达的循序递进式的步步攀升实质上却是一个逐渐摆脱特殊性，向着"无限的绝对者"、向着"上帝"攀爬的过程。而这一论点在黑格尔本人亲自制定的《精神现象学》的目录表中更得到了鲜明的体现——黑格尔用（A.）、（B.）、（C.）标明了意识、自我意识、理性三个阶段；同时又用（AA.）来表明理性本身，用（BB.）、（CC.）、（DD.）分别标明作为精神的理性，作为宗教的理性，作为绝对知识的理性[28]——，即是说在黑格尔写作《精神现象学》时，理性是精神发展的最高阶段，而理性包含"精神"、"宗教"、"绝对知识"三个环节，而这三个环节都指向"无限的东西、抽象的普遍的东西"，也就是"绝对精神"，如果用"宗教和神学"的语汇表达的话，即"上帝"。因此黑格尔在《精神现象学》中所涉及到的哲学语境中的"理性"、"绝对精神"实质上都可以被转换为黑格尔之宗教语境中的"上帝"。以同样的方式来理解，黑格尔的"历史哲学是一种神正论，国家哲学是对地上的属神的事物的一种理解，逻辑学则是在纯思维的抽象要素中对上帝的一种描述。"[29] 由此可见，他的哲学从来没有褪去其宗教底色，在这样的情况下，要真正理解黑格尔的哲学，必须要把黑格尔的哲学放在一个具有基督教哲学背景的环境中加以认识和体悟，而隐于黑格尔哲学主旋律之后的宗教混响之根源就在于其青年时期（1785 年至 1800 年）的基督教哲学思想。

（四）黑格尔宗教学思想对后世哲学家的影响——黑格尔哲学之宗教维度的重要性：间接证据

笔者在此一再强调黑格尔青年时期宗教思想维度对黑格尔哲学的关键作用，出于两个方面原因的考虑：一方面，"过去人们过多地重视了黑格尔的成熟体系，忽略了他创建体系的过程，其实过程远比结果更重要，"[30] 结果仅仅揭示了一个静态的终结点，过程却无声地呈现了一幅起伏跌宕的思想进展的动态全景。就任何思想的成长而言，起点不单是一种潜藏着对于此后之思想高峰的征兆，更是一颗直接孕育着其后每一步向着真理攀爬提升的思想之种。从起点开始，经历了一路步步维艰的自我挣扎、自我否定，从而达到了终点处的自我肯定——这个过程不是追逐真理者所做的无谓徒劳，而是真理本身的自我成长、自我发现过程。这一段心路历程中的每一个中间步骤，就像一个接一个环环相扣的齿轮，它们在彼此的锁定呼应下迂回地沟通着最低处的齿轮和至高处的"真理"，其中的每一个齿轮都是不可或缺的，因为它与真理直接相关，并且是真理自身的一个部分，任何一个齿轮的缺失都会阻碍真理之光的传导，而所有齿轮的全体就不再是简单的"环节之总体"，实质上，"环节之总体"就是"真理"自身。对于黑格尔而言，他的哲学之源奠基于他的早期基督教宗教学思想，并且正如上文一度声明的那样，宗教维度不只是他的哲学体系的一个开端或者一个组成部分，而是弥漫在他的整个哲学体系之中的"灵魂"。他貌似以"哲学"扬弃了"宗教"，实际上却是在宗教中引进了批判的反思，让宗教的真理在批判的反思面前证明自身，从而在这样的"思维着的精神超越了直接的信仰和单纯得到启蒙的理智的阶段之后，宗教也就成了宗教哲学。因此，在宗教哲学中'扬弃'宗教，同时也就是宗教在哲学中得到了'庇护'。"[31] 正是以这样的方式，黑格尔借着每一次的"扬弃"深化其自身哲学之兴建，因此黑格尔的哲学，也就是黑格尔自身的哲学史，而"哲学的历史是发现关于绝对的思想的历史，而绝对就是哲学研究的对象。"[32] 就"哲学乃是对于绝对者的研究和发现"这一角度而言，黑格尔的哲学史也就同样是他的宗教思想史。所以要认识黑格尔的哲学体系，我们就需要清楚地了解他的哲学发展的全过程，即要进行"黑格尔哲学史"的细致研究，而这同样就意味着我们要重视且耐心解读蕴藏在他哲学中的宗教维度，并且要从动态的、发展的角度去把握他的宗教学思想演进过程，而这一行程的第一站就是青年时期黑格尔的基督教宗教学思想的文本。

另一方面，如果黑格尔的哲学只是属于他个人的私人爱好，对于后世之哲学发展不产生什么异乎寻常的影响力，那么对于他的处理似乎就不需要如此这般瞻前顾后、心存忐忑了。实际上，几乎每一本关乎"西方哲学史"的著作都把黑格尔作为德国古典哲学之集大成者、西方传统形而上学之终结者。这样"前无古人、后无来者"的重量级，绝不仅仅是因为他个人的哲学建树，更是因为他创造了西方哲学史上的一个顶峰，从而影响了无数后来者的哲学思想。而其中几位活动在十九世纪上半叶的哲学家，由于与黑格尔本人有着密切思想关系，因此他们个人受黑格尔哲学之启发所建立的哲学思想，也就常常会影响到我们作为时过境迁者对黑格尔哲学的认识及判断。尤其是著名的"青年黑格尔学派"以及费尔巴哈，由于他们的哲学对于黑格尔的宗教维度都持有一种反叛意识，并且由于他们在黑格尔之后的哲学史上具有较大的影响力，所以我们常常在研究他们的哲学的过程中不经意就沿着他们的思路也跟着忽视了黑格尔的宗教学思想。但是，这恰恰成为了误解黑格尔哲学思想的一个重要因素。当我们小心翼翼地谨慎重审他们的哲学思想时，却会发现他们的反叛不但不能掩盖掉黑格尔哲学的宗教性，相反却证明了这样的宗教性在黑格尔哲学中的浓郁弥漫。例如，"对于把黑格尔学派划分为一个'老年黑格尔学派'的右派和一个'青年黑格尔学派'的左派来说，特殊之处在于这种划分不是产生自一种纯哲学的差异，而是产生自政治的和宗教的差异。在形式上，它源自法国议会的政治划分，在内容上，它源于在基督学问题上的不同观点。"[33]"老年黑格尔学派"的主要成员主张继承并坚持黑格尔哲学之基督教宗教维度，并且对于作为普鲁士王国官方意识形态的基督教文化，尽力维护。"青年黑格尔学派"的主要成员如大卫·施特劳斯、布鲁诺·鲍威尔与施蒂纳等则对黑格尔哲学的基督教宗教学底色有所反叛，并且针锋相对地对正统基督教文化的合理性提出了严厉批判，进而从这个角度转入了对于现存社会制度的政治批判。于是，单单由这个区分"老年黑格尔学派"以及"青年黑格尔学派"的标准可见，宗教维度在黑格尔的哲学体系中具有何等重要的地位，以至于它并不是可以被忽略不计的细节，而是一个决定了黑格尔哲学的性质并直接地影响了黑格尔哲学的命运的焦点。这可以被视为黑格尔哲学之宗教维度的间接证据。

（五）本文的结构

基于上述种种直接的或者间接的证据、正面的或者侧面的、甚至反面的考察，笔者认为对于青年时期黑格尔的基督教宗教学思想进行一次细致入微的探考对于从整体上把握黑格尔的哲学体系是不可或缺且至关重要的。而其青年时期的基督教宗教学思想都集中收录在由贺麟先生等学者们所编译的中文本的《黑格尔早期著作集》内，它收录了黑格尔从 1785 年到 1800 年间的日记、文章和手稿，其中最早的一部分是黑格尔在斯图亚特文科中学和图宾根教会学校读书期间写的日记、摘录和文章，其余大部分是他在伯尔尼和法兰克福担任家庭教师时期写的手稿。这些文本反映了青年黑格尔从考察和研究宗教和道德问题入手，走向他后来的哲学观点和体系的发展历程。因此这些日记、文章和手稿被统称为"黑格尔早期著作"。而中译本的《黑格尔早期著作集》收集的黑格尔的日记、中学时代的作文，来自于霍夫迈斯特 1936 年编辑出版的《黑格尔思想发展文献》，其余的手稿都来自于诺尔 1907 年编辑出版的《黑格尔早期神学著作》。由于黑格尔青年时期的日记以及中学时代的作文所体现的哲学思考显得过于零散而缺乏可把握性，而且其中的哲学思考尚处于未经深思的浅尝阶段，所以笔者在本文中所依据的文献资料主要来自于诺尔的《黑格尔早期神学著作集》[34]，即针对《民众宗教和基督教》、《耶稣传》、《基督教的权威性》、《基督教的精神及其命运》以及《1800 年体系残篇》这五个文本进行了逐一的梳理和分析，试图能够以足够的耐心和智商去挖掘青年时期的黑格尔埋藏在这些最早的文本中的思想先机。

但是，鉴于黑格尔辩证法本身的动态性以及其哲学在辩证法自我永动过程中所呈现出的内在连贯性，笔者在撰写本文的过程中必须时刻进行自我提醒，防止把黑格尔哲学中的某个局部作为一个静态僵死的对象来加以解剖——换言之，即便本文的研究思路乃是依据青年时期黑格尔的基督教宗教学思想，从而将其相关文本逐个加以检审、象解码一般注重于其中每一个词语的使用和每一个概念的特殊内涵，然而，对于文本的精微测度，一旦脱离了青年时期黑格尔哲学思想之整体性乃至黑格尔一生的哲学脉络，那么这又将制造一种无形的"割裂"，又将使得黑格尔哲学的此一局部与彼一局部陷入"对立"的格局。所以笔者在研究的过程中，小心谨慎地在青年时期黑格尔的单个文本里寻找着其前后思路的连接点以及引发其思想转型的根据。每一次转型必然源自某一个关键性的问题——在黑格尔的这些宗教学文本中，前一个文本往往就隐含着导向下一个文本的重要问题。所以要看清青年时期黑格尔思想的发展趋势，重点就在于把握住他在其中的每一个短暂时期里所纠结的问题。

1、《民众宗教和基督教》：首先，德国根深蒂固的基督教新教传统作为陪伴黑格尔成长的文化环境，无疑是镌刻在他思想深处的无可否认的时代烙印，对于基督教之上帝的虔诚情感从来没有在黑格尔这里有过根本的动摇。年轻时期所接受的饱满的基督教神学教育就是黑格尔开始其一切自我思想之发端。而在青年阶段所经历的法国启蒙运动以及德国浪漫主义思潮同时又提供给了黑格尔开发其自身思想的丰富资源。他本人自年幼便一往情深的希腊情结更是此一时彼一时地缠绕在其心灵的深处，挥之不去。《民众宗教和基督教》一文正是在这样一种盘根错结的多维思想共同作用下产生的。"这一文本是重要的，也是有趣的，但是它只能在相当广义的范畴内才可以被勉强地称呼为是'哲学的'。几乎出现在其中的所有具有实践意义的结论都是黑格尔想当然所得的。于是问题就在于如何使这些结论具有现实意义，这个问题的答案是明确的，这些结论必须取得现实层面上的实在性，即它们必须是具有活生生的效用的。在这一文本的哲学探讨中唯一具有建设性价值的就是关于'民众宗教'之有效性成立的三个必要条件"(35)，即"宗教教义必须真正为人的普遍理性所批准"、"宗教必定应该具有使心情和幻想得到满足的特点"以及"宗教必然要同生活的一切情感友好相处——国家的公共事务必然要在宗教领域里得其所在"(36)，"实际上，在黑格尔得到这三个结论的同时，他已经准备好严肃地思考"客观性"这个概念了。于是从这一文本开始，出现了这样一道深刻的分裂：一边是基于客观性的哲学思考或者哲学理解，另一边是黑格尔本人当时最为关注的宗教之主观性的精神。"(37)黑格尔对于"主观性"与"客观性"相互关系的讨论就此开始成为他面对高耸的哲学大门时第一次的正式叩响。

2、《耶稣传》：然而，怎样才能让民众宗教的理想落实为基督教之现实呢？——这是《民众宗教和基督教》一文所潜藏的问题。显然，仅仅停留在自我主观臆断之层面的分析总是显得过于轻巧而不着实际，而且黑格尔在这一文本中所透露出的对于主观精神的褒扬和对于客观形式的不满暗示着黑格尔希望基督教成为一种他理想状态中的宗教格局，即基于人们内在的自律性、不受外在客观因素局限的主观宗教之典范。而早先对于康德之《实践理性批判》的研读，使得黑格尔似乎在康德的道德主义中找到了他的理想基督教之得以实现所需要的强大思想依据。于是《耶稣传》作为黑格尔生平唯一一部具有文学性质的书面作品应运而生。它不再是空泛地探索基督教的内在精神和基督教的外部形式之间的关系，而是将《新约福音书》作为一个全面改造的对象，用康德的道德理念来强化基督教的主观宗教精神，从而进一步来实践"民众宗教"的宗教理想。于是原本安置于《新约福音书》中的一切神迹、一切仪式，甚至对于耶稣之形象至关重要的"死而复活"情节都被统统丢弃。《耶稣传》中的耶稣真正所扮演的角色不是一位传统基督教意义上的神人、一位上帝的使者，而是一位道德的先贤、一位实践理性的导师，就如同康德本人一样。所以这一时期的黑格尔实际上是在通过把耶稣的神人合一的形象塑造为一代道德宗师来表明自己借着实践理性对待基督教时的康德立场。或者说，黑格尔改造耶稣形象，为的是清理掉种种降低基督教宗教精神之格调的迷信成分，实现精神本身的净化，但同时，从局外人的角度来看，笔者认为当时的黑格尔沉醉于康德的实践理性所象征的道德纯粹性中，所以他在以这样的方式维护耶稣之纯正形象的同时，他也在捍卫着并且实践着康德的"实践理性"。[38]

3、《基督教的权威性》：但是问题再一次产生：如果基督教弘扬的是康德的道德主义，讲究的是人心内在的"善"的自律性，那么这样看来，民众宗教的理想似乎并不遥远；然而为什么两千年来基督教仍然深陷于"世俗世界"的泥泞中而没有建立起它罚恶扬善的"上帝之国"？可见，阻挠着"善"的普及以及民众宗教之实现的现实障碍是十分严重的，以至于基督教被困于如此这般糟糕的现实处境中却无计脱身。而扫除这样的障碍，岂不就等于帮助基督教之宗教精神"正名"么？关键在于障碍何在？——《基督教的权威性》一文正是出于这样的质疑而被黑格尔推出的。在此文本中黑格尔挖掘了基督教之所以被困顿于种种繁文缛节而使得自身精神不得其所的根源，那都是来自于权威性的因素。权威性是对于宗教真精神的剥夺和扭曲，它是对于自由和美的最大压抑，因为在权威性的视阈中，普遍性统驭着特殊性、永恒性统驭着暂时性、必然性统驭着偶然性、外部的客观标准统驭着人心内在的情感、所谓的"纯粹的人性"统驭着"人的活生生的本性"，而这一切将原本试图带领人们趋向于"真善美"之精神境界的耶稣，从一个平易近人的道德导师变成了一位高高在上、接受万众膜拜的宗教教主，基督教也由此从一个理应崇尚实践理性的道德宗教堕落为一个被人为设定的条条框框限制压抑的牢笼。甚至连黑格尔曾经一度信奉的康德的道德主义也因为权威性的介入，而沦丧为约束着人们的一言一行，却完全缺失了其内在激情与感染力的清规戒律。权威性所造成的紧绷的张力作用于人们宗教生活的方方面面、点点滴滴，"应然的"层面凌驾于"实然的"生活本身之上，人们因此丧失了自身最宝贵的自由，也相应地丧失了对于任何精神气质的选择机会。权威宗教通过奴役人们的精神奴役了他们的所有。基于这样"机械式的"的强制原则，权威性使得"客观性"与"主观性"、"整体"与"个体"、"应然"与"实然"、"自然"与"自由"之间的任何友善的联系被硬生生地扯断，彼岸世界的上帝自此远离了此岸世界中的芸芸大众，成为了人们只可远观、只可顺服敬拜，却难以亲近、更不可违逆的严厉偶像。基督教的"真善美"从而只是蜕化成了一套"金玉其外、败絮其中"的僵死教条。

4、《基督教的精神及其命运》：面对基督教这样的悲剧情节，黑格尔久久难以释怀。自幼便在其内心成长起来的基督教信仰，如果最后只是落得这样的一个可叹下场，这绝对不是黑格尔能够坦然接受的。因此下一个困惑自然而然地萌发，即"权威宗教"真的就是基督教的宿命么？到了这"山穷水尽疑无路"的绝境，是不是存在着什么"柳暗花明又一村"的出路呢？要解决权威性问题，就必须直面横在"客观性"与"主观性"、"整体"与"个体"、"应然"与"实然"、"自然"与"自由"以及"上帝"与"人"之间的对立性，如果这样的对立性不能得到妥善的消解，那么权威性就会象幽灵一样阴魂不散，紧扼住基督教的命运。所以这一切思考最终的落实点便在于，何以从本质上消除"权威性"的根基，即何以弥合存在于前文中所提到的两者之间的对立性。经过了相当长一个阶段绞尽脑汁、身心交瘁的思想挣扎，法兰克福时期的黑格尔针对着上述的问题写下了《基督教的精神及其命运》一文，而这个文本在黑格尔青年时期的思想历程中起到了十分醒目的转折作用。众所周知，他的哲学生命之高峰乃是其成熟时期所辐射出的无所不包的辩证法体系，然而他的辩证法之根却正是埋藏在这一个短小的文本中。当权威性构成了对于基督教真精神的严重"异化"时，黑格尔在深思熟虑之后发现，"异化"不但不是这一个故事的结局，恰恰却是故事的开端——"异化"的下一个阶段就是"异化之扬弃"，而"异化之扬弃"实质上就是对于"对立性"的扬弃，这一"扬弃"的效用不是来自于对立双方之间的高下角逐，而是来自于"对立性"之存在前提的根本消解——即对立双方的"和解"——，山耶稣作为上帝"道成肉身"的实体形象所表征的"爱"的精神就是这一个和解力量的源泉。耶稣是一个合体，完美地实现了"上帝"与"人"、"应然"与"实然"、"自然"与"自由"、"精神"与"物质"之间的对立性的弥合，他的精神不是象犹太人之上帝对待犹太人那样居高临下的震慑和威吓，而是出于"爱人如己"的平易近人的尊严和崇高。黑格尔在此用两性之间的爱情作比，更是指明了孩子——"新生命"——作为两个具有彼此差异性的个体共同融合成的结晶，在两性爱情中所承担的最终"和解者"的角色；从而"爱"以一种包容友善的开放气息实现了一切对立性的统一。在这个过程中，黑格尔的"辩证法"思想也逐步成形，由耶稣这个神人合一的形象所代表的爱的精神，实际上作为"合题"已然完成存在于对立性之中的"正题"与"反题"之间的统一。在《基督教的精神及其命运》之前的文本，都是在一个不断细化、拆解、分离的思维模式下进行的，然而到了这一文本的诞生，黑格尔开始反其道而行，逐步尝试着去寻觅与"分离"逆向行驶的"综合"、"结合"、"统一"的思路。也正是由于这一思路的构建，很显然，黑格尔已经无声地证明了自己与康德哲学的决裂，而其独具特色的"黑式辩证法"在这一文本中所展现的"爱"的维度本身就是对一切人为的反思所设定的对立性之分裂局面的超越。这一文本因此也就成为了黑格尔"统一性"哲学之思想特色的最初发源地。

5、《1800 年体系残篇》："爱"的和解作用固然有助于弥合那个长期以来困扰着黑格尔、也困扰着他那个时代整个哲学思想界的"主体"、"客体"相互对立的分裂格局。但是"爱"的和解作用却并没有从真正意义上彻底地消除"主体"与"客体"的分离，换言之，在现实中，"主观性"与"客观性"之间的对峙依然顽固地存在着。充满了神圣之爱的耶稣本人被他的同时代人们无情地送上了受难之十字架，这就是"主观性"与"客观性"仍然彼此严重对立的一个明证。黑格尔也意识到了"爱"的和解力量只有在"主观性"领域内部才发挥其有效的"统一"作用，即仅仅是"普遍的主观性"与"特殊的主观性"实现了相互的统一。然而一旦跨出了"主观性"之边界，一旦与客观现实发生实实在在的沟通，则这样的统一只是被证明为一团不切实际的幻梦，或者逃避现实的自我宽慰罢了，最终还是由于"主观性"之纯粹而落入虚无。这不是黑格尔所期望的结果。在《基督教的精神及其命运》中黑格尔所说明的"圆圈式的教养过程"、螺旋式上升的"对于原初之整体性的回归"必须要与"客观性"达成统一，方能真正圆满地完成自身的历史使命。那么"主观性"与"客观性"之间的交点究竟何在？——对于这个问题的思索，也就为我们带来了黑格尔的《1800 年体系残篇》。对于"统一性"这一主题层层深入，使得黑格尔越来越追根溯源去寻找所有问题得以滋生的那个最根本症结。"纯粹的主观性"的失败不但表明了"主观性"之片面，也同样暴露了"纯粹性"之片面。一切哲学思想的源头植根于生活本身，可是生活本身却从来未曾真正"纯粹"过，所以把来自于"不纯粹的生活"的哲学投入到处处强调"纯粹性"的思维模式中，这不但虚构了生活，也把哲学引入了歧途。所以要实现"主观性"与"客观性"的统一，首先要沉入到生活本身之中去。而构成"生活"的最基本要素，就是"生命"。于是在《1800年体系残篇》一文中，黑格尔以最贴近我们、却又对每一个人而言最为神秘的"生命"作为其思考的中心。"生命"的差异性构成了个体之间的"对立性"，然而这一个个体生命与那一个个体生命却又同时分享着"生命"这一共同的本质，"个体生命"不但因着"个体"这一特殊性而构成为一个独立的系统，又因着"生命"这一与其他"个体生命"共有的本质而分担了"整体生命"的一部分。同时，"个体生命"本身就是主观之"精神"与客观之"物质"这一组对立性所共同糅合的产物，广而言之，"生命"的整体性就是"精神"与"物质"的结合体。"精神"的源头是"上帝"——"无限性"之根基——，所以"生命"本身又是"无限生命（上帝）"与"有限生命（个体生命）"之合体。"个体生命"由于自身之有限性，是可以被理智之反思加以分析的，所以我们的理智反思看到了发生在"个体生命"之上的"主观性"与"客观性"的密切"结合"；然而上帝作为"精神之整体"，由于其无限性，是理智之反思无法触碰到的领域，所以"主观性"、"客观性"、"结合"等反思式的语言词汇承载不了它的无限，因此对于上帝，我们只能跳出反思之表达的局限性而采用一种"局外"的、否定式的语汇加以呈现，这也就是黑格尔所说的"非结合"。所以"生命"归根到底成了黑格尔笔下的"结合与非结合的结合"，即"有限生命与无限生命的结合"，而宗教的实质，就是有限生命向着无限生命的自我提升，即人提升自我以恢复与上帝原初的统一。"生命"这一概念的成熟，以及由此带来的对"宗教"的重新认识令黑格尔理清了一直以来纠结在他自身思想深处的"宗教学"与"哲学"的关系。黑格尔所倡导的宗教并不仅仅是传统意义上仅属于主观世界的"宗教"，黑格尔所倡导的哲学也不是在他那个时代构成哲学之主流的反思的"哲学"。"黑格尔的宗教"是有限生命向着无限生命的自我提升；"黑格尔的哲学"是"主观性"与"客观性"的统一，即"主体"与"客体"的统一，也就是情感与理智的统一。由此不难发现，"黑格尔的宗教"与"黑格尔的哲学"都摒弃了以往常规意义上所理解的脉统，并且两者虽然各持其名，也存在着认识形式和表达方式上的区别，却享有着完全一致的内容，因此"黑格尔的宗教"与"黑格尔的哲学"实为一体，它们是相互同一的，而这种"基于理解基础上的和解"就是黑格尔哲学生命的主旋律，是黑格尔之辩证法的本质，也就是"黑格尔思想的秘密"所在。

如此这般一贯而下的青年时期黑格尔的基督教宗教学思想就此奠基了黑格尔此后哲学思想的发展。耶拿时期乃至黑格尔整个哲学生命中最享有盛誉的著作"《精神现象学》中的许多重要思想，例如关于辩证的否定（自否定和否定之否定）、异化、扬弃、对立统一、精神发展的圆圈式运动、真理是全体和过程、真理是具体的，等等，都可以在法兰克福时期的神学手稿中找到原型"，因此"如果我们的着眼点是要从黑格尔个人思想发展的全历程来研究其最终成熟的哲学思想的原始萌芽和秘密，那么就必须进一步追溯到法兰克福时期的神学思想；如果我们的着眼点仅仅在于哲学（概念或思维的认识）的范围内来研究黑格尔最终成熟的哲学思想的起源和秘密，那就确实应到《精神现象学》中去寻找。然而，这两个着眼点不是平行的，因为如果我们把《精神现象学》看作是一个发展的结果（辩证法要求我们这样看），那么就不能不说它的真正起源和秘密必须且只能进一步追溯到黑格尔的神学思想。"(39)

通过对黑格尔早期宗教学思想的分析，我们可以得出如下的结论：第一，黑格尔的哲学是从黑格尔的宗教学开始的，黑格尔正是摸索着上述的这样一条思想历程，从一个个对自我此前观念的否定而最终确立了其以辩证法为核心思想的思辨哲学；第二，黑格尔的辩证法与其说是一种思维方式，不如说是生活之真相、自然之本质，因为黑格尔的思想从来也不是孤立于生活之外的书斋理论，而是蕴涵于生活之中的真理的自我绽放，黑格尔所做的不是"发明"辩证法这样一种原本不存在的东西，而是"发现"并且"展示"辩证法这种始终贯穿于自然万象之中的大道。因此黑格尔的辩证法，无论是被人们称呼为"哲学的"，还是"宗教的"，它本质上都是"生活的"；第三，黑格尔的宗教学思想，展现了"对立性"被消除的全过程，因此当我们研究他的宗教学思想或者哲学思想时，一旦我们陷入了一种人为设定的局限，即设立了一种对立性，则违背了黑格尔辩证法之活生生的"发展"和"运动"的实质，所以，在研究黑格尔的不同文本，或者其哲学生命之不同阶段时，最容易产生的失误、但又是最必须要避免的失误，就是"割裂"的研究视角。黑格尔的辩证法作为一种鲜活生动的"生命力"已经融入了黑格尔的每一个细节，汇成了浑然一体的完整系统，所以无论是存在于黑格尔不同文本之间的横向差异，还是发生于其不同时期的纵向片断，都不能被视为一个或几个静止孤立的断面，它们是有机一体的，虽然它们自身具有着一定的独立性，但是它们却是黑格尔思想之线索的一个环节、一个部分，一个器官，且环环相扣、彼此衔接。黑格尔的哲学生命是一曲极其雄壮的交响乐，他的每一个章节、每一个时期都是其中的某一个音符、某一段节奏，任何一个部分的抽离都会彻底破坏乐曲本身的美感，都会残损悠扬于乐章之整体性中的美妙旋律。

希望笔者的研究能够勾起很多人对于黑格尔哲学之本源的回忆。并且，因为青年时期黑格尔的宗教学思想已然构成了黑格尔哲学之整体乐章的开头，它不但自身洋溢着一种渐入佳境的神韵，同时它也预告着之后即将到来的高潮迭起的主旋律。所以在此，笔者真诚期望本文中对于青年时期黑格尔宗教哲学思想的微观研究以及梳理辨析能够帮助读者更细细地品味到黑格尔哲学这壶浓茶所飘逸出的清新头香。

注释：

（1）黑格尔·《黑格尔早期著作集》（M）·贺麟等译·北京：商务印书馆，1997：45·

（2）黑格尔·《精神现象学》（M）·贺麟、王玖兴译 ·北京：商务印书馆，1979：62·

（3）H·S·Harris·Hegel's Development:Towards the Sunlight 1770-1801（M）·Oxford：Clarendon Press，1972：15·

（4）Frederick C·Beiser·Introduction：Hegel and the problem of metaphysics（M）·Cambridge：Cambridge University Press，2006：1·

（5）H·S·Harris·Hegel's Development:Towards the Sunlight 1770-1801（M）·Oxford：Clarendon Press，1972：15·

（6）卡尔·洛维特·《从黑格尔到尼采》（M）·李秋零译·北京： 三联书店，2006：440·

（7）黑格尔·《精神现象学》（M）·贺麟、王玖兴译 ·北京：商务印书馆，1979：62·

（8）叶秀山等·《西方哲学史（学术版）》（M）·第6卷-德国古典哲学·江苏：江苏人民出版社，2005：427·

（9）黑格尔·《逻辑学-哲学全书·第一部分》（M）·梁志学译·北京：人民出版社，2002：11·

（10）黑格尔·《逻辑学-哲学全书·第一部分》（M）·梁志学译·北京：人民出版社，2002：1·

（11）H·S·Harris·Hegel's Development:Towards the Sunlight 1770-1801（M）·Oxford：Clarendon Press，1972：390·

（12）卡尔·洛维特·《从黑格尔到尼采》〔M〕 ·李秋零译·北京： 三联书店，2006：440·

（13）黑格尔·《精神现象学》（M）·贺麟、王玖兴译 ·北京：商务印书馆，1979：7·

（14）Frederick C. Beiser · The Cambridge Companion to Hegel（M）·Cambridge ：Cambridge University Press,2006 ：53·

（15）Frederick C. Beiser·The Cambridge Companion to Hegel（M）·Cambridge ：Cambridge University Press,2006 ：2·

（16）H·S·Harris·Hegel's Development:Towards the Sunlight 1770-1801（M）·Oxford：Clarendon Press，1972：16·

（17）理查德·罗蒂·《偶然、反讽与团结》（M）·徐文瑞译·北京：商务印书馆，2003：112-113·

（18）H·S·Harris·Hegel's Development:Towards the Sunlight 1770-1801（M）·Oxford：Clarendon Press，1972：16·

（19）马克思等·《马克思恩格斯全集》（M）·第三卷·北京： 人民出版社，1995：163·

（20）H·S·Harris·Hegel's Development:Towards the Sunlight 1770-1801（M）·Oxford：Clarendon Press，1972：15·

（21）卡尔·洛维特·《从黑格尔到尼采》（M）·李秋零译·北京： 三联书店，2006：444·

（22）卡尔·洛维特·《从黑格尔到尼采》（M）·李秋零译·北京： 三联书店，2006：445·

（23）H·S·Harris·Hegel's Development:Towards the Sunlight 1770-1801（M）·Oxford：Clarendon Press，1972：390·

（24）卡尔·洛维特·《从黑格尔到尼采》（M）·李秋零译·北京： 三联书店，2006：61·

（25）黑格尔·《宗教哲学》（M）·魏庆征译·北京：中国社会出版社，2005：13-14·

（26）黑格尔·《宗教哲学》（M）·魏庆征译·北京：中国社会出版社，2005：4·

（27）卡尔·洛维特·《从黑格尔到尼采》（M）·李秋零译·北京： 三联书店，2006：33·

（28）黑格尔·《精神现象学》（M）·贺麟、王玖兴译 ·北京：商务印书馆，1996：23·

（29）卡尔·洛维特·《从黑格尔到尼采》（M）·李秋零译·北京： 三联书店，2006：61·

（30）叶秀山等·《西方哲学史（学术版）》（M）·第6卷-德国古典哲学。江苏： 江苏人民出版社，2005：417

（31）卡尔·洛维特。《从黑格尔到尼采》（M）·李秋零译。北京： 三联书店，2006：49

（32）黑格尔·《逻辑学—哲学全书·第一部分》（M）·梁志学译。北京：人民出版社，2002：10

（33）卡尔·洛维特·《从黑格尔到尼采》（M）·李秋零译·北京：三联书店，2006：67

（34）笔者认为诺尔的著作者取名为《黑格尔早期宗教学著作集》更合适，理由见本文页 44-45 中黑格本人对"宗教"与"神学"所做的区分。

（35）H·S·Harris·Hegel's Development:Towards the Sunlight 1770-1801（M）·Oxford：Clarendon Press，1972：21

（36）黑格尔·《黑格尔早期著作集》（M）·贺麟等译。北京：商务印书馆，1997：82-89

（37）H·S·Harris·Hegel's Development:Towards the Sunlight 1770-1801（M）·Oxford：Clarendon Press，1972：22

（38）H·S·Harris·Hegel's Development:Towards the Sunlight 1770-1801（M）·Oxford：Clarendon Press，1972：23

（39）赵林·《黑格尔的宗教哲学》（M）·武汉：武汉大学出版社，2005：111

第一章　民众宗教和基督教

第一节　客观宗教与主观宗教

　　"民族宗教和基督教"这一标题是由诺尔先生自行归纳的，其主题散见在黑格尔早期所撰写的、中文译本的《研究（1792/93-1794）》这一篇章之中，该文伊始，黑格尔便以亲切平和的笔调写下了："宗教是我们生活里最重要的事务之一——当儿童时我们已经被教导喃喃对神明作祈祷，我们已经学会合上小手，举起来向最崇高的存在敬礼，我们的记忆里被装进去一大堆当时还不了解的命题，以便将来运用并作为生活中的安慰。""当我们变得年长一些的时候，宗教事务充满了我们的大部分生活。甚至在许多人那里，他们整个思想和情意的范围都和宗教联系在一起，就像车轮的外圈与中心联系在一起那样。除了其他特定的节日外，我们把每个星期的第一天奉献给宗教，这一天从少年时起比所有别的日子都显得对我们更美好、更有节日的光辉。我们看见我们周围有一特殊阶级的人，他们完全把为宗教服务作为职业。人的生活中与个人幸福攸关的一切大事和行动，即如诞生、结婚、死亡和葬礼都夹杂着某些宗教的东西。""人到了老年，总要反思他的整个存在的本性和特质，特别是要反思外部世界同他的整个存在的关系，而他的整个存在就是他的一切感受所指向或归趋的那个东西。"[1] 在黑格尔熟悉的世界中，他目光所及的人们都是这样一成不变地循环着他们的人生。宗教是他们的生活所环绕的轴心之一，或者说是指导着他们日常言行的潜在的世界观。人们从幼年时候由长者的教化所输入的宗教情结，久而久之，逐步转变为了一种自我内在的惯性，不仅仅归属于外部的言行举止，也归属于大脑，直至心灵。这一切或许在他们看来是最常规且无可争议的人生走向。宗教之于他们，不是需要经过审视或批判的东西，而是生活本身，如同空气、阳光和水一样不可或缺，以至于延伸到生活脉络中哪怕最偏远的端点，这样的重要性甚至理所当然到让人遗忘掉它的存在。直到人生进入了晚年，体力的老迈为思想阅历的丰盛所弥补，人们才回归到最初的安静冥想，重估自己的人生以及人生所依托的那个"最崇高的存在"，好比活蹦乱跳的人从不关注呼吸的发生，奄奄一息的人却能觉察到鼻翼翕合间的最细微的气流——这是一样的道理。然而发生在法国的启蒙运动将理性的思潮推到了一个轰轰烈烈的高潮，这深深地影响了青年时期血气方刚的黑格尔，启蒙运动的精神契合了他本人原先就对理性力量所抱有的偏好与信赖。同时，长久以来对于基督教神学的修习，外加上自幼便展现出来的天资聪颖，敏感多思，这种种丰盛的思想资源，使得他终于在少年跨入青年不久便提早进入了反思的阶段，对那个司空见惯的、那个勾连着个体、国家以及民族之信仰的基督宗教重新进行了认真仔细的思考。

黑格尔首先迫不及待要解决的问题就是"应该如何来评判宗教是主观宗教或是客观宗教？"[2] 紧跟其后出现的问题是评判的标准——"主要是考虑其情感成分吗？……为了保持宗教仍然是宗教，理智推论可在多大程度上掺入其中呢？"[3] 根据黑格尔在自己这一文本一开始就引用的、费希特在其 1792 年出版的《一切启示的批判》的序言中所作出的断言——"客观宗教不如说是神学。"[4] ——不难看出，黑格尔在提出这些疑问的同时，已经隐约透露了一些关乎答案的思路。既然客观宗教等同于神学，那么，显然，当黑格尔意欲区分主观宗教与客观宗教的时候，他也就明示了这样一点：主观宗教不同于客观宗教，所以主观宗教不同于神学。神学是"关于神的知识，关于神的特性的知识，以及关于人与神的关系、世界与神的关系和人的灵魂不灭等等的知识，这类知识总是通过单纯的理性可以得到，或者也可以在别的方式下为我们所知悉"，以上的归纳可见，神学是一种"历史性的或者理性化的"[5]、静态的知识体系，不包含任何感性的因素，所以它恰恰满足了客观宗教的旨趣，却远远不足以成为主观宗教所关涉的内容。"在针对基督宗教所做的哲学分析中，黑格尔区分了实践的、活生生的、具体的宗教体验与理论的、死气沉沉的、抽象的神学知识，并且他分别使用了'主观宗教'与

'客观宗教'这两个概念来指称这两个不同的范畴。"[6] 概念分别对应于各自的特性：主观宗教是"一种令我们的心灵感兴趣，并深深地影响我们的情感，和决定我们意志的东西"[7]；客观宗教则是"大众所信仰的宗教（fides quaecreditur）"，理智和记忆在这种宗教里是起作用的力量"。[8] 实践的知识被归入了客观宗教的范畴，因为由于它只是停留在僵死的、关于"实践"之知性材料这一理论层面上，它已然丧失了其"实践"本身所依托的的现实维度，而沦为依赖于"理智和记忆"建立自身的静态教条。"客观宗教指的主要是信仰的内容、宗教的教义和信条"，[9] 它们只是宗教中一些被严格地规定、丧失了生命力的死东西，它们有着放之四海皆准的规格化形式，千篇一律的解释内容，以及将"追问质疑"拒之门外的威慑力。主观宗教却是活生生的"关乎情感以及行为的直接经验"，[10] 没有固定的形式，却流溢着浓厚的虔敬心情——对于上帝无声的铭念和感恩。这一份深情无需任何教义或者信条的指导或者监督，有时可能仅仅源于角落中一朵蔷薇绽放时的欣喜，或者饥肠辘辘时得以饱餐一顿的心满意足，它们往往难以借用庞大的知识体系或者理智分析的语言进行阐释，但是对于具体的那个感受者而言，内心却实实在在地滚动着来自大国的奇妙和温暖，从而自然地进化为面对无限崇高的存在者时不自觉的谦卑和顺服。用人类必将经历或者渴望经历的一种共同的情感体验——爱情——来打一个简单的比方的话，那么，客观宗教就如同一本论证严谨、颇具权威性的《爱情指南》，翻开它的目录如下：第一章 爱情的定义；第二章 爱情的特征；第三章 理想的爱人应当具备的特质；第四章 如何去经营一段幸福的爱情；总结章 恭喜您，您已经收获了完美的爱情。人们把这本书奉若金针，仔细地阅读，并且严格地按照书中的教导去寻觅和经营他们的爱情。结果呢？当张三碰到李四的一瞬间，时间空间都被定格为彼此眼神中那一抹饱含钦慕的热情，大脑经过了神奇的凹凸后折射出的是隐匿在各自身后耀眼的、却不为他人所知的爱情光环。当丘比特的箭同时射中张三和李四的一霎那，他们恍然大悟——那就是爱情！他们可能从来没有阅读过那本《爱情指南》，但是他们却比任何人都更接近爱情本身，或者说，"他们"本身就是"爱情"。他们的爱情，如果这样的类比能够辅助我们的理解力的话，就可以借以解释主观宗教中的人们对于上帝所持有的热忱而忠诚的情感。黑格尔本人显然对于客观宗教有着较为明显的反感，而对于主观宗教则情有独钟，他毫不讳言："当我说，某一个人有宗教时，我不是指他对于宗教有很多知识，反之，我的意思是说，他的心感到了上帝的行动、上帝的奇迹和上帝的临近。"[11] 如果借用一句人们常用的祝福语："上帝与我们同在"——那么，从客观宗教的角度来看，上帝与我们在同一时空中作为不同的实体而存在，他注视并保佑着我们；但是换作主观宗教的视角，则上帝弥漫于我们的内心，植入了我们的生命，与我们的精神相融而重叠。在情感上，受到德国浪漫主义影响的黑格尔自然是不能接受那种作为"冰冷的书本知识""蜷缩在大脑深处的死符号"的。[12]

然而黑格尔并不因为自己的好恶而对客观宗教予以轻视，或者干脆跳过不加理睬，他在文本中依然花费了很多篇幅来讨论客观宗教。因为对黑格尔来说，作为信仰之内容、宗教之教义与信条的客观宗教，虽然不能直达宗教之真精神的核心，"但同时，它也是人们在参加公共的宗教崇拜活动时必须去学习或者必须被教会的宗教仪式以及宗教程序"，只不过由于它是理智和记忆的事务，所以"可以通过文字的方式（书面的或者口头的）加以传习教授。"从这个角度来看，"主观宗教本质上强调个体的特殊性；相应地，客观宗教则强调抽象的普遍性。"[13] 虽然"黑格尔并没有明确地表示任何宗教都必须具有客观的内容，从而以这样的方式来开展交流、保持秩序。但是这一点对于黑格尔而言几乎是无需质疑的确信ii。"[14] 所以，黑格尔"要讲客观宗教，不过只就它成为主观宗教的一个部分范围内来说的。"[15] 与回避客观宗教的现实存在、一味否定客观宗教的价值相比，黑格尔更感兴趣的乃是在于如何使得客观宗教的教义和力量成为主观宗教之心灵的主动需要、人类情感的内在趋向，进而推动人们的意志和行为，换言之，即如何使得客观宗教中生硬的教义，在主观宗教之种种因素的作用下鲜活起来，变成"自由而开朗的灵魂"在自主选择的情况下所追求的德行，从而"扩展它自身于人的意欲的一切部门"[16]。在这里，我们可以清晰地看到伴随于这个时期之青年黑格尔思想发展左右的、康德哲学的影子。[17] 黑格尔认为，主观宗教乃是心情（Herzen）的事情，它之所以令人感兴趣，乃是由于实践理性的需要。而实践理性正是宗教 iii 与神学分道扬镳的关节（其实就当时黑格尔的理解，这也是主观宗教与客观宗教的分水岭），它们体现出了不同的精神力量的作用，同时也要求具备不同的情志（Gemüt）方面的条件[18]。神学详细地告诉人们应该怎样做以及这样做的理论依据何在，有时这些理论依据并不普遍地满足人们的理解力，而是直接取道于神秘的、谜一般的彼岸世界，人们即便穷尽理智而难得其解；宗教却无需系统化的语言，本着人心的纯洁和良知、自由意志对于道德法则的自觉尊重，人们在实践理性的指引下，可以"准确地知道那个分界点：在那里，欢乐的生活会蜕化变质成放纵情欲，勇气和决心会蜕化变质成侵犯他人的权利。"[19] 在神学的视阈中，道德是一种义务，不论是对于上帝，还是对于自己的同类，或者对于我们所生活的周遭环境，笃信神学的人们会严格地履行这样的道德义务，但是潜藏在他们的善举之下的，可能是这样一种模糊的、不自觉的功利意图，即借此维持神与我们的和谐关系，以确保神对于我们的关怀和庇佑；在宗教中，义务则是一个多余的概念，因为"义务"从字面上理解，作为"在道德或伦理上具有一定强制性的应尽的责任"（新华字典），是对于个人之自由意志的限制。而"上帝的概念，作为一个转回到它自身（崇拜上帝实是自身回复）的概念，已经是一个道德的概念……从宗教中取走了道德的动因，则宗教就成了迷信。"[20] 因此，在黑格尔看来，"宗教自身不具有命令的功能，除非它带有外在的、主动的权威性（客观宗教或者说神学的因素）。这种外化本质上导致了宗教真精神的死亡，宗教真精神与这种来自外部的权威性无关，它只听命于我们内在理智之自律。"[21] 对于宗教的皈依，本身就意味着一个理性行动者，出于意志的自由，对于一整套道德法则的自主选择。从康德哲学的角度来看，"自主性"被认为是"道德的本质动机"，"作为理性的存在者，人类为自己制定了道德法则，它适用于每一个具有理性的存在者……如果我们认为理性不是一个处于我们之外的官能，而是我们的一个本质属性，那么我们就可以合适地认为人类不是消极地接受道德法则，而是它的原创者。"[22] 在这里，道德对于理性[iv] 而言既是"义务"，又是"权利"，因为道德既是理性自愿所追求的目标，即"整个至善得以实现"[23]；道德又是理性获得自身实践自由的根据，是一个"理性反思不曾怀疑的、绝对地进行支配的动机，而且实际上是最高的动机。"[24] 用黑格尔的话来说，"上帝的观念触动到那种道德情感，而这种道德情感又发现上帝的观念完全适合它的需要。"[25] 在此，人类的实践理性、"上帝"以及道德法则，相互依存，互为条件，从而达成了统一，这种统一在黑格尔的这一文本中的化身，就是"主观宗教"。在主观宗教中，人的心灵在坦然而开朗的自由状态中，舒展地蒙受着来自信仰（上帝）的光照，化为实践理性自主地追求美好道德理想，进而在人类的意志和行为中盛开纯洁高尚的花朵。

第二节　民众宗教

对于黑格尔而言，既然体现宗教之真精神的主观宗教如此契合他的心意，那么照理来说，客观宗教与主观宗教之间的对决结果已然清晰可辨，似乎这一文本也应该告一段落，进而转向对于其他话题的探讨。然而这显然不足以表达黑格尔对于宗教之作为"宗教"的期望。首先，客观宗教与主观宗教的区分，带来的是两者的决裂，而决裂是黑格尔一直痛恨并且试图克服的一种局面。从历史和现实的角度来看，对于任何问题而言，决裂从来都不是一个完满的解决方案，而是一切更为复杂棘手的问题和困境开始并且趋于白热化的起点；另外，既然"主观宗教乃是心情（Herzen）的事情"，心情却是依附于作为独立之存在原子的个体之上的，那么主观宗教即便代表了黑格尔所认同的宗教精神，却也只能限于私人宗教的形式，由于缺乏受到普遍认可的中介而难以达成不同个体之间的"心情"上的认同和共鸣，更不可能将自身从局限于个体之特殊性的情感扩展入宏大的国家以及民族背景之中，或者提升自身而成为普遍为民众所接受并且予以实践的理性精神。如果宗教的真面貌仅仅只是止步于个人的神秘体验，或者私人的心情事务，那么黑格尔对于宗教问题的热情就不会燃烧得那么炙烈而持久；同样地，如果黑格尔对于宗教这个在哲学史上被不厌其烦、反复思考探讨了几百年的论题所作出的贡献，仅仅只是这样一种基于"主观宗教"与"客观宗教"之间的比照而做出的抉择的话，那么他也就没有跳出宗教神秘主义的陈词滥调。但是，从来都秉持着"世界是统一的有机整体"之观念的黑格尔，对此显然是不满意的；同时，局限于宗教现象之种种的"纸上谈兵"从来也不是他深入宗教问题进行哲学式思考的终极目标，"正如黑格尔自己所说的，他讨论宗教的目的在于摸索一条出路，能够将宗教转化成积极推动社会前行的动力。……他并不仅仅在理论层面上关注与宗教的社会功能；他最终的兴趣所在乃是找到一种可行的方式，从而使得宗教力量服务于对他所生活的现实之德国社会的改造。"[26] 仅仅存活在个人头脑中或者单个灵魂深处的"宗教"远远不能承载黑格尔赋予"宗教"这个概念的重大使命。在黑格尔这里，宗教无疑首先是关涉个人的，但是它更是关涉国家以及民族之命运的。因为在他的头脑中，"宗教构成了一个民族的信仰并影响到一个民族的行为和思想方式，它一方面把神、灵魂不灭的等观念教给民众，另一方面使得这些观念深入人心，其效果不仅使人们接受宗教戒律，更使人们考虑到较长远的东西，这些东西主要是民族精神的提高和高尚化，从而唤醒那些在灵魂里沉睡的民族情感和尊严，这是最重要的。"[27] 对于黑格尔而言，个人的理想是重要的且无比美好的，但是个人的理想最终必须服务于现实，并且只有当理想在现实中得到了落实，才能彻底体现和证明其真正的"美好"。于是，为了能够将萦绕在头脑中、包裹着理想之幻梦色彩的"主观宗教"塑造为一个具有实践之可能性的具体对象，黑格尔提出了"民众宗教（Volksreligion）"的构想，"主观宗教能够给整个灵魂以力量，热情和精神，而精神是伟大和崇高的德性所不能缺少的，但它仍属于私人教化的范围，固然必不可少，但是在义务冲突、道德培养和上帝信仰方面都不如民众宗教，"所以主观宗教应当发展成为民众宗教，"而不是停留在私人宗教的水平"[28]。

但是主观宗教在走向民众宗教的过程中，需要跨越几个实际的障碍：首先，建立在个人情感基础上的主观宗教所承载的，单靠"忠诚和信仰所承认其为真理"[29] 的那种宗教精神本身有可能偏离通向真理的正途，反而走向谬误，或者主观宗教所依托的"感性和幻想"，本身就可能是"偏见的源泉"[30]，因而它们对于宗教精神的呈现很可能由于缺乏普遍之标准而遭到变形或扭曲，从而偏离了真理、误导了理性的认识，所以为了能够把握住纷繁现象背后闪烁不定的真理——那"不仅可以照亮人的常识，而且也必须作为每个宗教的根据"的"普遍有效的原则"[31]——，这个时候就需要对民众"施以启蒙教育"，"增进其理智，以便一方面使得理智实际上从对错误的信心中、从受错误的支配中摆脱出来；另外一方面，理智可以通过寻找到理由而对实际真理有了信心"[32]。可见，主观宗教从一粒种子成长为民众宗教这棵大树的过程中，必须要吸取理智因素，从而茁壮自身，增强冲破土壤的力量，就像单纯的两种金属材料，只有当它们按照恰当比例相互混合之后成为了合金，才能完善自身以适应更丰富的锻造需求，同时也更有强度去承受来自外界的重压。其次，当宗教中的这些精神或者原则确然地获得了真理的地位，它们往往由于自身的"一般和抽象"，在理性的"纯粹的阐述"下，"显得与经验和感性假象相矛盾，因为它们并不是经验和感性假象的规则，而乃只能适应于（与经验感性）事物正相反对的秩序。因此它们没有资格很易于获得民众生动的接受，并且如果他们在记忆中还保持它们的话，它们也不能构成人们精神的、意欲的体系中有机组成部分"[33]，所以"民众宗教，如果它的教义在生活和行为上能够起作用的话，是不可能只是建筑在单纯理性上面的"[34]，"必须导入一些宗教上的礼俗仪式"，因为"它们有助于启迪人、唤醒人的虔敬情绪"[35]。因此，主观宗教除了需要理智的认知和辨析能力的参与外，还需要礼俗仪式的辅助作用，来定位并保存那活跃于人们意志和情感中的宗教精神，从而帮助民众用一种符合他们的生活常识的、为他们的经验以及感性所熟悉的方式，把握住那原本只有极少数卓越人物凭着敏感的心思以及上帝的启示才得以感知的宗教的内在真理，从而冲破私人宗教的狭隘外壳，提升进入民众宗教的空阔视界。而上文提到的无论是理智的参与，抑或是宗教礼俗仪式的引进，实质上就是前面的讨论中一直处于下风的"客观宗教"的内容易其所应担负的责任。因此，"主观宗教"在向"民众宗教的"进化发展的过程中事实上也就是"主观宗教"适度地吸收"客观宗教"入自身内、调和出一个拥有恰当之比例的混合物的过程。

但是，比例在实验科学领域中往往可以通过一些特定的方式获得其确定性，它或者是一组能够在函数的计算中得到的固定数据，要么是一些可以用镊子在精微的天平上放上取下的砝码，或者是画布上可以凭借着视觉审美予以测度的形象，但是"因为宗教一般讲来是属于内心的事情，所以不禁引起这样一个问题：为了保持宗教，可以夹杂多少理智论证进去？如果我们对于（宗教）情感的起源、对于伴随宗教而兴起、足以唤醒人虔敬情绪的礼俗仪式、对于宗教的历史根源和目的性考虑得太多，那么无疑地它就会丧失掉它的圣洁性的光环。"[36] 换言之，在"主观宗教"吸纳"客观宗教"进入自身，从而混合成"民众宗教"的过程中，如何才能成功地调配好"主观宗教"与"客观宗教"各自所占的份额？也就是说，对于"民众宗教"这样一个完善的宗教形态而言，"主观宗教"与"客观宗教"之间的比例应该如何设置？设置的标准又是什么？

这里必须注意一点："'民众宗教（folk-religion）'的概念不同于'大众宗教（public religion）'的概念，因为'大众'宗教是与'私人'宗教相对应的概念，而'民众'宗教则是一个更具有包容性的概念，最终甚至可以被认为是一个海纳百川、无所不包的概念。'私人'宗教所呈现的所有表象——那些表象之产生或是出自个人的意识，或是来源于那种在意识层面上有别于政法体系、有别于传统，也有别于任何关涉到民族性的集体活动——也能够被包含在发展成熟且达到自然状态下之完善境界的民众宗教中，成为它的一个部分；或者在这样的民众宗教中能够找到对应于'私人宗教'之种种表象的类同部分"，然而，虽然"民众宗教"与"大众宗教"具有不同的含义，但是黑格尔依然认为"'民众宗教'必须借由'大众宗教'的概念方能到达自身，因为作为一个'民众宗教'，至少是一个被大众认可、其宗教仪式受到大众普遍奉行的系统。"(37) 由此可见，"民众宗教"的概念并不依赖于它所外显的宗教形式，而是取决于它的内在实质，即本质精神。然而，宗教之为宗教，它不同于科学，不同于理智和启蒙，它不是单纯历史的产物，也不是基于实用性的权衡而做出的抉择，它本身由于对善的追求、对道德法则的兼收包容，诚然就是智慧，而智慧"是灵魂的一种提高，在智慧中灵魂通过体验同反思（反复考虑）相结合，提高到超出对于意见和感性印象的依赖"(38)，它被包裹在理智所不可知的光晕之中。宗教的教义是由理智传达的，但是宗教的力量却仰赖于智慧的关照。"理智只是有助于完善客观宗教"，(39)而宗教中的智慧却是来自"理性的原则"。"理智在自身之内没有时间的维度。它所能做的仅仅只是为利己者提供似是而非的貌似来自理性判断的假象；事实上，理性原则恰恰只有在基于更高的利他主义的动机时，才会产生真正的实践的效果与价值。"(40)

在黑格尔看来，对于民众宗教之本质精神而言，理性比理智更具有决定性的价值，因为黑格尔所关心的"从来不是要证明某个信念的合理性，之后在理论上采纳它；而是要对于某一个已经具有现实之实践性的信仰进行更进一步的辨析。"(41) 理智本身在实践层面上的局限性使得它无法承受回归现实的重担。但是黑格尔在此也强调了一点，即理智仍然是民众宗教之不可或缺的组成部分，因为"理性宗教是一个只有极少数专心致志且具有相当高的悟性的人才能抵达的端点。对于普通的市民而言，他们的道德价值必须要依赖于秉承历史、沿袭而下的民众宗教之信仰在现实中的作用方能实现。"(42) 这里所说的"秉承历史、沿袭而下"的信仰就是通过理智这一形式加以保存和传播的"历史性信仰"。换言之，理性可"悟"不可"传"，相反，理智则可"传"不可"悟"。而民众宗教的真正实现，即民众的"善"的道德理念在现实生活中获得真正的落实，则必须要同时兼具"悟"与"传"这两条不同的渠道，即必须将理性与理智相互结合。但是"当我们要把两个好东西结合起来时，我们用来结合它们的那种次序竟然是如此重要"，如果"把对善的生活方式的追求置于历史性的信仰之后，就把对上帝的事奉转化为了一种单纯的物神化，实行了一种伪事奉。这种伪事奉将使趋于真宗教的一切修行化为乌有”[43]。所以在提出“民众宗教”的同时，对其中的成分以及比例加以鉴定，也就显得势在必行了。在黑格尔这里，民众宗教缓和了主观宗教与客观宗教之间的张力，它融合了主观宗教的感性精神与客观宗教的理智建制，从而脱胎为一个有“血”有“肉”的新的理性的宗教形态，它的特征决定了它是上述两者的糅合，但在糅合的同时也伴随着被谨慎切割过的比例：民众宗教的教义必须建立在普遍理性的基础上；幻想、心情、感性在民众宗教里必须不要空无着落，没有出路；民众宗教必须与生活的一切需要结合起来，必须与公众的政治行为结合起来。[44] 由此可见，民众宗教的理性特征集中了黑格尔理想中的宗教样式：一方面，人们对于彼岸世界中上帝之城的虔敬和向往得到了完整的保存，成为了超脱于现实之世俗性的美好夙愿，即使面对种种灰心丧气的困境，他们依然可以凭着情感和意志的执著坚韧，对命运保持着孩童般的纯真和顺服；另一方面，人们并不只是仰望夜空，追逐着遥不可及的天际的星辰，他们对于日常生活的投入和经营，对于发生在其周遭的政治环境的参与和影响，使得他们也在热爱并关注着世俗生活的一切领域——那些与天际的星辰遥相呼应的“脚边的钻石”。正如灿烂的朝霞感受到了天与地的寂寞，而燃烧自身成为了光明与黑暗的中介，民众宗教在此也构建了一面镜子，使得同样孤单无朋的上帝和人类，透过了镜面的折射，在看清彼此的幸福轮廓的同时，也更好地认识了自己，彼此各得其所，却也相互关照。或许这就是黑格尔所称的“那创造和哺育伟大志操的民众宗教是同自由手携着手前进的”，[45] 因为在民众宗教中，主观的精神与客观的建制均获得各自施展才华的空间，根据各自的特点得到了最完善的资源分配，——恰如其分地施展自己的天分——于是，“自由”应运而生。

民众宗教的构想似乎是一种梦境的现实呈现，体现了自由精神最完美的理性展示。但是这个梦境在青年黑格尔这里不是无端无故的空穴来风，而是一种怀古情结的不自觉的流露，民众宗教不是青年黑格尔的创意之作，而是对于久违了的希腊宗教的追忆和复兴。希腊精神所代表的善与美，在希腊的神灵以及希腊人身上共同闪耀的欢乐、坦率、高尚、优雅等品质，都是青年时期的黑格尔一直心驰神往的理想境界。“在希腊人那里，一方面，神灵赏善罚恶（即让可怕的复仇之神来处理恶）的信仰建筑在理性的深刻道德需要上面，（而理性却充满了活泼可爱的情感的温暖气息，）而不是建立在从个别事件推演得来的冷漠的、认为一切都会往最好的方向转化的信心上，这种信心决不能带来真生命；另一方面，在他们那里，不幸就是不幸、痛苦就是痛苦，凡是已经发生了的事情就是不可改变的，对于所发生了的事情的用意或目的他们是不能埋怨的，因为命运、必然性在他们看来是盲目的。……他们较易于忍受自幼就习于看作是必然性的东西，而且不幸事件所引起的痛苦和灾难也不会带来许多沉重的、不可忍受的忿怒、怨恨、不满。"[46] 希腊人尊重自然的流程，崇尚在这一流程中慢慢舒展的流畅的美感，因而他们追求与自然的和谐契合。他们学会了生活，学会了面对不可阻挡的命运洪流时坦然地随波逐浪，在希腊人的精神中，包容并不仅仅只是对于自身的过错或者他人的不善所展示的豁达大度，更多则是体现在对于作用于他们的、尘世之上的、不可抗拒的超越力量的坦然接受，在这一份接受中，他们的精神获得了持久而平和的自由。同样生活于自然之中，并对自然各施巧力的神灵们也凝成了这股和谐精神的一支，丰富着希腊世界的诗意和情趣。希腊宗教植根于希腊这片浸透着占典人义情怀的故乡，在这里，神灵们居住的上层世界与人们生存的下层世界并不远隔天壤，浓厚的情感和烂漫的幻想为人世间的英雄们装点上了神圣的光环，也使得奥林匹亚山上的永生者们在人类的日光中看到了自身真实的形象。对于青年时期的黑格尔而言，德国是他生命的故乡，但是希腊却是他精神的家园。"在黑格尔所处的德国社会中，宗教仪式已经变成了一种悲苦的表达，而不再如希腊人那般是一种洋溢着欢乐的活动。"[47] 这两者之间鲜明的差异点燃了黑格尔心中炙热的古典情怀，但是他无法否认这样一个事实：希腊文明是一个昨日的繁华世界，一幅在画纸上随着时光渐行渐远的"清明上河图"，一去不返。因此黑格尔在这里要做的，不是要逃避德国社会之现实、长久地隐遁于希腊情结所编织的理想国中，相反，"他把希腊的宗教作为一个自然的、发展健全的、完美的宗教典范，作为一个推动社会发展的积极力量加以颂扬和追求"[48]，他希望将希腊精神的种子所萌发出的希腊宗教的枝条嫁接到德国的社会现实之上，使之成为覆盖当时德国阴郁灰暗之基督教的一片清新绿荫。"一个民族的精神、历史、宗教、以及它的政治自由的程度，是既不容许按照它们的影响混在一起来考察，也不容许按照它们的性质把它们分隔开来单独地考察。它们交织一起成为一个纽带。它们就像三个僚友，没有一个人可以离开另外的人能够做出什么事情，可是每一个人却又可以从另外的人那里吸取某种东西。"[49] 当黑格尔谈到"培养民族精神一方面是民众宗教的事情，一部分是政治境况的事情"[50] 的时候，显然他是在用心目中的希腊文明臧否德意志精神，用希腊宗教为摹本的民众宗教比照德国当时的基督教新教，他是如此赤诚地企望用生机勃勃的民众宗教来复兴基督教真正的鲜活"生命"，来把基督教改造成一个理智和情感、肉体和心灵、人性和道德都各司其职，又和谐并进，从而交相辉映的灵魂绿洲。

第三节 基督教与耶稣形象

既然是所谓"改造"，而不是"创建"，那么前提是基督教与民众宗教相比，存在着可被改造的潜质，也就是说，基督教具有着民众宗教的一些特质，一些同质的因素；但同时，也暗示着基督教本身并不能与民众宗教画上简单的等号。就黑格尔的自身标准而言，作为"应然"层面的民众宗教与作为"实然"层面的基督教之间依然存在着鲜明的差距。一方面，在作为基督教前身的犹太教中，信徒们遵守着繁琐而细密的律法，这些律法网罗了犹太教信徒们生活的一切环节，从崇拜方式到饮食起居，方方面面、滴水不漏，在基督教中这些束缚得到了松绑，它用它的道德向度把更多的自由意志归还给了人们，耶稣说："神不是死人的神，乃是活人的神。"[v] 可见，基督教并不要成为一个必须以严苛的传统和不假反思的墨守陈规得以维系，实际上却在时间的涤荡中风化枯萎的僵死的东西；而乃是"活生生"的、植根于人心最原始的道德自律中的、在任何时代都具有当下之现实性的活物，它活跃的自身运动就是在借助着自我更新来保持其永恒性。在宗教领域中，似乎没有比戒律更容易将精神引入歧途的了，基督教与犹太教无可否认的传承关系也必然会牵涉到关于戒律的争执。对此，作为基督教精神之核心的耶稣，他态度明确地肯定犹太教与基督教之间存在一脉相承的延续性，当人们对于犹太教以及基督教的关系表示怀疑的时候，他及时纠正了他们的误解，"莫想我来要废除律法和先知；我来不是要废除，乃是要成全"[vi]，耶稣并不否认他是犹太教精神的继承者和发扬者。但是，"成全"一词也同样明白无误地表明，犹太教的律法和先知并不完全，有待改善，因此他不赞同宗教之一成不变，反对死守着古卷上的条条框框而不知变通，反感所谓的"坚持正统"却忽略人类心灵最柔嫩的情感纤维，所以当他对于律法表示坚定贯彻的同时，他也作了更为人性化的处理，就律法上最大的诫命，他强调："你们要尽心、尽性、尽意爱主你的神。这是诫命中的第一，且是最大的。其次也相仿，就是要爱人如己。这两条诫命是律法和先知一切道理的总纲。"[vii] 在此，律法有了一个超越自身的标准和目的，即爱神和爱人如己。很显然，这两者共同的一个本质—— "爱"—— 是一个允许人类的情感、幻想、感性得以自由发挥的柔软空间，它把坚不可摧的律法的钢板，变成了柔韧而富有弹性的、栽培人性的土壤。这里，"黑格尔所提到的'爱'并不是一种基于人性之自私的'纯粹的自爱'，而是一种在爱的对象中溶化自身的举动。这就意味着，他所指的'爱'是'在理智（体现于律法之中）的影响下产生的'所有情感的总称。当时的黑格尔把'理智'理解为一种'具有命令性质的原则'。但是'宗教'，从他当时的文本中来看，是一种信仰的原则。宗教寻求并且利用一切可能的力量来支持理智，以至于使得我们的爱好与理智的规定和解，因而理智的命令成分也就因此得以消解了。"[51] 由此可见，在基督教的教义中，黑格尔找到了一些与民众宗教不谋而合的特点，所以，基督教虽然不同于民众宗教，但是两者却具备了一些可以相互沟通的共同基础。但是另一方面，彼此间的沟壑也有着不容忽视的深度，基督教是一个在漫长的历史演进中逐步形成的宗教，历史是它的背景、它的摇篮，不仅如此，历史更是逐渐地溶为它血液中的一种成份，渗透在它生命的始终，"基督教的教义大部分是同历史相联系的，或者说是通过历史表达出来的，而基督教演出的舞台是在地球上，虽说在上面表演的并不仅只有人。"[52] 所以对于基督教的讨论，必须和只能采取一种历史的态度。"亚伯拉罕和摩西引入了一个权威宗教，一个由权威和律法构成的宗教；于是存在于神圣的权威性以及个体之有限感性之间的分裂就随着犹太教的传统被其后那权威性的基督教所继承。"[53] 发生在个体身上的情感与幻想是难以被明晰而准确地加以记录的，它们或许会偶尔唤起角落里一种"似曾相识"的怦然心动，却不是可以被准确描述的故事情节，所以历史，作为可被记载、可被反思、可被传递的东西，更为接近客观宗教的向度，它具体体现为教义、传统、礼俗仪式、被神圣性笼罩的坚不可摧的权威性等客观因素，这些因素的外在包装即使显得异常地庄重华丽，却仍然遮盖不了它们粗糙的本质，往往会粗鲁地阻断人们细腻绵延的情感波浪，最终成为掠夺掉宗教之真精神的"死东西"，就像"在基督给他的学生和听众所定的诫命中有许多诫命，如不是以合乎德行精神的精神实行它们，而是仅仅按字面去实行，它们就会是无益的，甚至会是有害的，……基督的很多诫命是和市民社会立法的根本基础、和所有权的原则以及自卫原则等等抵触的"[54]，另外，十字军东征的事实、美洲奴隶买卖的历史，都证明了这种"掠夺"的真实性和严重性。这样看来，基督教相对于民众宗教而言，依然相去甚远。

　　然而，如果要对基督教与民众宗教的差异追根溯源的话，其症结又是什么呢？基督教的宗教精神，与以民众宗教为象征的希腊精神，在根基处，究竟是何种元素导致了它们的花开两枝？黑格尔在此文本中多次流露出对于古希腊的精英代表苏格拉底的追慕，以及相应地对于基督教之宗教核心角色耶稣的批判。这两个人物，作为两种文明的引领者，是在各自的时代土壤中孕育而结出的最引人注目的果实，他们集聚了那个时代最精华的营养，但是作为代价，他们也因此饱受了同时代人最不遗余力的误解和攻击，最终他们的生命本身所洋溢出来的灿烂光芒，被强行地湮灭在大块大块黑絮絮的现实阴霾的重压之下。他们抓住的真理之光，因为过于纯粹耀眼而刺伤了当时习惯于昏暗的大多数人灰蒙蒙的眼睛，他们的言行所传达的善，也没能唤醒人们灵魂中沉睡已久的德性。卓越的智慧在提升他们的个人修养、使得他们突破了时代局限、亭亭玉立而成为丛林中最颀美挺拔的树木时，却也把他们放置在了迎战暴风雨的第一线，断送了他们健康优秀的生命。接近上帝的同时，必然也接近雷电。但是死亡只是取消了他们物理意义上的血肉之躯，却没能终止他们的精神生命的无限蔓延。或者说，对于他们两者而言，死亡不是万物归零的终点，而是跳越出原初轨道，升华入更高宇宙空间的万象更新的起点。对于思想的巨人，规格化的公式往往显得徒劳无益，但是"思想的伟大"本身已经构筑了一种共性，搭建了将两者进行比照研究的平台。如果把苏格拉底和耶稣抽离出各自具体的时代，放在同一坐标系内加以考察的话，或许是一个有效的尝试，制造出一个立体的空间，用各种不同的光线投照，从两者反射光线的不同角度来揭示一些本来隐匿在各自的独立性中，现在却变得显著鲜明的明暗层次，从而透过两者作为个体存在的这个"点"，引申出烘托着他们的时代精神的那个"面"。

　　首先，从两者所处的社会关系来看，苏格拉底是希腊城邦的一员公民，他"有过各种各样的学生，更确切地说，也可以说他根本没有什么学生，他只是教员和老师，恰如每个因其正直榜样和卓越理性而出众的人在每个人眼里都会是那样。……他的目的是教导人，启导人们认识唤起他们最高利益的东西，鼓舞人们这样做，他可以无偿地把自己的智慧给予人们，他不曾矜于自己的智慧把他不和好的女人赶出家门，不想同她打什么交道，而是依然不厌其烦地保持作丈夫、作父亲的关系，并不有损于他的智慧。"[55] 苏格拉底是社会网络中的一个节点，从这个节点，人们可以延伸出与他密切相关的多重身份——公民、教员和老师、丈夫、父亲等等，苏格拉底生活在人情世故之中，也牵动着人情世故的发展。一个苏格拉底，却有着形态各异的侧面。耶稣则不同，他从"圣灵受孕"那一刻开始，就无可回旋地注定了是"犹太救世主和神国的缔造者"[56]，他虽然与我们型无二致，但是他是圣人，是"上帝的独生子"，是悬空于世俗世界之上的，除了与上帝的那层凡人难以理解的亲密关系，在所有社会关系中他的位置都是真空的。他来自彼岸，带着使命来到此岸，救渡人类，除了他的躯体，他不属于人类——对于耶稣来说，人类是一种他借用了其外在包装，却并不沾染其任何内在精神的陌生的存在物。虽然他也是坞丽业的儿子，但是他并没有承担这一份"儿子"的意义，他虽然也有众多的追随者，但他不是老师，不是一个处于平等对话基础上的传道授业解惑者，他始终并且仅仅是一个圣者——这是他单纯而圣洁的身份，他的生命没有影子，没有花絮，没有侧面，他不属于人类世界中任何一个国度，在这片广漠的大地上，也不存在一个维系着他的归属点，我们看到的只是一个上帝的使者，一个集中了一切美好品质的圆满化身。苏格拉底象一头八爪鱼，每一个触须上都吸附着众多社会关系；耶稣则是一个孤独的过客，"赤条条来去无牵挂"。可见，在古希腊的思想意识中，个体与社会是不可分割的一组共生体，个体从社会中吸收着活力，社会也由每一个个体凝聚成合力向前推进，而个人的智慧来自社会生活，最后也返回于社会生活，此岸与彼岸之间没有隔膜，入世与出世也只是看待同一对象时的两种不同视角。但是在基督教的意识中，宗教成了个体的修行，一种基于自身觉悟的信仰，此岸成了人们竞相摆脱的苦难深渊，而彼岸则是人们仰视着、期待着、努力着试图去投靠的一块乐土，而且仰视、期待、努力也并不必然地预示着最终的跨越、彻底的自由。

其次，从两者教导的方式和教导的对象来看，"苏格拉底的亲近朋友没有定数，第13、14 位朋友等等和前面的朋友一样为他所欢迎，只要他和他们完全志同道合。他们是他的朋友，他的学生，尽管如此，他们每个人还是保持过去独立自主的清醒；苏格拉底并不生活在他们当中，也不是他们的首领，他们不是作为肢体从这一脑部取得活计。苏格拉底不曾制作模式，以期把他们的性格放到这个模式中去，他也没有制订一些规则，以期按这些规则消除他们的差异。……苏格拉底的每个学生自己就是导师，许多人创立自己的学派，有些人是大将军、政治家和各类英雄；这些英雄不是一种类型，每人都是自己本行的英雄，不是在殉道和受难上是英雄，反之都是行动上的和生活中的英雄……他们从手头达到精神，每个人既能为生，又能以精神作娱乐。"[57] 苏格拉底对于来自各个不同阶层的学生都抱着一颗纯真而关怀的心，以平等自由的心态与他们一起探讨人生的意义、灵魂的概念，他不是权威，而是一个智慧的"助产婆"[58]。苏格拉底的学生们虽然尊敬他，却依然平和地保持着自己独立的思想，不以他的教导为唯一的精神资源。他们相互间用平常心交换着彼此的知识和智慧，过程自由自主而从容不迫，苏格拉底作为日常生活中的一个凡人，揭示着同样发生在自己身上的生老病死的内涵。他的学生们和他一样，视德性为知识的终极归宿——"知识即德性"，这句来自几千年前苏格拉底的源远流长的教导一直透射着一股低调的震撼力量，正是因为它包含着对于纯粹德性的高度尊重和信仰，却不带有任何来自功利的利己主义倾向，由此，亚里士多德那句妇孺皆知的"吾爱吾师，吾更爱真理"［Plato is dear to me, but dearer still is truth.］所反映的观念，也就是当时希腊传统之一脉相承下来，自然而然形成的思想产物。"基督有十二使徒，十二这个数是个固定常数。门徒是有许多，但使徒却是这样一些人：他们想有与基督的亲密交往，他们摆脱一切其他关系，只享受和基督的交往，享受他的教导，力求尽可能使自己在各方面变得同他相仿，力图通过长期教导与跟他的生动榜样相接触，掌握他的精神。可是他们的期待、希求和观念最初是多么带有狭隘的犹太精神，是多么充满着俗气，如何慢吞吞地不使他们的眼光和他们的心思超脱某个犹太救世主和神国的缔造者，以为神国会授予将军和御前大臣位置，他们如何慢吞吞的不超脱那种首先想到自己的利己心，不能进展到以成为神国同胞为荣的单纯的荣耀心。"[59] 根据圣经的记载，耶稣的十二个使徒大都来自于当时的草根阶层，彼得、安德烈、雅各、约翰都是渔夫，马太是税吏，西门是奋锐党[viii] 成员，而草根阶层的特点，首先是知识层面的匮乏，以及由此带来的理智反思能力的不济，同时"匮乏导致需求"——物质材料的贫瘠令他们更关注于实际的利益和效用，所以一方面他们无法凭自身狭隘的所见所闻去把握基于日常生活却又高于日常生活的普遍的道理和真相，能够令他们肃然起敬的不是抽象的德性本身，而是由耶稣的神迹所展示出来的超乎常人的能量，比如平复风浪、医治病疾、救死回生，这些能够在第一时间就攫取他们的感官注意力的能力，对于他们的信仰所起的作用是无比重要的，甚至可以说是极其关键的；另一方面，清贫的生活使得他们摆脱不了追求物质享受的欲念以及权力金钱所擦出的诱惑光芒，所以他们的信仰之坚实最初也有一定程度的功利性的参与，早期对于天国的热望也掺和着相当比例的、试图扭转自身草根命运的实用目的。基于这样的情形，作为耶稣十二使徒之一的犹大，为了一己之私利出卖了他的精神导师，也就不那么令人惊异了。如果仔细推敲一下，"十二"这个数目的设立，本身就是以现实目的为动机的。耶稣拣选使徒，并不是为了追求知识与道德的多多益善地辐射铺展，却是以犹太民族的十二分支作为其原初的服务对象，另外，极少数的使徒，被拣选来传播天国的福音，这多少带有一种对于神圣知识之权威性的保护色彩，他不是通透地敞开目找，让天国的和煦暖意普撒大地，而是透过一个窄小的裂口，把光约束而聚焦在那十二个人身上。"拣选"本身就是一种区别对待，一种归类，一种分层，所以自身就带着阻碍知识与智慧达到普遍化的保守性和自闭性。这是与带有浪漫的理想气质的"神爱世人"的教义有着明显矛盾性的实际操作手段。然而回顾我们在前文中提及的，对于基督教的考察必须具备一种这样的格调——历史的态度，所以当我们用怀疑和批评的眼光去审视它的时候，也要带有一种基于历史之现实性的理解心态。基督教的诞生和发展可谓荆棘密布，困境重重，所以带着希腊人高雅而欢乐的童心去面对此起彼伏的阻力和危机，是一种苛刻得近乎幼稚的要求，罗马人、犹太祭司、法利塞人，撒度该人这些对抗因素，在现实的境遇中，无论是社会地位、物质财富还是人数，都比当时的基督徒（还是一个萌芽，所以势单力薄，孱弱无助）更为强势，扎根更深，所以基督教最初是在一个偏狭的夹缝中以赢弱却顽强的生命力挣扎赢取自己的一丝氧气的，更何况周围的高大乔木灌林都虎视眈眈地随时准备着连那一星初生未久的娇嫩苗芽都连根拔除。抵御和反击，是基督教一出世就要学会的第一个生存要领，所以相应的，为了谨慎起见，气势的收敛、人数的缩减也是一种为了存活而不得不采取的自保策略。同时值得注意的是，使徒们对于真理之信仰，不是基于自我的反思过程，而是依附于对于耶稣这个个体的信仰，一方面我们不能否认世界上有一些人自身就带着一种独特的个性魅力，他的生命磁场总是如此强烈，像一个漩涡中心，不知不觉中周围的一切都已经难以抗拒地被席卷进了激烈疾驰的湍流，甚至于河岸边原本与世无争的野草也抵御不住这股汹涌，最终放弃了自得其乐的悠闲，投身其中。耶稣作为一个具体的人，就具有着这样一种魔力，使人被他吸引的同时，也经历着他的影响力潜移默化的改造；另一方面，据圣经的内容记载，使徒们在耶稣在世的时候，对于道德法则的确信，并不是来自于他们在冥想中自我挖掘后的内在需求，而是源于一种外力的促使。上文提到的耶稣所展示的"神迹"，就是导致使徒们信仰真理的一种有效手段。能行非常人所能行，则必为神人，神人的能力非常人所能及，所以对神人的顺服与依附也就必然地成为了一种使自身从一般常人中脱颖而出的聪明之举，因此神人推行的真理作为附带品也被一并接收了下来。相比之下，苏格拉底和他的学生们对于真理的追求是出于内在的一片赤诚之心，一份怀着童真理想的单纯要求。耶稣的使徒们则要么是在外部强力的威慑下勉强地接受真理，要么是由于崇拜心态所激发的无意识倾慕而带来的盲目的跟从。

最后，从两者对待死亡的心态来看，"苏格拉底是作为向医神祭献公鸡的希腊人死去的，……因此他死前，像一个希腊人仍以理性和幻想谈话一样，同他的学生谈论灵魂不休，他谈得非常生动，以自己全部身心向他们指明这种希望，非常亲切，非常令人信服，以致学生们曾在自己一生中收集并掌握了这一公设的前提。这个希望是和人性、和人性的精神能力矛盾的，以致我们需要使这种希望变成确信。苏格拉底生动描绘这种希望到这样的程度，说当人的精神忘记它的死的同伴，自己就能超升。如果可以如此，人的精神就会使一种精灵从其坟墓出来，向我们宣示报应女神的意旨，他会使我们听到比摩西律法和我们心中崇敬的先知的神谕更多的东西。……他没有留下什么泥水匠的标志，没有留下什么要宣示他的名字的教命，也没有留下什么谴责灵魂的方法和向灵魂灌注道德的方法，—— αγαθov［vertue］美德是我们生而就有的，这是一种不［能被］通过说教注进的东西。"(60) 在希腊人关于死的情景中，"于墓碑上永恒化的是一位美的天使，是睡眠之友"(61)。死亡在希腊人的理解中是生命本身的一个必要环节，它处于生命的线索之中，不是结束，不是终点，而是不朽的灵魂运程中的一个不起眼的平凡点，这个点并不比其他的点特殊，也是同样地悄无声息地协助推动着生命的前行。对于苏格拉底，死亡是一种神圣性的本质回归，安宁替代了劳顿，杂多化为了清澈，从此肉体无病痛，灵魂无烦忧。面对死亡，希腊人没有哭天抢地的挣扎，而是欢乐沉静地默许和等待；对于希腊人而言，死亡不是一种被施以诅咒的黑暗力量，而是一种基于清晰预知而抱以美感的温柔转型，从一个状态缓步迈向另一个状态的入口。

　　"基督的整个一生可以说是对这一变故的准备，他的愿望甚至就是期求这一变故，是每日都萦绕着死的图景，和对彼世生活的希望，与这种希望相反，现世的享受与欢乐只是像一位陌生者一样占有无力的地位，不值得注重，他不爱这个世界，离开他活动的这个舞台对他来说不只不可怕，甚至还可以说是适意的事。死的时刻尤其很少使他感到恐惧，假使乐器碎裂，和谐之声不存，也不会使他忧虑，无论是毁灭，无论是他未来的命运，都不能使他颤抖，他的整整一生就是一种 meditatio mortis［对死的冥想］。他的一生他认为只是未来生活的预科学校，它本身没有什么价值，只有就未来生活看才有一些价值。"[62] 耶稣的死使他的生命达到了极致绚烂，正是死亡代表的那个点，把他的生命推向了抛物线的至高点，而一切生的意义就在于积累死的意向，久蓄的积水，成全了水坝开闸时的一泻千里；命运交响曲的高潮往往来自那最后一刻坚定的休止符。耶稣的死，是对人类的救赎，即用他纯净无瑕的一生来补救人世间污迹斑斑的罪行。他来时背着沉重的十字架，一路步履艰辛，走时十字架背上了他，因为每一个十字架上都背着他用血铭刻的圣名。死亡的步步逼近，对于死后彼岸平安的思慕，使得基督的生活时时处处都带着一种疲惫，一种孤立，一种悲剧，他用他生的困顿，换取死的宁谧。可见，"死使希腊人想到了生活的享受，而使我们想到的却是生活使我们不堪忍受；死亡对希腊人来说，意味着生活，对我们来说，意味着死。"[63] 希腊人活在每时每刻，而我们活在死后，死后才活。

小　结　基督教与民众宗教

　　从字里行间，我们不难看出青年黑格尔内心对于上述两者的明确评判立场，植根于古希腊精神的民众宗教的轻快脚步中迸射出的自由气息，与在历史的沉重感下缓步挪移的基督教是如此不同，前者是在人们的心中悠然高歌、使得人们在天籁之声中完成自我净化的夜莺，后者是背负着沉甸甸的磐石，喘息着在泥泞斑驳中匍匐前行的巨兽。巨兽终其一生所追求的生活理想

（即天堂的温宁祥和），是夜莺无需努力就逍遥享受着的现实状态。于是在黑格尔的观念中，彼岸世界与此岸世界、理想与现实之间的悬殊差异，就着实地表现在民众宗教与基督教之间的区别。然而，如果我们对于黑格尔的认知就到此为止，以他对于现实中的基督教的失望而了结，那么我们误解了黑格尔，也同样误解了基督教。失望是确实的，因为青年黑格尔追慕的希腊之梦由于时过境迁已经在某种程度上趋于理想中的完美而无法超越，成为了镌刻在他古典情怀之标尺上的刻度，即使时间会使它偶尔粘上尘土而显暗淡，经过了擦拭却依然那么晶莹剔透，灵光可鉴。就像失望对于黑格尔来说从来不是单纯的失望，而是希望的起点，黑格尔对于基督教的批判也从来不是出于一种对抗的心情或者敌视的立场，而是"爱之愈深，责之愈切"的深厚情感，批判是为了纠正其发展的方向，进一步趋近改造的目标。黑格尔从未成为一个无神论者或者反基督教者，他不是费尔巴哈式的斗士，也不是马克思式的革命领军人物，他并不与世界为敌，而是用一种理性稳健的方式、温文儒雅地拉动着世界之潮流往他的思想渠道上流淌。对于基督教，黑格尔的态度是矛盾的，但是这种矛盾并不是源于他对基督教精神及其道德产生过任何怀疑甚至动摇，而是因为基督教本身所展示出来的主观宗教和客观宗教相互压抑的不和谐格局让他伤透脑筋。客观宗教的因素是宗教之为宗教不可或缺的成分，但是它却又时时刻刻在威胁着主观宗教的因素，大有蚕食吞噬的趋势。然而作为宗教之道德核心的主观宗教一旦沦于虚空或者次要，则宗教也就会降格为纯粹的形式或者迷信。黑格尔的困扰就在于如何去疏导和平复在基督教的内部发生的、主观宗教与客观宗教之间的那场没有硝烟的冲突，如何使得现实中的基督教尽可能地趋近于理想中的"民众宗教"。诚然，现实中的基督教与民众宗教的差距是明显的，但是即使如此，也不足以把基督教推入 black or white 的绝然否定的境地。他认为，"事实上，全然排斥一切物质性原则的最纯粹的道德体系，没有一个地方能比在道德方面更自然而然地同基督的宗教结合起来。……可以使基督道德的整个精神与每一最崇高的道德一致起来，对道德法则的绝对无条件服从得到教诲。"[64] "宗教的作用是借作为道德立法者的神的观念来加强伦理动机，并从实践理性给我们确立的终极目的，从至善方面满足我们这种实践理性的课题。"[65] 同样地，在基督身上所发现的"真正神圣的东西，对于我们来说也还并不直接就在于他是神明的第二身，他是由永恒之父派来的等等，而是在于他的精神、他的意向可以同道德律一致，有关他的观念我们自然最终必须是从我们本身取来"[66]，我们"通过基督所认识和所爱的并非单纯是这位人，并非单纯是他的名，而是德行本身。"[67]但是这种真正神圣性的东西常常被人们误解，被置于一旁不加理会。本末倒置的局面正是现今的基督教所实际面对的，"按照基督教的看法，永恒福祉的最高条件是对基督的信仰，和对他的死所具有的和解力量的信仰，而且，并非因为这种信仰最终可以导向道德，道德于是终归成了真正的条件，那种信仰则不过可以是手段，而是信仰自在地本身就是神喜悦的根据，因此神的喜悦就使那些信仰基督的人得到永恒的福祉。"[68]于是，基督作为德性本身的维度被淡忘了，他被塑造成了一部新的法典，法典的第一诫命就是"你们要信仰基督"。因此没有道德实践的信仰变成了"僵死的信仰，口头的信仰，记忆的信仰，满足于感情，而不用有善的意向和善的行为"[69]，从而不可避免地在此过程中主观宗教的精神渐渐流失殆尽，最终变成生硬的客观宗教。可是我们必须清醒地意识到，"使徒们将人们吸收进自己团体的作法就已同基督在接受为他的朋友们的那些人那里看到的作法完全不同。"[70]基督用自己的道德行为和理性智慧感召着人们去实现地上的"善"，从而为来自天国的信仰找到了实实在在的、在世俗世界中的落脚点，上帝的真理于是被看见，被感受到，被尊奉，被效法，基督是活生生的"德性"，行走的德行，可被感知的道德榜样，而不是一个语言的巨人，或者理论的散布者。但是"使徒们满足于如下的作法：如果一群大都无知的人通过一小时或数小时的宏论已能对此惊异不已，以致相信了使徒们的言词，让自己受使徒们洗礼，从而随之成为正式基督徒"[71]，殊不知，抛弃道德实践而妄信基督，是对于基督精神的最大误解和悖逆，甚至可以说是对基督本身的滥用，也是走上"假基督徒"之路的第一步，这种名义上的一致和实质上的相悖，是对于基督教本质的最致命的扭曲。因此，黑格尔对于基督教的批判，对象不是基督教的主观精神，而是遭到了深重误解的基督教的客观表现形式。礼俗仪式原本只是为了唤醒人们心中隐秘的宗教情感，从而在现实生活中以道德的善来报以共鸣，而现在却成了衡量虔诚的尺度，承载信仰的实体，——在这样的标准体系中，富翁投进"奉献箱"的对他而言九牛一毛却仍旧高额的财物一定比贫妇倾家荡产而奉献的两个硬币更有价值——这种表里不一的虚伪框架正是黑格尔深恶痛绝，并且要竭力打破的，所以主观宗教与客观宗教的划界、民众宗教的构想，以及耶稣形象的细致分析，都不是他一时心血来潮的冲动，而是缜密思考后的动作，而这一切都为了基督教的精神服务，不是出于反对而轰击，而是出于关怀而关注、指正，从而希望能够进一步完善它，黑格尔的良苦用心就在于努力地挖掘着内在的思想资源，把基督教作为一个尚未完工的雕塑半成品，去粗取精，去伪存真，从而使它出落为一件令人心悦诚服的精神杰作。

至于如何去"取其精华，剔其糟粕"，这并不仅仅是一个在现有的基督教格局中三言两语几句评述就能实践的，如果要达到改造的彻底性，对于一切被固定化的、被认为理所当然的、被排斥在理性之外的内容，都要推倒重来，实行价值的重估。黑格尔的雄心勃勃并不表现在站在论辩的前沿，用语言的爆发力和内在的逻辑性去征服既定的基督教的信众们，而是默默地仔细地经过筛选后，主观构建了一个理想模型，在那里他重组了基督教的教理，而耶稣也获得了一个全新的身份和定位，黑格尔以此来尝试着考察一个理想之民众宗教（略微偏重于主观宗教之精神）向度内的基督教形态。这就是他之后的一个著作——《耶稣传》——所指向的主旨。

注释：

（1）黑格尔·《黑格尔早期著作集》（M）·贺麟等译·北京：商务印书馆，1997：59-60·

（2）黑格尔·《黑格尔早期著作集》（M）·贺麟等译·北京：商务印书馆，1997：53·

（3）黑格尔·《黑格尔早期著作集》（M）·贺麟等译·北京：商务印书馆，1997：53·

（4）黑格尔·《黑格尔早期著作集》（M）·贺麟等译·北京：商务印书馆，1997：53·

（5）黑格尔·《黑格尔早期著作集》（M）·贺麟等译·北京：商务印书馆，1997：62·

（6）H·S·Harris·Hegel's Development:Towards the Sunlight 1770-1801（M）·Oxford：Clarendon Press，1972：129·

（7）黑格尔·《黑格尔早期著作集》（M）·贺麟等译·北京：商务印书馆，1997：62·

（8）黑格尔·《黑格尔早期著作集》（M）·贺麟等译·北京：商务印书馆，1997：64·

（9）H·S·Harris·Hegel's Development:Towards the Sunlight 1770-1801（M）·

Oxford：Clarendon Press，1972：129·

（10）H·S·Harris·Hegel's Development:Towards the Sunlight 1770-1801（M）·
Oxford：Clarendon Press，1972：129·

（11）黑格尔·《黑格尔早期著作集》（M）·贺麟等译·北京：商务印书馆，
1997：64·

（12）黑格尔·《黑格尔早期著作集》（M）·贺麟等译·北京：商务印书馆，
1997：50·

（13）H·S·Harris·Hegel's Development:Towards the Sunlight 1770-1801（M）·
Oxford：Clarendon Press，1972：129·

（14）H·S·Harris·Hegel's Development:Towards the Sunlight 1770-1801（M）·
Oxford：Clarendon Press，1972：130·

（15）黑格尔·《黑格尔早期著作集》（M）·贺麟等译·北京：商务印书馆，
1997：66·

（16）黑格尔·《黑格尔早期著作集》（M）·贺麟等译·北京：商务印书馆，
1997：67·

（17）黑格尔·《黑格尔早期著作集》（M）·贺麟等译·北京：商务印书馆，
1997：67·

（18）黑格尔·《黑格尔早期著作集》（M）·贺麟等译·北京：商务印书馆，
1997：67·

（19）黑格尔·《黑格尔早期著作集》（M）·贺麟等译·北京：商务印书馆，
1997：67·

（20）黑格尔·《黑格尔早期著作集》（M）·贺麟等译·北京：商务印书馆，
1997：68·

（21）Frederick C. Beiser·The Cambridge Companion to Hegel（M）·Cambridge　：
Cambridge University Press,2006　：29·

（22）徐向东·《道德哲学与实践理性》（M）·北京：商务印书馆，2006：140·

（23）黑格尔·《黑格尔早期著作集》（M）·贺麟等译·北京：商务印书馆，
1997：68·

（24）徐向东·《道德哲学与实践理性》（M）·北京：商务印书馆，2006：125·

（25）黑格尔·《黑格尔早期著作集》（M）·贺麟等译·北京：商务印书馆，
1997：68·

（26）H·S·Harris·Hegel's Development:Towards the Sunlight 1770-1801（M）·
Oxford：Clarendon Press，1972：122·

（27）叶秀山等·《西方哲学史（学术版）》（M）·第 6 卷-德国古典哲学·江
苏：　江苏人民出版社，2005：434·

（28）叶秀山等·《西方哲学史（学术版）》（M）·第 6 卷-德国古典哲学·江苏： 江苏人民出版社，2005：434·

（29）黑格尔·《黑格尔早期著作集》（M）·贺麟等译·北京：商务印书馆，1997：73·

（30）黑格尔·《黑格尔早期著作集》（M）·贺麟等译·北京：商务印书馆，1997：72·

（31）黑格尔·《黑格尔早期著作集》（M）·贺麟等译·北京：商务印书馆，1997：73·

（32）黑格尔·《黑格尔早期著作集》（M）·贺麟等译·北京：商务印书馆，1997：73·

（33）黑格尔·《黑格尔早期著作集》（M）·贺麟等译·北京：商务印书馆，1997：73·

（34）黑格尔·《黑格尔早期著作集》（M）·贺麟等译·北京：商务印书馆，1997：74·

（35）黑格尔·《黑格尔早期著作集》（M）·贺麟等译·北京：商务印书馆，1997：74·

（36）黑格尔·《黑格尔早期著作集》（M）·贺麟等译·北京：商务印书馆，1997：74·

（37）H·S·Harris·Hegel's Development:Towards the Sunlight 1770-1801（M）·Oxford：Clarendon Press，1972：128·

（38）黑格尔·《黑格尔早期著作集》（M）·贺麟等译·北京：商务印书馆，1997：74·

（39）H·S·Harris·Hegel's Development:Towards the Sunlight 1770-1801（M）·Oxford：Clarendon Press，1972：136·

（40）H·S·Harris·Hegel's Development:Towards the Sunlight 1770-1801（M）·Oxford：Clarendon Press，1972：136·

（41）H·S·Harris·Hegel's Development:Towards the Sunlight 1770-1801（M）·Oxford：Clarendon Press，1972：138·

（42）H·S·Harris·Hegel's Development:Towards the Sunlight 1770-1801（M）·Oxford：Clarendon Press，1972：138·

（43）康德·《单纯理性限度内的宗教》（M）·李秋零译·北京：中国人民大学出版社，2003：189·

（44）黑格尔·《黑格尔早期著作集》（M）·贺麟等译·北京：商务印书馆，1997：82·

（45）黑格尔·《黑格尔早期著作集》（M）·贺麟等译·北京：商务印书馆，

1997：89．

（46）黑格尔．《黑格尔早期著作集》（M）．贺麟等译．北京：商务印书馆，1997：85．

（47）H·S·Harris·Hegel's Development:Towards the Sunlight 1770-1801（M）·Oxford：Clarendon Press，1972：129．

（48）H·S·Harris·Hegel's Development:Towards the Sunlight 1770-1801（M）·Oxford：Clarendon Press，1972：122．

（49）黑格尔．《黑格尔早期著作集》（M）．贺麟等译．北京：商务印书馆，1997：90．

（50）黑格尔．《黑格尔早期著作集》（M）．贺麟等译．北京：商务印书馆，1997：90．

（51）Frederick C. Beiser·The Cambridge Companion to Hegel（M）·Cambridge ：Cambridge University Press,2006 ：28．

（52）黑格尔．《黑格尔早期著作集》（M）．贺麟等译．北京：商务印书馆，1997：86．

（53）Frederick C. Beiser·The Cambridge Companion to Hegel（M）·Cambridge ：Cambridge University Press,2006 ：33．

（54）黑格尔．《黑格尔早期著作集》（M）．贺麟等译．北京：商务印书馆，1997：105．

（55）黑格尔．《黑格尔早期著作集》（M）．贺麟等译．北京：商务印书馆，1997：95．

（56）黑格尔．《黑格尔早期著作集》（M）．贺麟等译．北京：商务印书馆，1997：94．

（57）黑格尔．《黑格尔早期著作集》（M）．贺麟等译．北京：商务印书馆，1997：96．

（58）黑格尔．《黑格尔早期著作集》（M）．贺麟等译．北京：商务印书馆，1997：96．

（59）黑格尔．《黑格尔早期著作集》（M）．贺麟等译．北京：商务印书馆，1997：94．

（60）黑格尔．《黑格尔早期著作集》（M）．贺麟等译．北京：商务印书馆，1997：97．

（61）黑格尔．《黑格尔早期著作集》（M）．贺麟等译．北京：商务印书馆，1997：113．

（62）黑格尔．《黑格尔早期著作集》（M）．贺麟等译．北京：商务印书馆，1997：111．

（63）黑格尔．《黑格尔早期著作集》（M）．贺麟等译．北京：商务印书馆，

1997：113．

（64）黑格尔·《黑格尔早期著作集》（M）·贺麟等译·北京：商务印书馆，
　　　1997：126．

（65）黑格尔·《黑格尔早期著作集》（M）·贺麟等译·北京：商务印书馆，
　　　1997：129．

（66）黑格尔·《黑格尔早期著作集》（M）·贺麟等译·北京：商务印书馆，
　　　1997：136．

（67）黑格尔·《黑格尔早期著作集》（M）·贺麟等译·北京：商务印书馆，
　　　1997：137．

（68）黑格尔·《黑格尔早期著作集》（M）·贺麟等译·北京：商务印书馆，
　　　1997：130．

（69）黑格尔·《黑格尔早期著作集》（M）·贺麟等译·北京：商务印书馆，
　　　1997：127．

（70）黑格尔·《黑格尔早期著作集》（M）·贺麟等译·北京：商务印书馆，
　　　1997：127．

（71）黑格尔·《黑格尔早期著作集》（M）·贺麟等译·北京：商务印书馆，
　　　1997：127．

第二章　耶稣传

　　耶稣一直以来是一个匪夷所思的神秘人物。他的身份、言行、死亡以及他带给这个世界的影响，无不充满离奇的色彩。虽然他早在那个遥远的年代就归于尘土，但是他的形象和声音却始终在我们的空气中余韵袅袅，持久不散。或许他是这个世界上活的时间最短，却拥有最长久生命力的一个人。古今中外，无数习惯于现实之至高荣耀的人，面对耶稣仁慈明净的眼神会感受到心灵的震颤、自我的渺小；也有人在经历了大半生娇纵奢华之后，仅仅因为圣经中一段朴素平实的教导而潜心献身，把余生归于对他的冥念和敬奉；还有人蒙耶稣的名义，怀着一颗赤诚的心灵和满腔的热忱，带着自己的渊博知识，抛弃了现代化的物质生活，投身于非洲一些最贫瘠最落后的地区，去实践人类的关怀，播种耶稣基督的爱。

　　十字架上受难的耶稣基督，成为了一个永恒的图像，镶嵌在作为一个特殊种群的人类之精神生活的印章中。它成了众多基督徒肉体安息之处矗立的象征物，同时也深深地印刻在许多人灵魂世界的入口。在一些真正用心灵去跟从耶稣的基督徒脸上，也能看到那种耶稣特有的宁静、豁达、坚定、温和、从容，这种透着彼岸气息的人格魅力制造出了别样的磁场，在这样的磁场中，即使寂静无声，仍觉深受感动。不可否认，"在语言和图像之间有一种深层的关系。图像是更具表现力的一种语言，它被物质化，变得更为持久，也可以说被坚固化。而语言是图像的灵魂，更鲜活，更内在，使人与人的交流更直接。"[1] 那么这个头顶荆棘、被钉在十字架上、经受了极大折磨的拿撒勒人耶稣，究竟在用他的一生言说怎样的一种语言？当他的肉体化为无迹可循的尘土，他的精神却成为了穿透此后一切时代的光，这其中又是什么样的元素在发生着作用？在基督教的理解中，耶稣是上帝的独生子，是"道成肉身"，虽然他具有着无可置疑的神圣血统，但是他也和我们每一个肉体凡胎一样，是一具血肉之躯。显然，使得他升华为永恒的，不是这个肉体，而是肉体包裹下的精神，这个精神超越了他的面容、他的躯壳以及我们可以感知的一切体系，达到了不朽。艾伯特·史怀哲曾经说过："每个连续的新纪元，都在耶稣身上找到其自己的思想，而这的确是让他继续流传的唯一途径。"神学家们以及基督教哲学家们倾其全力，在寻找着这种持久性的根源，它是如此广漠的一片天地，以至于人们在探索的过程中无法确定于某条通向真理的唯一道路。间或交杂的信心和困惑，使得道路变得更加复杂而多样，甚至有时陷入茫然。尽管至今为止，不同的道路仍在被开辟挖掘之中，此前的努力却没有丧失其价值，每一条道路的展开，都为后人铺设了一个更高更完备的基础。

在众多的开拓者中，黑格尔也名列其中。对于主观宗教和客观宗教相互关系的探究，使得注重事物本质的他更加倾向于主观宗教所体现出的纯正无杂质。在阅读《圣经新约》的时候，他并没有忘我地陶醉其中而放下理性，他是一个基督徒，因此他也和其他基督徒一样为耶稣基督的精神所感召，为真善美的理想所驱动，但同时，他是一个勤于思考的哲学家，理性构成了他信仰之外的另一半，对于"耶稣本人和基督教的精神，他从来没有攻击过，但是他却攻击基督的门徒和实证化的基督教（即中世纪的天主教）"[2] 以及后人对于耶稣不假深思的盲目追随；对于真善美，他无比热爱，但是他并不是出于无意识的习惯，而是认真地检审着真善美之下的根基所在。抱着一种黄金提纯者同样的细致精微，黑格尔也在尝试着对于现有的基督教进行理论上的提纯。《圣经新约》的"四福音"被公认为是最直接详尽的耶稣生平，出自跟耶稣最为亲密的使徒之手。虽然人们未曾亲眼见过耶稣，但是通过对于福音书的阅读，他们了解了耶稣基督的一生，同时蒙受着他的话语所带来的奇迹性和拯救性的效果。福音书作为耶稣的完整呈现，传递着他遥跨时空的训导，成为了人们遵循效法基督精神的摹本。黑格尔对于基督教精神的提纯就充分地体现在他对于福音书的改写。《耶稣传》是黑格尔一生中唯一的一部文学作品，也是他"用康德式的道德主义语言对《圣经》进行的重新阐释。"[3] 借此，"黑格尔要调和耶稣的福音书与康德哲学之间的关系。黑格尔笔下的耶稣仍然是一个具有博爱精神的先知。他的使命在此被图宾根阶段的黑格尔阐释为掀起一场运动来反抗犹太人的'拜物教'信仰。黑格尔一开始就拒绝把耶稣作为一个神迹的施行者（不像施特劳斯那样在他的《耶稣传》中把耶稣视为单纯的迷信宣扬者）。耶稣身上的'兄弟之爱以及宽恕精神'则被认为远远高于一种顺服律法的服从品质。"[4] 这部"出自黑格尔之手的福音书"[5] 虽然沿用了大部分福音书的内容，却也大刀阔斧地修改了福音书作者们通过种种带有神秘主义色彩的情节对于耶稣神性的渲染，因为神秘主义的玄奥生涩"对于理智和常识的头脑来说，是难以理解的。"[6] 然而正是这种超理性的特质却恰恰构成了现实中基督教所赖以生存的信仰根基。就像历史上第一位拉丁教父德尔图良[ix] 所认为的那样，"基督教的信条表现了上帝的大智若愚，它比人类最高的哲学智慧还要高深得多。有限的理性是不可能洞见上帝的奥秘的，对于无限的本质或者上帝，人类唯一可依凭的途径就是信仰。理性是人类制定的准则，信仰却是基督制定的准则，如果基督教的教义（三位一体、死而复活等）在理性看来是荒谬的和不合理的，那只能表明理性本身的局限性。理性意义上的不可能恰好说明了信仰的超越性，'正是由于荒谬，所以我才相信。'"[7] 依据这样的诠释，既然理性在作为无限者的上帝面前是彻底的苍白无力，而理性却又是人们现有的对于任何对象作出合理性判断的唯一可能的标准，那么人们面对上帝时就是一群混沌而缺乏思考能力的群氓，无异于被圣安东尼循循善诱，施以教化却懵懂依旧且不知所云的鱼。理性由此被否定，它不是配合着神秘主义的门锁的那把钥匙，而是被固执冷漠地关在了通向信仰之圣殿的大门之外。

然而，在对于超理性对象的理解过程中，虔诚和误解只是一步之遥。"上帝既然是全能的和完善的，他必定不会把自己仅仅局限于信仰之中，而把理性留给魔鬼。"[x] 既然"神爱世人"[xi]，神就不会让自己飘忽于世人之上，使得世人除了对他的仰视和思慕，根本无从理解。当信仰成为了一种无可置疑的绝对，它也就因为剥夺了人类理性的自由而堕落为精神的"暴政"。虽然理解未必能够创造出爱，但是爱却一定奠基于理解。深沉的爱又往往蛰伏在深刻的理解之中。当我们怀着艳羡的情绪提及生活的无忧无虑时，常常会在脑海中浮现出那样一些性格温顺的精神病人，他们那可怜的失去的感觉像白色的鸟一样翱翔于充满忧患和怨诉的世界之外。他们不觉得生活是一个难题，是一种辛劳和任务，而只觉得是一种愉快的、完全无法理解的但又是很美好的游戏。然而他们脸上的纯真笑容，并不是对于这个世界的真正的爱和满足，而是躲进了想象中的童话、幻梦中难以触及的仙境而难以自拔。对于生活的真正热爱，不是源于那狂热如火山爆发般的情感或者幽灵似的异乎寻常的奇遇，而往往是从一些稀松平常的现实细节中生出动人的崇敬之情。"拉朗德用望远镜搜遍了整个天宇，没有寻找到上帝；我却坐在墙角，从一支小草看到了天国。"——对于热爱生活的人而言，"日常生活永远都是温柔古老的曲调，世界永恒的背景音乐。"神爱世人，所以神必定理解世人；人们对于上帝奉献着虔敬的心，超出索求的精神之爱，所以人们必须要真正理解上帝。理解上帝，对于信仰来说，不是一种奢求或者亵渎，而是最基本、最友善、最真诚的前提。福音书中的那些带有不可解释之神秘色彩的故事就像迷雾，遮掩了我们心灵的眼睛，阻挡了我们的理性去认识那个迷雾背后的上帝，它把我们变成了小人国里那些无知却傲慢的小东西，看到"格列弗"作为正常人类的一些日常技能时，便大呼小叫着以为遭遇到了无从把握的神力，却忽视了他那满怀关爱的心。无知状态下的不屑一顾或者顶礼膜拜，都是愚蠢的情绪化举动，除了彰显自身的肤浅别无意义。对于上帝，对于耶稣基督，为了能够更坚定地"信仰"，我们必须首先更深刻地理解"存在"。要领略林中百合散发出的高洁幽雅的气息，一个必要条件就是清除掉途中纠结缠绕的荆棘。黑格尔的《耶稣传》所期望的正是这样的一个效果，即舍尽浮华，还原真相。通过对于耶稣基督的重新认识，来展现基督教真正具有的深远的影响力背后的灵魂所在。

就当时而言，"对于黑格尔来说，基督教的问题是耶稣已经被他的追随者们神性化了，从而他的真实面貌和他的使命的性质遭到了曲解；但是理性（Vernunft）一旦把神性的面纱扯开，呈现在 1795 年的黑格尔面前的耶稣就只是一个康德的理想的道德导师。"[8] 因此在阅读《耶稣传》时，我们就不会惊异于其中"一字不提报喜节、圣灵妊娠、奇迹和死者复活等等。黑格尔笔下的耶稣是一个诉诸人的理性的道德家。"[9] 在黑格尔的设计中，耶稣不是一个神，而是一个充满了神性的人，神性的根源就是道德在实践理性中的完美实现。正如他在《耶稣传》一开头就动情地写下了："那打破一切限制的纯粹理性就是上帝本身。因此世界的规划一般讲来是按照理性制定的。理性的功能在于使人认识到他的生活的使命和无条件的目的。诚然理性常常被弄得晦暗了，但却从来没有完全熄灭过，即使在晦暗之中，理性的微弱的闪光也还是保持着。"[10] 黑格尔看到了理性的光亮，也看到了这一抹光亮在现实的阴霾中是如此晦暗，他所试图去做的，就是维持这一点光亮，并尽可能去驱散周围的阴霾。

　　既然黑格尔所营建的《耶稣传》最大的特点在于神秘情节的丧失，一切原本不可捉摸的悬念都在他这里重新获得了地球的重力，并在人类理性的土壤中生出了茁壮的根，那么接下去的分析就会集中在那些《福音书》和《耶稣传》的差别之处。不论黑格尔的《耶稣传》对于福音书是何等的改头换面，但是它毕竟脱胎于福音书。所以在讨论的过程中，会以一种相互比照的方式来设定认识的角度，从而更为清晰地领会黑格尔当时的心情和意图。

第一节　耶稣的身份

　　在公元 4 世纪的尼西亚宗教会议上"基督神人同性论"和"三位一体"的教义被确立为基督教不可动摇的基本信条。由此耶稣基督的身份得到了明文的确认和传统的定格，即基督是人了，也是上帝的儿子，同时本身就是道，就是逻各司（道和逻各斯是同样的意思，都是对于 logos 的译解），就是圣灵；基督既是人，也是神，他是融合了人性和神性的有机体，在他的身上，没有鲜明的人性和神性的界限，而是在最纯粹意义上的"道成肉身"，他是道与肉身完美结合的终极存在。上帝（圣父）、耶稣基督（圣子）、道（圣灵）是同一实体所呈现的三种不同相度的位格，他们不是三个彼此外在的"多"，而是互相渗透的"一"；芸芸众生之"多"，也正是借着这三者的结品——耶稣基督—— 回归到了世界本原之宗，即"一"，也就是道。然而对这样的耶稣基督，大脑和常识显然是无法给出一个合乎理性的解释的。耶稣是人，所以他具有人类的全部特点，他也遭遇人人都会经历的生、老、病、死；但是耶稣是神，他伴着平和而生，又带着坦然而死，在他的灵与肉的任何角落，到处都是和熙的阳光和沁人的暖意，却找不到半点罪恶的念头或者邪恶的举止。耶稣是上帝的独生子，上帝膝下最温柔的羔羊，上帝是他的"父"，给了他生命，使他肩负了在红尘俗世的艰辛使命，而他的一切精神渊源也都直接地来源于那个洞悉万象的"父"；耶稣同时也是上帝，他们不是两个可分离的单独的原子，而是纯然的一体，耶稣不是从上帝而出的一个分支，却是上帝的全权代表，是上帝本身，与上帝不分彼此、相互贯通。于是"三位一体"就这样诞生了，圣父、圣子、圣灵"通过实质的合一，全部合为一体；

这个整体又一分为三，这个奥秘的划分仍然是严守的秘密。这三者按着顺序是：父、子、圣灵。但是，所谓一分为三，并不是从实质上而是从形式上，不是从能力上而是从现象上。因为他们是同一实体、同一本质、同一能力。因为上帝是一位，只是以父、子、圣灵为名被认为有这些等级、形式和面貌。"[xii]如此玄奥的义理、浓重的神秘主义气息，不仅把大众搅得一头雾水，在此后的上千年来也一直困扰着无数的哲学家，他们殚精竭力地尝试澄清这个百思不得其解的关于"三"与"一"的谜团。但是时间的流逝并没有带来一个最终的解释，除了"三位一体"的教理是明晰可见的，其他所有的注脚都只是种种不可确定的揣测，这个"严守的秘密"依然被包裹在迷雾重重中无从破解。然而，既然"基督神人同性论"、"三位一体"从常识意义上是如此难以理解，为什么依然能够这般坚定地排除众议，被树立在基督教众多教义的至高点？为什么阿利乌派的基督人性论、西里尔派的基督神性论以及聂斯脱利派的基督神人两性分立论，尽管更接近于人类的理智接受能力，却还是毫无例外地被"三位一体"取代，最终沦为异端？接近人类理智接受能力，或许在科学领域中是一个极大的优势，但是一旦进入了信仰领域，便成为了一个潜伏的危机，如果上帝的秘密可以被人类的理性洞见，那么上帝的无限性何在，上帝至高的尊严又怎能得到安置和彰显？上帝是全知全能的，全知全能不在人类的经验之中，所以他一定不会被处处受到有限性制约的人类所完全把握；上帝是真善美的极致状态，人类从未亲历过"极致"，所以他又怎么可能被缺陷缠身的人类所彻底理解？虽然"三位一体"是超越理性的，但是教会对于"三位一体"教义的确立和扶植，却是再理性不过了。因为"三位一体"一定程度上取消了人类理性的自由思考空间，为理性设定了不可企及的边界，而把那种模棱两可的特质作为礼物全权贡献给了信仰。

　　然而这种貌似臣服的信仰姿态，在黑格尔看来，恰恰不是对于上帝的虔诚和热爱，相反是对于上帝的不尊重或者不负责任的敷衍。上帝使耶稣来到人间，为的是让人们能够借着这一个浑身浸透着良善道德精神的存在者，更真切地认识上帝，而他也可以通过人们对他的认识，更真切地理解人类，同时理解自己。而教会的神秘主义帐幕却把来自上帝的一切恩典，包括耶稣基督在内，统统提升到了理性不可靠近的云端，难以攀爬的顶点，以保持上帝的权威来确保教会自身的权威，结果，它成功地使得最不合乎理性的概念，在理性世界得到了最广泛地实现；基督教教义呈现了空前的统一，而内在的宗教精神，即直指真善美的德性，却达到了前所未有的低迷。这就是黑格尔所说的"理性常常被弄得晦暗了"。于是，权威归入了教会，它不属于上帝，也不属于人类。权威的蒸蒸日上，真正带来的是上帝的孤独，人类的孤独，道德精神的孤独。

但是回过头，当我们更仔细地检审"福音书"的内容时，发现关于耶稣身份这一问题的种种解释中，"三位一体"确有其可圈可点的杰出效果。"三位一体"不是教会凭借想象力而无中生有的产物，却是基于"福音书"的描写叙述而自然构思出的一个不甚走样的诠释。因此教会不是始作俑者，症结在于早期的耶稣基督的门徒们所撰写的"福音书"本身就附带着这样的一种神秘特质。

探究一个人的身份，往往起步于对他的出身背景的考察，尤其对于耶稣这样一位超越了单纯人性的存在者，其最初的诞生以及其后出道的状况，必然不可避免地被投以了更多的关注。"福音书"各个不同的版本（三部"同观福音书"，即《马太福音》、《马可福音》、《路加福音》的文本，在圣经研究的学术圈内被认为有着密切的相互关系，其中的笔调、故事内容以及顺序的安排皆有很多相同或者相似之处；第四部福音书《约翰福音》在文风上则明显与前二者大相径庭，同时《约翰福音》与《保罗书信》共同构成了基督教信仰的真正理论基础），都对于耶稣的身份进行了较为详尽的阐述。因为所有人，无论是福音书的作者们，还是阅读福音书的读者，都非常清楚，"耶稣是谁？"——这个问题直接关系着基督教的命脉，或者说这个问题的答案，就是基督教的信仰核心。所谓的"成也萧何，败也萧何"，基督教开始于耶稣基督的诞生，他同时也承载了所有的基督教过往的历史史实以及未来的命运归宿。而就这个问题的撰写，所有的福音书都采用了神秘主义的基调，并且在四部福音书的次序排列上也具有着逐步玄奥艰深、权威性渐长的趋势。在《马太福音》中，耶稣是亚伯拉罕的第 42 代孙，是约瑟的妻子马利亚受到圣灵感应而怀孕生下的儿子[xiii]；在《马可福音》中，耶稣基督是神的儿子，他在约旦河里由约翰施洗后，蒙圣灵降身，从而彰显了作为上帝的爱子而蒙受的喜悦[xiv]；在《路加福音》中，耶稣的降生得到了非常细致的描述，天使加百利奉上帝的旨意向马利亚传达了圣灵受孕的福音，于是应验于犹太教先知的预言，耶稣诞生[xv]。虽然童贞女感应受孕的故事已然具有着违背常识的神秘格调，但是却不是那么令人诧异而深感陌生的，在人类历史的往昔，这一类的神话故事比比皆是，"在中国神话和西亚神话中都可以找到相似说法的原型"。[11] 这是人们对于神秘性的最粗糙的表达方式，通过简单的对于人类感知系统的重组而获得了与众不同的非常规效果，从而表达了一种高于人类认知能力的超越性。但是这归根到底只是一种肤浅的形式，不能达到精神的高度认信，就像古代的神话，总是对于初来乍到这个世界，对一切还处于未知萌芽状态的儿童格外具有吸引力一样，福音书中关于耶稣的非常规降生方式，也只能使得那些目不识丁、处于前反思阶段的人群彻底信服，然后事实上，它还远未触及精神的层面。但是一旦翻开《约翰福音》，局面则全然不同，"太初有道，道与神同在，道就是神。这道太初与神同在。万物是藉着他造的；凡被造的，没有一样不是藉着他造的。生命在他里头，这生命就是人的光。光照在黑暗里，黑暗却不接受光……道成了肉身，住在我们中间，充充满满地有恩典，有真理。我们也见过他的荣光，正是父独生子的荣光"[xvi]，即便对于这一段文字一知半解，也丝毫不影响那扑面而来的超越于文字之上的重压感与震撼力，这些文字的组合已经不是一种繁琐的叙述，而是呈现为一个吞没我们的感觉、认识、理性，吞没我们的一切的无边无际。"太初"、"道"、"神"、"万物"、"被造"、"生命"、"光"、"黑暗"、"恩典"、"真理"、"荣光"，这些让人心潮澎湃的字眼堆集而成的《约翰福音》的起始，几乎囊括了所有高深且宏大的概念，或许这也是我们目前能找到的密度最高的抽象词汇的集合。面对着上述的文字风暴，我们看到了上帝的无限，神的无限，道的无限，更重要的是，在这样的无限面前，我们看到了自身作为人类的渺小和虚无。无限与虚无，还有什么会比这两者的并列引起更为极致的落差感？人类在无限之中，只是一无所是，一无所有，一无所成，或许理性原本在有限的时空内还多少维持着人类一些勉强的自信，可是当理性直面无限时，那一丁点的可怜的自信也被熄灭了，于是人类在上帝跟前归零。然而，这恰恰体现了黑格尔所深恶痛绝的权威性，坦白地说，权威的存在，就是为了让人膜拜，但是膜拜本身就是对自我理性的放逐，理性一旦被架空，人类也就丧失了高贵的自由，从而坠落到鸟兽般原始的蒙昧状态。可是，如果万物真是藉着上帝造的，那么人类的自由以及体现自由意志的理性，也就是获赠于上帝的天赋，摒弃这样的天赋，不正也是对于上帝的大不敬么？所以神秘主义的边边角角，虽然贯穿于福音书各个环节，但深究其本质，却隐约总能感觉到它与其他教义之间存在着一些模糊的相互矛盾。

黑格尔的《耶稣传》为了耶稣的降生，埋下了较为意味深长的伏笔："犹太人中有一个名叫约翰的，他唤起人们重新注意到他们的尊严，他使他们认识到：人的尊严并不是外来物，而即在他们本身之内，在他们的真我之内，不在出身方面，不在幸福的追求里，也不在于从一个大人物的仆从数量中去寻求，而只在于培养内在神圣的火花，这个火花是人人所共同分有，他给予人们以充分证据，证明他们在一个崇高的意义上是从上帝本身降生下来的，——理性的修养是达到真理和宁静的唯一源泉，真理和宁静并不是约翰有特权排斥他人、独自享有的什么东西，而是一切人在他们自己本身内可以展开出来的。"[12] 在这里，施洗者约翰作为一个抛砖引玉者，告知了众人耶稣的身份，他不是大外来客，不是神秘的造访者，而是一个在"理性的修养上达到真理和宁静"的完善的真人，他的神圣性不是因为他在生物学意义上是上帝的孩子，而是在更高的精神意义上符合上帝的尊严，分有上帝的神圣，是拥有高度的意志自律性的道德先贤。因此约翰千呼万唤而出的耶稣不是一个神，而是一个在理性上达到圆满的人类的榜样。耶稣的诞生在此显得如此平淡无奇，他"出生的地方，是犹太国的一个村子伯利恒。他的父母是约瑟和马利亚。约瑟的家族是出于大卫……按照犹太法典，耶稣于诞生八天之后就给他行了割礼……据说很早的迹象表明他有不平常的理智，并且对于宗教方面的事情很感兴趣"[13] 他有一个平凡的出身，出生的那一刻只是作为又一个平凡的犹太新生命，而马利亚的生产过程中没有漫天霞光的笼罩，也无需种种预言的铺垫，耶稣就这样带着一种最平凡的宁静来到了人间。他宁静而淡然的起点却更突显了他在道德品质方面与众不同地高尚。福音书中的耶稣首先是上帝的儿子，因而获得了超凡脱俗的德性，相反黑格尔的《耶稣传》中的耶稣因为自身所具备的完善德性更趋近于上帝的真善美，从而在更高的精神意义上分有了上帝的完美形象而成为了上帝的儿子。道德性和神圣性虽然是两者的共识，但是它们各自在福音书和《耶稣传》中却扮演了不同的角色，前提和结论的倒错，使得两者虽然在叙述同一个人物，同一则故事，却生发出完全不同的价值观念。这是《耶稣传》偏离福音书的第一个关节。紧接着，关于耶稣的生平所必须涉及的一个重要的部分，就是……

第二节 耶稣的奇迹

耶稣出自犹太教，并且"把他的行动限制在犹太人的范围之内。虽然他也对受正统派蔑视的人寄予同情，允许异教徒进入上帝之国，虽然他在异教之地居住过不止一次，并一再因与不信者关系友善而使我们惊讶不已，我们或许还能这样说：他的一生完全是在诞生他的那个范围十分狭窄的世界中度过的。希腊人或者罗马人的国家从未听说过他；只是在 100 年后，他的名字才出现在世俗作者们的笔下，因其学说激起的叛乱活动，或其门徒们受到的迫害，才间接地提到。即便对犹太教，耶稣也不曾留下持久的印象。约死于公元 50 年的斐洛对他毫无了解。生于公元 37 年、在 1 世纪末叶写作的约瑟福斯只以不多几行述及他的受刑，好像这是件不甚重要的事；当他列举当时的教派时，竟完全漏掉了基督徒。与约瑟福斯同时的历史学家—— 提比里亚的犹斯图从未提到耶稣之名。《密西拿》中也没有这新教派的踪迹。两种《革玛拉》中虽有几段述及基督教的奠基者，但写作时间却不可能早于 5 世纪或者 4 世纪。"（14）虽然"耶稣"对于当代世界而言，是妇孺皆知的一个名字，它镶有天国的光环，即使不是基督教的信徒，也明确地知道他是一位伟人，一个神明，一段传奇。因为他"宣告了人类的权利，而不是犹太人的权利；创建了人类的宗教，而不是犹太人的宗教；预言了人类的获救，而不是犹太人的获救。"（15）但是对于任何历史人物的考察和探究，都离不开一定的社会现实以及文化背景，耶稣也不能例外。"耶稣出自犹太教，恰如苏格拉底出自诡辩派，路德出自中世纪，拉梅内出自天主教，卢梭出自 18 世纪。一个人是属于其时代和种族的，即便在他反抗其时代和种族时也如此。"（16）虽然耶稣不是犹太教的继承者和发扬者，他与犹太精神的决裂使得他的脚步以及他所代表的基督教的脚步只是在发展的过程中与犹太教越走越远，但是耶稣毕竟来自古代犹太教的世界，他的时代背景甚至细微的日常起居都与犹太教密不可分，丝丝入扣。所以当我们试图去理解耶稣的奇迹时，我们需要搁置一下被现代教育武装的头脑，放弃对由于年代久远所导致的文化差异性的过分敏感，并且暂时洗去推理和逻辑的本能，平心静气地沉入昔日的那个时代，去理解这个貌似荒诞的现象。事实上，"至于奇迹，那时乃被视为神圣性之不可或缺的标记和先知禀赋的表征。以利亚、以利沙的神话中都充满奇迹。普遍认为，弥赛亚也将广施奇迹。在撒玛利亚一个距耶稣所在地只有几里格的地方，一个名叫西门的术士凭借其魔幻之法，得到近乎神圣的声誉。后来，当有人试图以提亚纳的阿波罗尼乌斯建立圣誉，证明他的一生乃是神灵来世间旅居时，他们认定只有编造一大堆的奇迹，才可能达到目的。亚历山大城的哲学家们本身，如柏罗丁等等，据传也施行过几次奇迹。所以，耶稣不得不在二者间做出抉择，要么放弃其使命，要么成为一个施行奇迹者。我们必须记住，除希腊伟大的科学流派及其罗马的弟子们之外，整个古代社会都接受奇迹；耶稣不仅相信奇迹，而且对由既定法则规范的自然秩序缺乏最起码的概念。他在这方面的知识决不高于同代人。而且，他最根深蒂固的见解之一，是人能凭借信仰和祈祷全然制服大自然。施行奇迹的本领被视为上帝频频赐予人的特权，其中并无值得惊异之处。"（17）

但是恰恰是那些当时激荡着人们的心灵，使得他们心驰神往且坚信不疑的奇迹，反倒成了现在的人们认为漏洞百出、不可轻信的把戏，相应地，这种对于奇迹的怀疑和不屑也自然而然地使得当时对耶稣的执著崇拜变成了当下对迷信法术的排斥和反感。如果耶稣的信众们是因为他的奇迹行为而对他百依百顺，那么在今天这样能够用科学和实验来证实众多奇迹破绽的时代，又有谁会去保持那份偏执的固守呢？在《圣经》中描述人们对于奇迹的反应时，也确实多少有着一种挥之不去的折服——耶稣在船上面对狂风巨浪大声斥责，以至平息了风浪，因着这个奇迹，他的使徒们才忍不住希奇地说："这是怎样的人，连风和海也听从他了？"[xvii]；耶稣驱鬼，使得被鬼附身的人恢复常态，而这一切事和被鬼附身的人的遭遇，使得"合城的人都出来迎见耶稣"[xviii]；耶稣单凭一句温柔的"小子，放心吧！你的罪赦了。"，使得一个瘫痪的病人立刻起身回家去了，这件事情令"众人看见都惊奇，就归荣耀于神，因为他将这样的权柄赐给人。"[xix]；耶稣在海面上行走，在船上的人都拜他，说："你真是神的儿子了。"[xx]整个福音书，对于耶稣的奇迹施行处处都抱着惊叹和景仰的态度，同时这些施行奇迹的能力也被认为是一种无可辩驳的证明——耶稣的权柄来自天上，或者说一定程度上，福音书的作者们需要凭借奇迹的描绘来领会和树立耶稣的神性，不论是对他们自己还是对其他芸芸众生。但是这种在耶稣同时代人眼中具有头等重要性的做法，却会被今天的我们作为批判对象，甚至嗤之以鼻。对于奇迹的偏好，或许在当时能够大大地提升耶稣的声誉，使他不费吹灰之力就得到众人的敬拜，但是那种敬拜与其说是出于人们对于耶稣伟大人格的理解，被其内在精神力量所打动，不如说是出于肤浅的惊惧，或者粗俗的功利需求。奇迹相对于耶稣的道德精神而言始终只是一个次要的附件，却不是决定其自身命运及使命性质的万法之宗。然而记述耶稣生平的四位福音书作者却都不约而同地赞美他的神迹，其中的马可，作为使徒彼得的代言人，对神迹的描绘尤为热衷。但是在这样的笔墨之下，我们看到的耶稣却缺失了其高尚人格的原汁原味，反倒更接近于一个拥有特异功能的巫师，一个令人敬而远之的驱鬼者，人们对他的信是基于畏惧，却并非源于热爱。耶稣施行神迹，一方面是符合当时历史境况的一种合理现象，另一方面，我们却也不能怀着完全的把握来排除这样一种可能性，即在耶稣生前及死后，民众的传说夸大了耶稣生平的故事，从而混淆了历史的真实性。这一种情形即使在现代社会中也并不为我们所陌生，因为大众对于一些超乎日常生活的东西总是格外关注，关注之余在传播的过程中也往往以添油加醋为乐，增添故事的离奇性，以达到惊世骇俗的程度方能大快人心。但是无论如何，神迹从来不是耶稣的全部，而耶稣也从来没有依赖神迹来传递来自天国的福音，相反异乎寻常、显得令人费解的是，他总是小心翼翼地在暗中行神迹，并要求被他治愈的人不可告诉别人[xxi]，因为神迹只是作为一种特殊的技能，却永远无法上升到精神的层面，远不能取代真正的神圣性的根源，即道德的完善。我们不能否认，"那些现在被视为幻觉或愚蠢的行为，都曾在耶稣的生活中占有很大的位置。"但是对于耶稣的一生，难道我们会因为这些无足轻重的东西而牺牲掉对其背后更为崇高的方面的认知么？"一个纯粹的巫师决不会促成一场像耶稣所引发的道德革命。如果施行奇迹的耶稣压倒了道德家和宗教改革者耶稣，那么，从他而来的将是一个巫师派别，而不是基督教。"[(18)] 耶稣行神迹，常常不是出于自己的主观意愿，而是迫于大众的要求或者济世救人的慈悲心，所以在现代人对奇迹之类"有违科学精神的林林总总"加以归罪之前，姑且先不要把罪责全数归加于耶稣的头上，而应该更平和地去了解耶稣那个时代的状况，以一种理解的同情去体谅当时的耶稣所承受的压力以及为此做出的暂时让步。去理解一段宗教历史时，不得不首先去信奉它，这是一个理解的基础，即它是怎么样确确实实地穿透人类坚固的灵魂壁垒，打动了良心并使之得到满足；同时又不能投入绝对的信奉，因为绝对的信奉会剥夺掉人的独立人格与自由思想，使清醒的判断力自动地让位给不予反思的精神依赖性，进而由于信仰的坚如磐石而宁可历史失真。绝对的信仰与历史的真相之间总是有着一种无法避免的不可兼容性。所以在了解耶稣施行神迹的合理性的同时，也会看到不论他本人是否愿意，神迹确实导致了一定程度或者相当人群的盲信，反而把耶稣的真精神遗忘了。

"黑格尔尤其认为神迹对于把耶稣的宗教塑造成一个权威性的宗教，起到了至关重要的效果。"[19] 所以，在他的《耶稣传》中，黑格尔把一切带有不可捉摸的奇迹色彩的内容都加以筛除，把耶稣还原为一个现代人可以通过理性认识的对象，从而使得驱动着人们去尊敬和效法耶稣的真正动力从对奇迹的震慑转变为对耶稣道德精神的感动和钦佩。文本取消了耶稣所施行的所有神迹，似乎是对于耶稣的神性的降格，把他从充满奇异神力的天人贬低为拘泥于日常琐碎的凡人，而实质上，这不仅不是出于对耶稣所具有的神圣性的不敬或破坏，相反，是出于对他的内在神圣性的敬重和成全。因为当神圣性只能以奇迹或者魔力这样的特殊技能形式加以呈现时，那么它也只是一种外在的皮毛功夫，与个人内心的思想境界和人格品质没有任何关联。奇迹虽然被耶稣同时代人认为是天赋神权的有力证实，却也成了现代人误解耶稣内在精神的根源。黑格尔极其认同耶稣身上奇伟的道德力量，却不能接受奇迹对于这种道德力量之纯粹性的误导，所以他所做的正是一个"去蔽"的工作，使人们的注意力从神神道道的奇迹回归到理性认可下的纯净的道德自律。道德精神、康德的实践理性在《耶稣传》中留下了非常浓重的印痕，它们取代了福音书中的耶稣用奇迹建立起来的信仰的权威。一味的神迹的施展往往会使崇拜者在新奇感过去之后空余下无可留存的虚无，而遗忘了上帝所真正喜悦的敬拜方式，即对于美德的追求和实践。耶稣在黑格尔的《耶稣传》中也向身边的信众提醒到，那些把信仰建立在奇迹或者预言之上的民众对于救世主的虚妄盼望会与他们的其他成见和盲目的顽固性结合在一起，"使他们成为狡狯骗子的玩物，或者使他们变成没有头脑的狂热者。你们要谨慎，切记不要因而也陷入错误。常常会听到有人叫嚣：这里或者那里有大家所盼望的救世主；许多人将冒充救世主，在救世主的称号之下，许多人会冒出来成为叛乱的领袖和总教教派的头目，宣告预言和搞出奇迹，以便尽可能把好人也引入歧途。"[20] 真纯的信仰从不需要任何刻意的证明或者表白，否则它只是因为缺乏信心而采取的自我说服的软弱自欺，或者是怀着恶意的功利企图用变戏法方式来蛊惑人心的卑劣手段。"上帝的真诚崇敬者已经用宗教上真正的精神去崇敬那普遍的父。因为圣父只喜欢这样的人。理性和理性之花—— 道德律，只有在精神中起作用，对上帝的真诚崇敬只能建立在精神的基础上。"[21] 并且这种精神跨越了任何物理上的界限、弥漫出人类的躯壳、超越了一切我们所能见所能闻的外部形态，它扩张着自身的包容力和豁达气度，化身为一种爱，这样的爱来自于上帝，并且以"全心全意爱上帝作为圣洁性的模型，爱邻居如爱你自己"，以至于当你碰到"每一个需要你的帮助、需要你的怜悯的人，—— 不管他属于哪个国家，有哪种信仰、具哪种肤色，他就是你的邻居。"[22] 世界上最扎实可感知的实在是物质，决定了物质的性质并且流溢于物质之外的就是精神，对某种精神的认同一旦达到了至高的坚定性则确立了信仰，当信仰摆脱了世俗的分界而使人回归到儿童般的纯真友善，重新恢复起对自然万物发自内心的广博深情，那就是爱。并不是有了天堂，才有了爱；而是有了爱，才实现了天堂。因为"天国并不是通过堂皇的外形或外表的仪容显示出来，人们决不能说，看呀天国在这里或者天国在那里，因为必须看到，天国就建立在你们心里。"[23]"上帝的计划不限制在一个民族、一个信仰之内，而是以一种无党派性的爱包容了整个人类全体。只有当服务不是为称号和名词服务，而是为理性和道德服务，而这样的服务得到全世界的承认，并在全世界得到实行时，……上帝的计划得到了完成。"[24]上帝之国的降临，并不仅仅依赖于一种所谓的信仰的攫取，而更重要的是"德行的锻炼"。理性和道德是耶稣花费了一生去精心呵护的法则，也是他用自己的言行做为榜样引导周围的人群去跟随的道路，只有当理性和道德成为了人们内心最自然的意志和需求，那么上帝之国也就悄然而至。

既然黑格尔的耶稣是一位道德教师，是一个因着自己的德行却非先天的神性散发着天国光辉的人，那么作为人，最不可逃避的一点，就是死亡。有生者必有死，这是最真实不过的现实，也是自然赋予一切生物的必然的归宿、最后的终点，就像一段激情四射的交响乐，即便再激昂绚烂，波澜起伏，即便集合了音符最自由奔放、扣动心弦的组合，这华美的篇章也难以逃遁必然的静止—— 回归于那个不可抗拒的休止符。音乐的尾声或绵延或果决，但最终嘎然而止……人生亦复如是，起点就是终点的伴侣，两者组成了一个生命的跷跷板，此起彼伏，此消彼长；也像是月亮的两个明暗面，相距咫尺却互不得见，但是它们始终清醒地意识到对方的真实存在，并且形影相随，不离不弃。生命是丰富多样的，但死亡是千篇一律的；死亡在物质上取消了存在者，以及存在者自身的意识，但是死亡却取消不了存在者曾经拥有的光荣，尤其是昔日令高山仰止的伟大精神。回顾福音书的情节，再看黑格尔的《耶稣传》，不容错过的另一个差异就是……

第三节　耶稣的死亡

　　纪伯伦曾经用东方式的从容与智慧这样描述死亡："当你解答了生命的一切奥秘，你就渴望死亡，因为它不过是生命的另一个奥秘。生和死是勇敢的两种最高贵的表现。"[xxii]生与死这一组矛盾，呈现着截然相反的表现形式却又具有着殊途同归的内在实质，因此它们构成了一种极具感染力和震撼力的冲突，从而成为了宗教、哲学、艺术的永恒灵感之源。但是对于死亡的冥想，往往来自对于生命的依恋；我们惧怕死亡，往往源于惧怕直面这样的一个事实——我们扪心自问下发现：我们从未真正生活过。当一个个体的生命达到了普遍，即他的人生所承载的精神植入了他人的内心，在那里生根发芽，那么这样的生命没有死亡，或者说他的生与死早已超越了常人看待这个问题的直线思维，而自成体系地获得了圆满。所有人同样由于自我原初的无意识状态，无法选择自己出生时的情形，那时的人如同一只懵懂的小猫，只是一个原始人的雏形。但是面对死亡，与出生时相比更为成熟的人们却懂得去选择全然不同的姿态。有的人依然是那只小猫，由于惊惶失措，叫嚷着上窜下跳；有的人却保持着一种很深的宁静，优雅而静默地接受生命的回归，那不是陷入无法超脱的茫茫黑暗，而是披着和暖阳光沉入精神故土的长久安眠。前者的惶恐源于自我在世间的空虚无物，他不曾拥有任何东西，甚至不曾真正了解自己，所以死亡对他而言意味着更深的空虚，甚至自我也不复存在。深渊般的空空荡荡、暗黑荒凉；后者的坦然带着一种淡定和知足，因为他深知死亡的必然性只是向他承诺了一份最终的安宁，在现实的朝朝暮暮中，他都在追求着自己向往的生活，并且践行着每一个不同侧面的角色，当死亡的脚步走近，当血液的流淌变得迟缓，当肉体的关节趋于脆弱，他渐渐明白，那是对他的奖励，一种"功成身退"后的尘埃落定，回归自然的母体，成为其中一个自由轻盈的分子。人们经历死亡时所表现的不同情境，不仅反映着他们对这个最熟悉的陌生者的友善或敌视，更深刻地代表着当他们回顾那曾经拥有却即将逝去的生命时，心中浮动的情感是欣然还是遗憾。任何事物都要经受岁月的蹉跎，在每一个时间的凹痕里都蕴藏着曲折或者转机。人的生命只有到了死亡那一刻，才算真正得到了定格。生前的所言所行随着死亡的临近得到了印证，而一些原本平淡无奇的生活格言，也因为在死亡背景的衬托下闪耀着生命的光彩。耶稣的死亡中止了他作为人的一生，也检验着他以这一生承载的精神力量。当我们发现这个公元33年在十字架上结束了其纯洁生命的人，1800年后依然保持着他高贵圣洁的名、甚至在清除了一切超自然现象之后，他的道德精神依然备受人类的尊崇，经久不衰时；当我们看出强大的西方世界，一旦离开了他的存在，所有的历史都会显得如此不可理解，一切的伦理就会变成"无本之木"，我们意识到这一切就是对于他最大的敬拜——"他所遗留下来的，不外乎从民众的记忆里搜集到的几句格言，和他确立的性格范型，以及这种范型给人留下的印象。耶稣不是信条的营造者或教义的炮制者，他呈现给世界的是一种新的精神。……基督教产生于一种完全自发的心灵运动，自诞生之日起就摆脱了一切教条的束缚，一直为良心的自由而奋斗，因而尽管有过种种挫折，它依然从其荣耀的源头收获出硕果。"[25] 基督教荣耀的源头，就是耶稣的一生—— 由生及死的平凡故事，却伴着绵延不绝的非凡精神。

福音书作者们对于耶稣的死都进行了详尽的描述，因为耶稣作为人们心目中的"上帝的儿子"，他的死亡方式理所当然要满足大众对于来自彼岸世界的使者所抱有的异乎寻常之经历的猎奇心态，否则难免会引发最多的质疑和争议。另外，福音书的写作也需延续其风格的一致性，前文中对于耶稣出生、所行神迹都给予了饱满的关注，那么结束这样一位完美人格的生命，一个漂亮而凝重的句号也就显得格外必要。同时，日常生活的经验告诉我们，对于美好往事的追忆往往会在不经意间放大事实本身的美感，那个特定的追思对象原本的轮廓边界在情感的炙热燃烧中会趋于模糊，许多细节被装饰上了花边，还有一些故事被附上了梦境般的奇幻情景，从而重新树立起来的不再是那个对象本身，而是在深情思念的加工下，被我们塑造的、集一切精华于一身的理想对象。当然，我们无法用今天的头脑来验证1800年前的史实，这或许带着一种理智的自大，要么缺乏一份对于古人虔诚信仰的感同身受。在阅读福音书的过程中，我们都会在耶稣死亡的场景中感受到一股痛彻心扉的悲怆以及由此带来的上帝的愤怒："那时约有正午，遍地都黑暗了，直到申初，日头变黑了，殿里的幔子从当中裂为两半。耶稣大声喊着说：'父啊，我将我的灵魂交在你的手里！'说了这话，气就断了。"[xxiii] 只有这样感天动地的死亡，方能震醒蒙昧中的犹太人，让他们意识到自己的无知和偏狭，惊骇于真正的神力作用下的王者风度，以此说明耶稣是"犹太人的王"。这样的思路，对于在传统儒家思想影响下的中国人而言，并不另类，反而颇能体会，中国人的"天子"观念也有类似的异曲同工之妙—— 有"天"的支托，才能证明一个人是"天子"。"天子"在外貌表征上可以是人，但是却不能限于生物意义上"平常"的人，那会使得人们陷入一种不置可否的茫然和失望，人们习惯于把"天"的直接干涉作为衡量人之"神性"的尺度，如果一个人身上没有一点半点惊世骇俗的举动，或者取之不尽的力量，却宣告自身具有某种天赋的神圣性，那么毫无例外地，他会被大众当成狂妄的疯子或者狡猾的骗子，推入万劫不复的舆论深渊。当我们说"大众是最容易轻信的"的时候，我们会觉察到心灵的无奈，也会因为历史中众多如此这般的不可否认的事实而深感痛心，但是我们依然无法自欺欺人地来否认这个恒定的社会现象：最容易为大众接受的"事实"，往往是巨大的骗局，就像最容易令他们难以忍受的"谎言"，却常常是透着平凡气息的真相。帮助大众获得真理，不是一件轻松的差事，而是必须具有与世人为敌、冒天下之大不韪的非凡勇气，才敢担当。权威性固然会挑动极少数头脑中的敏感神经，激起他们捍卫真理的批判精神，但是对于充斥社会各个角落的绝大多数而言，权威性就是真理的代名字，越是坚固越能轻易地得到人们的追随。而耶稣的死亡所引起的昏天黑地、飞沙走石，或许正是在面对这种无奈现实时，所能采用的最有效的中庸之道。一方面，奇异的超自然现象带来了人群的惊叹，从而使他们迫于上帝迸发出的威慑力，相信了耶稣身上的神性，也因此不得不重新检审自己对耶稣的所作所为；另一方面，因为这种基于异象的相信，使人们在相信耶稣个人的神圣性的同时，也相信了他所传播的宗教的精神品格。福音书作者们之所以这样描写耶稣的死亡场景，他们当时的构思意图已经成为了一个难以证实的谜团，或许是关于他们亲身经历的见闻的真实陈述，或许是由于对耶稣个人的热忱挚爱难以挥散，深陷思念而不可自拔，于是产生于头脑中的种种幻想，或许是深谙人类心理，变通采用的权宜之计，或许是抱着增加耶稣的人格超越性这样的动机，采取的故意夸大的策略，但是无论如何，有一点是肯定的：福音书的作者们对于耶稣的生平描述没有半点个人随意性，一切都是审慎思考后的落笔，行文中处处可见他们对于耶稣的热爱和崇敬。福音书最后的"耶稣复活"的章节——耶稣从墓穴中神秘消失，并且向亲人及门徒显现等等[xxiv]——更是将这种为常人所不可及的能力和恩典演绎成了耶稣神性的最直接展现，至今为止，传闻中的耶稣"金蝉脱壳"后遗留下的裹尸布[xxv]以及耶稣死后尸体暂时停留的洞穴，依然是众人津津乐道的话题和深信不疑的信仰根据之一。但是过于华丽的包装，总是容易让人耽于那层外在的绚丽，不舍得拆去包装，反而体会不到包装背后的那份礼物本身所带有的浓浓情谊。耶稣的死亡一旦被附上了那样的奇幻景象，那么对于大多数人而言，它所激起的是人们对于奇幻景象的关注和惊叹，却不是对于耶稣本人至死都洋溢着的道德精神的感怀和效仿。

黑格尔对于福音书的改造，以及由此呈现的耶稣也同样保持着他的一贯性。耶稣的一生，从生到死没有发生什么奇闻异事，一切都是透过点滴平凡折射出光芒万丈。"耶稣已经被钉在十字架上几个钟头之后，他在忍受痛苦的情况下大声叫道：我的上帝，我的上帝，你为何离弃了我？此后他还叫了几声，他感到很渴，有一个人把海绵蘸满了醋，送上给他，让他喝，他还说：'这成了'。最后大声说：父啊，我将我的精神交在你手里了。说了这话头就垂下，他就断气了。即使那主持处决的罗马长官，对耶稣临死时安详从容的态度和置生死于度外的尊严，也表示惊叹。他的朋友们远远地看见了他们高贵的教师的临终。"[26] 整个叙述平实素朴，没有雷霆震怒的轰动，没有浸泡在血泪中的"犹太人的王"的桂冠，也没有起死复生的后续，黑格尔的文字铺展跟他笔下的耶稣死亡过程一样地"安详从容"。耶稣又恢复到了一个没有神迹的常人，又变成了那位在死亡中依然秉持着至高理性的清醒的道德教师。神明固然因为其独特出身及天赋异秉而高贵，但是道德先贤却也因为完善的修养和授人以德而获得了自身的提升，处处展现出高贵的风范。同时，黑格尔值得我们佩服的另一个特质就在于他能够从最贴近生活的地球表层发现"一沙一世界，一花一天堂"[xxvi]。在那些随着时间而消逝的对象身上挖掘到永恒无限性，那既是这些对象的伟大，也是永恒无限性本身的伟大。耶稣的死越没有异象环绕，越平静安宁，就越清澈高贵，也使得观者更获得了一份冥想，以领悟浸透在这凝重静默的尊严之中的人生真谛。常人的平凡与高贵的死亡之间的不相称，制造了一种心理的落差，从而使得高贵者于平凡的底色中更显高贵。耶稣正是凭着自己饱受煎熬折磨却依然坦然受死的这一点不平凡，把散布在他生命中的道德星火燃烧到了极点，这把熊熊火焰把原有的犹太教的种种陋习统统吞噬，也于这炙热滚烫之中锤炼出了一个全新的宗教—— 基督教。

耶稣的生与死，与福音书中的描述相比，在黑格尔的《耶稣传》中显得平淡无奇，都是没有超越自然维度的常人姿态。但是正因为如此，"平凡"和"伟大"才在黑格尔这里得到了最为和谐的融合。

耶稣死了，他的精神仍然活着。他的门徒们奉他的名，在世间行走传道[xxvii]。于是耶稣从一个人，变成了一个组织，这个组织在他的名下愈来愈壮大，从犹太之地蔓延开去，泌入了世界的每一个角落，影响牵动着此后每一个时代的精神、人类的发展。所以"耶稣"不再是一个人的姓名，他是笼罩在难以计数的人群头顶的一个精神世界。他代表的也不再是他自己，或者上帝，而是一种关系，建立在通过他的生与死而得到沟通的神人关系。这种关系在他死后依然借着他的名铺展开去，于是这就牵涉到了，与单纯的耶稣生平相比，更为接近现实的一个环节，即……

第四节　耶稣的体制

"耶稣从未完全沉溺于他的启示思想中，而且事实上，即使在对启示思想最入迷的时候，他也以罕见的深谋远虑为教会的长存奠定了基础。我们几乎无法怀疑，是耶稣亲自从他的门徒中选出了最能被称为'使徒'或'十二使徒'的人；我们看到，自耶稣离世之日起，他们就组成了一个独特的团体，并以选举方式补充他们中的空缺。……以色列'十二支派'的观念或许影响到这个数字的选用。"[(27)]十二使徒在所有的门徒中显然构成了一个与众不同的核心，虽然他们没有祭司体制那般的严格组织，但他们却享受着与耶稣本人的亲密交往并且亲身感受到了他的言传身教。同时耶稣的教诲也只有在面对十二使徒的时候，才是清晰明确的，他自己的解释是："神国的奥秘只叫你们知道；若是对外人讲，凡事就用比喻。叫他们'看是看见，却不晓得；听是听见，却不明白。恐怕他们回转过来，就得赦免。'"[xxviii]他只向十二使徒彻底地显示自己，而把向世界显示他的使命托付给了他们。他向他们解释许多比喻的实际含义，却将众人关闭在直接通达真理的大门之外，使他们虽亲耳聆听其谆谆教诲，却仍然不知所云地陷于茫然。于是作为上帝与人类之中介的耶稣，也把他的使徒们改造成了他与这个世界的中介者，他们是他的传声筒，是他生命的延续，是他精神的继承和发扬者。通过这种门徒的体制，他为自己的精神找到了可靠的载体。并且"十二"这个数字不仅呼应着犹太人的历史，更会由于其数目的微小，使人不由得因为自己身为其中之一而感觉倍受器重，于是乎，更会怀着深切的感恩，投注以极大的忠诚和热忱，来回报这份额外的恩宠。中介者在耶稣精神的传播过程中将是关键性的节点，他们保留了耶稣格言或者寓言中的丰富寓意以及精妙之处，从而一方面，避免了耶稣反复就一个道理进行多次的讲述或解释，另一方面，即便耶稣丧命之后，他的形象和精神却没有跟着他的肉体在十字架上被钉死，而是通过门徒们的言和行得以储存，在世界各地持续而广泛地延展，逐渐在人们心中生根发芽，开花结果。门徒们和耶稣几乎形影不离，他们没有自己私人的生活，而是与他们的导师朝夕相处，共同起居，在这样耳濡目染的过程中，久而久之，意见和观念不知不觉趋于统一，并且由于环境的高度一致性以及耶稣充分的人格魅力和非凡的智慧，门徒们对于他的爱在日常的点滴积累中逐步深化，在他思想的感召下也自然而然地达成了几乎完全相同的步调，这就是耶稣说的："我是葡萄树，你们是枝子；常在我里面的，我也常在他里面……人若不常在我里面，就像枝子丢在外面枯干，人拾起来，扔在火里烧了。"[xxix]门徒们和耶稣在这样的意义上是一体的，不分彼此的，耶稣是思想和精神的中心，门徒们是他与这个世俗世界亲近的触角，耶稣是一切德行的源头，门徒们是由此源头四散分展的支流。门徒们在信仰耶稣基督的人群中建立了教会，集中地展开崇拜、讲道、事奉等活动，以此保证基督教组织上的统一性和凝聚力。

耶稣在世的时候，门徒们享有了他的名，但是耶稣离世之后，门徒们便彻底地代表了他曾经的一切以及今后的所有。这种全权代理，一方面固然有助于使得未曾与耶稣本人有过零距离接触的人们，从门徒们那里获知关于耶稣生平的第一手的可信资料，从而在他们最真情实感地描述中切身地临摹那份遥隔时空的人格力量；但是另一方面，这种全权代理，也对门徒们的智力、能力以及品格提出了严苛的要求，在这个由多种因素牵动的坐标系中，任何一支坐标轴的些微位移都会使得原本美好的画面走样成丑陋的败笔。虽说门徒们和耶稣在特定意义上是合一的，但是毕竟门徒们不是耶稣本人，他们诚然是得到耶稣的信赖和真传的人，但他们无论是自身修养还是对于道德精神的领悟与实践都远不及他们的导师—— 耶稣。耶稣在世的时候，他以自己的一切言行为门徒们提供了一个活生生的榜样，如果他们的理解或者举止有所偏差，他会立刻用简明扼要的道理使他们清醒，或者以优雅且有效的方式予以校正，但也恰恰是耶稣这种超乎寻常的果断而明智，让我们更明了这样的人不是随处可见的，世界上毕竟只有一个耶稣，他的内在自律和外在格调都不是他的门徒们所能企及的；圣经告诉我们，耶稣在他离世前向上帝祷告，祈求圣灵的降临，来指引门徒们漫漫征程中的点点滴滴×××，但是圣灵虽然与耶稣同一，却不是耶稣那般实实在在的、可以临摹的、有形的标本，圣灵是无形的，透明的，安静的，人类的感官无法触及的，同时与耶稣相比，它少了一些稳定性，多了几分神秘感，相应地，它的指引作用相比于耶稣的事必躬亲也就显得虚幻了许多。当门徒们说："我们这么做乃是循着耶稣基督的榜样"，这话的可信度要远远高于他们说："我们这么做乃是因着圣灵的工作"，原因很简单，前者是可以查实的，而后者是难以获得验证的。虽然更多的人没有亲眼目睹耶稣其人其事，但是毕竟我们相信曾经有那么一些耶稣同时代的人见过他，与他对话过，得到了他的帮助或者至少听说过他，但是我们不知道圣灵什么样，使用怎样的形式，出没在哪些场合，没有人见过它的真面目，即使人们自称得到了它的指示，却也无法给出清晰明确的描述，因为它始终是驻留在人类的认知能力之外的。所以相对而言，圣灵的工作就成了一个模糊的结论，因而很难保证门徒们受到的圣灵工作一定是来自于上天的启示，抑或也可能出于他们内在欲望的驱动，这样的解说在神学者眼中也许是一种亵渎，但是撇开那不可撼动的对于圣人的一味敬拜，我们不得不承认这样一种可能存在的现实性。进一步来说，要歪曲耶稣基督带进这个世界的真精神，似乎远比忠实地贯彻它要容易得多，因为真理的道路是狭窄的，耶稣虽然用自己感人的一生为它划定了轨道，但是谁也不能确保后人的步履都在轨道中挪动而不会有任何出轨，因为有时候一些出轨的举动决不是出于成心，而是源于无意识，或者说源于不确定前行方向时慌乱无措下的无心之过；同样地，凭着日常经验中许许多多的例子，我们也完全能够设想这样的一种情况，即对一个人思想的曲解或者误用，往往不是因为恶意的仇恨，而是出于浓烈而深刻的爱，这种爱烧化了自己的理性，也因此屏蔽了对方思想中的理性精神，从而借着一腔热血任由着自己的理解混合着想象力肆意驰骋，结果却只是距离原点越走越远，面目全非。原因在于爱所指的对象出了问题，即我们所爱的只是那个人的形式，而不是那个人的思想本质，换言之，思想最彻底地标示了每个个体的独一无二，所以爱一个人究其实质乃是爱他的思想，真爱必然基于真知，真知跟相处时间的长短没有必然联系，只在于彼此心意了然，情志相通。耶稣的门徒们对于他们的导师有着刻骨铭心的爱，这是无可置疑的，这也是他们之所以放下周遭的一切追随耶稣的原因所在，但是他们真的理解耶稣么？他们懂他么？他们的爱是耶稣本人希望得到的爱么？他们对耶稣的爱深入骨髓后是否转化为了对于他的道德精神的实践和发扬，还是仅仅把十字架上的耶稣作为了一个偶像唤起万众对于他个人的崇敬，对于这一段历史的铭记？《约翰福音》似乎明确给出了一个答案："记这些事，要叫你们信耶稣是基督，是神的儿子，并且叫你们信了他，就可以因着他的名得生命。"xxxi "信耶稣"是一个模棱两可的表述，——"信耶稣基督这个人"显然是最容易得到的一个注解，于是人们纷纷履行耶稣言语中的诫命，或者一丝不苟地执行种种由门徒们创建教会过程中设定的规章制度——但是，耶稣希望我们信他，如果只是希望我们把他当成历史上最正宗的上帝的代言人顶礼膜拜，把他的命令作为不加反思的信条予以遵循，如果耶稣的精神只能被限定于教会为了维护自身的井然有序所规定的条条框框之中无法超脱，那么如此浅俗的动机以及狭隘的灵命使得他根本不配享有人们经久不衰的思念和尊崇，因为"唯一真正的宗教所包含的无非是法则，即这样一些实践的原则，我们能够意识到它们的无条件的必然性，我们因此而承认它们是由纯粹的理性启示的（不是经验性的）。只是为了一个教会——一个教会可能有各种各样的同样好的形式——的目的，才可能有规章，即被看作是神圣的规定，它们对于我们纯粹的道德判断来说，是任意的和偶然的。认为这种规章性的信仰（它充其量局限于一个民族，不能包含普遍的世界宗教）对于一般地事奉上帝是根本性的，并且把它当作使上帝喜悦人的最高条件，这是一种宗教妄想。奉行这种宗教妄想就是一种伪事奉，即对上帝的这样一种自以为是的崇敬，它使人们与真正的、由上帝自己所要求的事奉恰好背道而驰"[28]，所以我们深信不疑的是，耶稣希望我们信奉的，乃是他的德性，是他对于道德精神的完全实践，是善的精神在世界上的广泛播种，"把对善的生活方式的追求置于历史性的信仰之后，就把对上帝的事奉转化成了一种单纯的物神化，实行了一种伪事奉。这种伪事奉将使趋于真宗教的一切修行化为乌有"，对于上帝的真正事奉是"一种自由的、从而也是道德的事奉。但是，如果我们背离了这一点，那么加之于人的就不是上帝的儿女的自由，而是一种法则（规章性法则）的轭具。这种法则由于无条件地迫使人们信仰某种只能历史地认识、从而并非对每一个人来说都是有说服力的东西"[29]，它就是对良知施加的重负。"自由"在这里与道德有着密切的联系，因为人们对于道德法则的遵守和维护不是出于任何外在的强加意志，而是因为"每一个人同时都从自身看到了遵守它们的必要性"[30]；同时，自由也构成了衡量信仰"虔诚度"的一个重要标准，甚至可以说它是支托着信仰这座大厦的最可贵的根基，因为"虔敬包含了在与上帝的关系中对道德意念的两个规定：对上帝的敬畏就是在出自应尽的（臣民的）义务，即出自对法则的尊重而遵循上帝的诫命时的这种意念；而对上帝的爱则是出自自己的自由选择和出自对法则的喜悦（出自子女的义务）。"[31] 虔诚的信仰从来也不是一件由于外在的压力或者某种现实的诉求而无奈背负的责任，不是基于对上帝奖赏的期待或者对其严厉重责的恐惧而再三权衡之下的投靠，而是出自心甘情愿的对上帝的爱，这种爱构成了人们对他人的爱的基础，他们爱神，是因为他们从对神的爱中获得了"爱人如己"的灵感和源泉，而无论是爱神还是爱人，都是他们自身收获快乐的必要条件，是生活趋于幸福的过程中不可或缺的内在需求，或者说爱就是他们的最大欲望，欲望与爱在虔诚信仰者的心中得到了统一。但是爱不能仅仅是一种虚妄的感性形式、单纯的内心情感激荡，它需要阶梯，从不可感知的内心逐级步入现实的生活，从扑朔迷离的影像还原为清晰可见的日常细节，从有所感到有所为，于是道德的意义应运而生，因为道德就是那阶梯，借着它人们的爱得以现实化，也就是说，在向着人类开放的那一个维度中，德性彰显了虔敬，德性为虔敬提供了现实的家园，使得虔敬不会空无着落，反之，在面向上帝的维度中，"虔敬不是德性的替代品，以至可以缺少德性；它是德性的实现，以便能够为最终达到我们的所有善的目的的希望加冕。"[32] 由此可见，缺乏德性的虔敬只是一句空泛的口号，缺乏虔敬的德性也难以持久，"把神恩的作用与本性（德性）的作用区分开来，或者企图在自身造成神恩的作用，这是一种狂热……想凭借每一个人都能够做，但无须他是一个善人的那些行动使上帝喜悦（例如凭借认信规章性的教义、遵循教会的戒律和礼仪等等诸如此类的东西），是一种迷信的妄想。"[33]

虔敬与德性的对接，是实践基督教真精神的最佳方式，是向上帝呈上的完美事奉，也是彼岸世界在此岸世界的优点绽放。但是这样的理想状态却往往因为一些现实因素而得不到实现，其中最重要的一个因素在于，许多人虽然以百倍的热情敬奉着耶稣基督，甚至把十字架作为蕴含着神圣性的象征，日夜直面喃喃祷告，却对他的精神实质一无所知，对他的道德法则疏于实践，有时虽然宣告着耶稣基督的名义，事实上却远远偏离了他的真理、他的爱。"在涉及道德意念的事物中，一切都取决于人们使自己的义务隶属的那个最高概念。假如对上帝的崇敬是首要的，人们因而把德性隶属于它，那么，这个对象就是一个偶像。也就是说，它被设想为一个我们不是凭借在世上的道德善行，而是凭借祈祷和阿谀奉承就可以希望使它喜悦的存在者。在这种情况下，宗教也就是偶像崇拜。"[34]

耶稣的离世，使他把他的精神连同来自上帝的权柄统统遗留给了他的门徒们，于是门徒们成了他在世上唯一的喉舌，也就因此成为了能够对耶稣一切生活内容——事无巨细——予以解释的权威字典。精神与权柄原本是相互支托的共生体，精神是权柄合法性的根据，权柄是精神实现的保障，但是这两者在共生体中的比例是如此难以把握，人类本性中的私欲常常在不经意间就使得天平偏向了权柄的那一端，尽管有时这种对于权柄的运用并不是为了满足个人的庸俗意图，而是为了捍卫所谓的神圣性而采取的措施，但是更多时候，过多的动用权柄，只是给无限的精神束上紧身衣，让它在重重保护之下失去了活力、失去了自由、失去了与世界的对活，而无法履行它本身所需承当的使命，它变成了一只被囚禁于黄金浇铸的牢笼里的鸟儿，无法自由地站在随风摇曳的树梢放声歌唱，却只能在肃穆而沉静的环境中被世人远远地瞻仰称颂，却不得靠近，不得交谈，不得反驳，因为这个牢笼有一个庄严的名字—— 神圣。可是牢笼的根源何在？是谁建造了牢笼？另外，牢笼为什么在严重限制精神的同时，却反而能享有那至高无上的荣耀？解开了这个疑团，我们就能更明白为什么青年黑格尔对于福音书是如此地不满意，以至于决定抛开一切顾虑，重塑福音书。

《马太福音》（28：18-20）中，耶稣在复活后向门徒们显现说，"天上地下的所有的权柄都赐给了我。所以，你们要去使万民作我的门徒，奉父、子、圣灵的名给他们施洗。凡我所吩咐你们的，都教训他们遵守，我就常与你们同在，直到世界的末了"—— 我们听到了一个权威而铿锵有力的声音，此处的耶稣是所有权柄的掌握者，是教训的颁布者，是令人生畏的神，门徒们是他的命令的传令官，是吩咐的执行者，也是继承了他的权威来救渎世人的施洗者，如果这个权柄本身是不容置疑的，那么门徒们作为这个权柄的分有者，自然也就同样不容置疑了。《马可福音》（16：15-18）中，耶稣对于门徒们的差遣是："你们往普天下去，传福音给万民听。信而受洗的必然得救，不信的必然定罪。信的人必有神迹随着他们，就是：奉我的名赶鬼，说新方言，手能拿蛇；若喝了什么毒药，也必不受害；手按病人，病人就必好了"——

"信"与"不信"成了得救与否的唯一关键，预示了截然相反的两种结局，信者必然能够获得上帝的喜悦，最终荣升天国，不信者必定触怒神威，跌入万劫不复的苦难深渊。并且神迹再次登台，被认证为"信而受洗"者的奖品，从而承诺了"信"所带来的超越常人的与众不同，由此，一条严格的界线被明确地划定，界线的这一边是飞扬着天籁之音的永恒安乐，那一边则是滚动着烈烈浓烟的不归之途，这似乎留给了世人一个性命攸关的选择，是生是死，是喜是哀，就在于自己的立场，然而，人们"所有的希望都指向幸福"[35]，趋利避害的天性使得人们把自己的一生都定位在对于幸福和理想的追求，因此当幸福只能由一个外在的强势力量自上而下地赐予，并且还必然建立在特定的条件下（人们的"信而受洗"），那么，实际上人们已经被剥夺了任何选择的权利，他们没有自主选择的自由意志。这与其说是一种洋溢着爱的善意教导，不如说是诱之以利的专制陷阱。《路加福音》（26：46-49）中，耶稣对门徒们说，"照经上所写的，耶稣必受害，第二日从死里复活，并且人要奉他的名传悔改、赦罪的道，从耶路撒冷起直传到万邦。你们就是这些事的见证。我要将我父所应许的降在你们身上，你们要在城里等候，直到你们领受从上头来的能力（英文圣经中的"能力"一词，原文用的是 power，与 ability "能力，才能"有很大的区别，按照常规，power 翻译为"权力"更为确切；而且根据上下文，这里解释为"权力"更具有合理性，因为门徒们在这里乃是要继承自上而下的权柄）"——很显然，耶稣的门徒们与大众不同，他们更多地拥有着神的偏爱，因为他们可以正式地得到神的应许，作为神的使者去万邦传达神的旨意。"赦罪"这个功能在这里显得格外醒目，因为照例来说在神的眼中，与耶稣的完美品格相比，世人皆有罪，门徒们都是耶稣从当时的犹太人中挑选出来的草根一族的平民，因此门徒们也必然有罪，在这一点上，门徒们与其他人没有任何区别，但是耶稣基督却允许他们去赦罪，这也就赋予了他们这样的一个权柄——审判，即他们有权力甚至有义务去审判其他人。因此，这样的权柄无形中使得门徒们超脱了大众，变得高人一等。由此，在教会中，教权制的萌生初露端倪。教权制实质上"就是一种物神崇拜"[36]，权力代替了精神，成为了崇拜的中心。与权力相比，其他的标准都成了次要的装饰，道德的操守和仁爱的实践都被排列在权力之下，甚至需要权力的审判和"赦罪"。当时的门徒们就是这种神授权力的第一批担当者，从他们的福音书的字里行间可以看出，他们也是教权制的开创者。前文中对于《约翰福音》（20：31）已有涉及，即约翰福音的目的乃是教人信耶稣是基督，是神的儿子，并且只要是信他的人，就可以因着他的名得生命——人们得生命，不是要以耶稣为榜样，行他的道，实践他的爱，发扬光大他的精神，而是要信他的身份，信他的荣耀，最后才能因他的"名"得救。然而，耶稣的真正伟大之处在于他高尚的道德精神以及对人类普遍的关爱，"他不再是一个有德行的人，而是德行本身"[37]，这使得他的形象不是一幅美丽的画面供人歌颂赞美，他是一片宽广的海洋，对于耶稣的信仰就是要沉入这片海洋，深入他的内在精神，效仿他的德行，而"为了是一个好的模仿者，自己就必须是被模仿者的一部分，在其他一切事情上都是这样，道德方面尤其如此，否则德行就是某种勉强的东西，某种看起来不自然的东西……德行必须首先是某种本身已经经历过的、某种本身已经实行过的东西"[38]。效仿耶稣正是在于自身对于耶稣所象征的德性的实践，这是一种务实的尊崇方式。相形之下，对于耶稣的名的信奉和追随显得那么浅薄而庸俗，它根本触碰不到耶稣的精神核心，即德性，又如何可能在信徒的生命中真正植入耶稣的灵？这些在福音书中的弊病以及可能带来误导的教义，都没有逃过黑格尔的火眼晶晶，也是让他坐立不安、焦急不耐去扭转的问题所在，因为"在被信仰的东西中可能会有真理，但在信仰中（或者甚至在对它的指示内心的认信忠），也同时可能有不真实性，而这不真实本身就是该诅咒的。"[39] 真正的信仰，本身就是对于盲信的严厉否定，如果说信仰的对立面是对于信仰的无动于衷，那么对于信仰构成更大破坏力的却是无知的自以为是。它往往在不自觉的过程中蚕食着信仰的本质，最终将真正的虔诚信仰变成一棵"卷心菜"——厚厚的菜叶包着小小的菜心，正如繁复的规则包裹着宗教精神，进而信仰变成了一团泡沫。

黑格尔《耶稣传》里的那位耶稣在即将离世之际，向门徒们说明了他的死亡所带来的改变以及今后他们的使命所在，他对爱徒彼得的教诲情真意切："在这（耶稣在十字架上被钉死）以前，我是你们的教师，我亲身指导你们的行为；我离开了你们我也不会撇下你们作为孤儿；我将遗留给你们一个导师在你们自身内；理性在你们之内所播撒的善的种子，我曾经给你们唤醒了，谨记我的教训和我对你们的爱将会如实地在你们内部保持这种真理和道德的精神，对于这种精神，人们只是由于不认识它，也不在自身内去寻求它，因而就不尊崇它。你们已变成这样的一些人，用不着外力牵引，最后便能够自己依靠自己。—— 虽然我不再同你们在一起，但从今以后，由你们自身发展出来的伦理将会成为你们的指针。谨记我的教训，尊重我对你们的爱，这样你们就可以遵循我曾经引导过你们的正义的道路。道德的圣洁精神（或圣灵）将会保证你们不致走入歧途，它还会对你们现在的还不能接受的东西，给予更完善的教导，并把许多东西从你们的记忆深处唤醒回来，而且使你们对现在还不理解的东西能认识到它们的意义。我遗留给你们我的祝福，——并不是一般的毫无意义的祝贺，而乃是一种富于善或道德的成果的祝福。"[40]耶稣的遗言没有留下任何权威的影子，而是饱含着一位思想导师对其学生们此后思想生命的关怀和爱，他死后留给门徒们的宝贵遗产不是操控世人的权杖，也不是那些足以令人瞠目结舌的神乎其神的奇迹，而是"道德的圣洁精神"，这种精神会因为他的离去而在门徒们的灵魂中得到更为独立自主的发展，他们的思想不再会因为依赖于明智的导师而对周遭的世界缺乏思考，他们的行为也将从以往导师的悉心呵护下解放出来，转而开始完全地决断于自己的意志和精神，在耶稣的临终教导中，我们感受到了一份温暖的关切，这种情感的深沉和凝炼，让我们不由自主联想到老鹰在山崖上对于羽翼下倍受娇宠的小鹰的最终的奋力一推，或者是孩童们蹒跚学步时，始终安静守护却不施援手的父母眼神中的柔情与呵护，这是坚强与温柔的团抱，严格与挚爱的交融，在这个过程中他并非要让他们陷于孤单无助，而是要教会他们——真正的自由！只有真正的发自内心的道德自律才会带来道德的自如自得；也只有当道德被升华为一种普遍的善，在地面上全面铺展的那一刻，人类的自由本质才真正得以振兴。十二使徒在这里除了是耶稣生平的见证人以及爱徒之外，没有其他特殊的由这种身份带来的额外利益，和耶稣一样，他们不会行神迹，也不会起死回生。他们并没有得到偏于常态的祝福和眷顾，也没有因为他们与耶稣的亲密交往而高人一等。他们没有创立任何教会或者教派的意图，没有严厉地把那些不信耶稣的人驱逐进无尽的黑暗洞穴，也没有标明某个区别于此岸世界的彼岸乐土，从而使得人们趋之若鹜。他们也是道德不完善者，和每一个平凡的人一样，他们所追求的目标也就是反省自身，挖掘灵魂内在的道德意志，使它尽可能地得以发挥，所以他们既不是耶稣的代言者、上帝的经纪人，也没有权利去审判周围人的言与行，因为黑格尔清楚：唯一富有审判权力的存在者，不是任何外来的更高级的对象，而是隐匿于每一个人内心深处的道德律令，因为"每一个天真无邪的心灵自己都能感觉到善与恶的区别"[41]。这些道德律令以及与此相关的理性精神，是构成每个个体心灵的最基本要素之一，是灵魂的原始财富，是一颗与生俱来的种子，尽管它们有时是半遮半掩的，但是它们却在那里，沉睡在灵魂的土壤里，悄无声息地等待着一个美妙的契机，从冬眠的无意识状态中被轻叩唤醒。就像耶稣教导门徒们时所用的那个例子："有一个播种的人出去播种：一部分种子落在路上，为人所践踏，为飞鸟所啄食。另外一部分落在石地上，没有多少土，发芽很快，但受到日晒很快就枯萎了，因为没有很深的根柢。另外一些种子落在荆棘中，荆棘盛长起来，把它们窒息了。也有一部分种子落在好土里，长出 30 到 60 直到 100 倍的果实"[42]，在耶稣的这个比喻中，他想阐明的就是这样一个真理，"那撒播的种子就是伦理规律的知识。如果一个人有机会获得这种知识，但也不能把它牢固掌握住，很容易就被一个诱惑者从他心里把撒播在其中的很少一点善夺走。—— 这就意味着落在大街上或大路上的种子。那撒播在石地上的种子就是那些虽说是一快愉的心情接受的知识，但由于它扎根不深，很快就屈服于环境，—— 当困难和不幸威胁着正义时，就随之破灭了。那落在荆棘中的种子就是这样的情况，人们诚然听见讲道德，但这道德却被生活的苦恼和千百端财富的诱惑所窒息了，而结不出果实。那撒播在良好土地上的种子，就是道德的声音得到了理解，并且结出 3-60 直到 100 倍的果实。"[43] 耶稣来到这个世界的意义并不是"撒种"，而是去唤醒那已经被命运播撒在人类灵魂深处的"道德种子"。他就是这样一个守护着道德精神的人类园丁，在他的土地上崇拜上帝，不需要庙堂，不需要誓言，不需要祭献，而是"用善良的德行寻求上帝"[44]、"尊重义务，战胜出于嗜欲的要求，甚至战胜对于生命的爱"[45]。与前面提及的福音书对于人类自由精神的捆绑相对照，黑格尔笔下的耶稣的目的正在于把那沉淀在人类心灵底部的神圣道德力量激发出来，释放出来，使它突破一切的牢笼和权威，用自己天籁般的嗓音站在世界之巅尽情歌唱，他使它恢复了欢乐活跃的天性，重拾了与每一颗良知的温柔对话。真正美丽的鸟儿是没有牢笼可以束缚的，即便那个牢笼是珠宝堆砌的首饰盒，因为它的美已经不再限于羽翼的华丽，歌声的清亮，而源于它内在的、超越一切固有形式的自由本质，即那个高度崇尚自然之精神，独立之尊严的灵魂，对于这样的一个灵魂而言，捆绑就意味着真正的死亡，没有精神归宿的生命只是一团无意义的模糊，而当外在的枷锁对精神的专制达到无以复加的严酷时，身体的死亡反而成为对"生命"的成全，就在精神的繁荣与肉体的衰败之间，人的灵魂一跃而冲破了天国的大门，进驻永恒宁静的安顿。自由，就是生命之乡，因为它的宽广能够包容得下一切的真善美。黑格尔的耶稣不需要刻意建立某种体制去维持他的精神影响力，去推动道德实践的实施，因为此时的黑格尔秉承了康德的思路，道德不是一个被动的元素，而是一个来自自我内在需求的绝对律令，是指向个人与人类幸福的伟大路标。他对于道德的自信和执著使我们不禁再次感受到了康德那句回响在时空之上的恒言所激起的心潮澎湃——"位我上者，灿烂星空；道德律令，居我心中。"

小　结　道德与权威

黑格尔的《耶稣传》是对于圣经新约之福音书的改造，因为在福音书的章节之间，总是笼罩着一层被附加其上，却又背离耶稣之道德真精神的权威的阴影。单纯无邪的心灵要么被种种奇幻法术所吸引，盲目地以为那就是天国的灵光乍现，于是屈膝膜拜；要么被细密的信条套牢而不得自由，在硬生生的规则网罗密布的狭隘空间中开展着有限的生活，精神成了一套被规定的固有体系，不可反驳、不可追问。被设定的信仰轨道深不见底，边界上荆棘丛丛，使人无处攀爬，难以解脱，因为长年的教化使得人们深信不疑，在那其乐融融的轨道之外的必然是吞噬灵魂的烈火与灰烬。人们按照福音书信着他们的信仰，却在权威的阴影中，渐渐淡忘了耶稣基督那种不分彼此的"爱人如己"的道德品格。爱建立在对于人性的深沉反思上，它所包容的不仅是他人的过失或者罪恶，也包容了自身的缺点和错误，它静静地流淌、融入每一丝的呼吸，安抚着焦躁的心灵，清洗着邪恶的念头，它以它的大气豁达与周遭的一切达成了和解，最终安顿于对命运的顺服。爱无止尽则道有所依，爱的普及使道德成为了一种自然状态下的必然，无需强制，不留遗憾。在这样的和平安宁中，由权威制定的规则显得那么格格不入。权威的霸道，剥削了爱的美感、道德的良善，也大大地贬低了耶稣基督的高尚，因此从神学的角度来讲，也大大折损了上帝的伟大。于是黑格尔为了维护信仰的纯粹性，为了更直接地研究基督教中主观宗教的内质，他用他的思想剃刀修理了福音书中所有的权威性因素，也就是他早先认为的客观宗教因子，还耶稣基督（基督教）一个"白茫茫一片真干净"。通过这种方式，他努力地把基督教切割成他脑海中的纯粹的主观宗教的模式。

但是不可否认，权威性的出现，在基督教的历史演绎中似乎是一个不可逃脱的宿命，仿佛从一开始它就注定成了耶稣基督的叠影；当耶稣基督的生命到达终点，这个叠影因为他的光芒消逝淡褪而更加显明，于是权威性和真精神交织错绕，纠结着锻造了我们所熟悉的基督教，真生命、真精神是耶稣基督唯一的财富，却在他死后为教会的权威性提供了思想和资源。《耶稣传》固然绕开了所有的权威性因素，其中的精神力量成为了基督教空前强大的主干支柱，但是这却并不能使现实中基督教本身摆脱它所面临的权威性的事实，黑格尔也清醒地意识到了这一点，所以当他独步云端，做了这么一次浪漫主义的环游后，他又回到了确凿的现实，以他敏锐而犀利的目光重新审视权威性这样一个问题。评价任何事物的第一前提，乃是对事物的真正理解，黑格尔也打算暂时放下针对基督教之权威性的反感与对抗，以冷静的头脑与温和的心情去细细回味这个强大的对手，通过观察和分析来获得较为准确的认识。于是下一个文本应运而生——《基督教的权威性》。

注释：

（1）亨利克·费弗·《基督形象的艺术神学》（M）·萧潇译·北京：中国社会科学出版社，2005：7·

（2）赵林·《黑格尔的宗教哲学》（M）·武汉：武汉大学出版社，2005：79·

（3）赵林·《黑格尔的宗教哲学》（M）·武汉：武汉大学出版社，2005：76·

（4）Frederick C. Beiser·The Cambridge Companion to Hegel（M）·Cambridge ：Cambridge University Press,2006 ：29-30·

（5）古留加等·《黑格尔小传》（M）·北京：商务印书馆，1978：93·

（6）赵林·《黑格尔的宗教哲学》（M）·武汉：武汉大学出版社，2005：7·

（7）赵林·《黑格尔的宗教哲学》（M）·武汉：武汉大学出版社，2005：8·

（8）赵林·《黑格尔的宗教哲学》（M）·武汉：武汉大学出版社，2005：76·

（9）古留加等·《黑格尔小传》（M）·北京：商务印书馆，1978：93·

（10）黑格尔·《黑格尔早期著作集》（M）·贺麟等译·北京：商务印书馆，1997：148·

（11）赵林·《黑格尔的宗教哲学》（M）·武汉：武汉大学出版社，2005：6·

（12）黑格尔·《黑格尔早期著作集》（M）·贺麟等译·北京：商务印书馆，1997：149·

（13）黑格尔·《黑格尔早期著作集》（M）·贺麟等译·北京：商务印书馆，1997：149·

（14）欧内斯特·勒南《耶稣的一生》（M）·梁工译　·北京：商务印书馆，1999：295·

（15）欧内斯特·勒南《耶稣的一生》（M）·梁工译　·北京：商务印书馆，1999：5·

（16）欧内斯特·勒南《耶稣的一生》（M）·梁工译　·北京：商务印书馆，1999：302·

（17）欧内斯特·勒南《耶稣的一生》（M）·梁工译　·北京：商务印书馆，1999：205·

（18）欧内斯特·勒南《耶稣的一生》（M）·梁工译　·北京：商务印书馆，1999：209·

（19）H·S·Harris·Hegel's Development:Towards the Sunlight 1770-1801（M）·Oxford：Clarendon Press，1972：216·

（20）黑格尔·《黑格尔早期著作集》（M）·贺麟等译·北京：商务印书馆，1997：206·

（21）黑格尔·《黑格尔早期著作集》（M）·贺麟等译·北京：商务印书馆，1997：155·

（22）黑格尔·《黑格尔早期著作集》（M）·贺麟等译·北京：商务印书馆，1997：183·

（23）黑格尔·《黑格尔早期著作集》（M）·贺麟等译·北京：商务印书馆，1997：194·

（24）黑格尔·《黑格尔早期著作集》（M）·贺麟等译·北京：商务印书馆，1997：207·

（25）欧内斯特·勒南《耶稣的一生》（M）·梁工译　·北京：商务印书馆，1999：296·

（26）黑格尔·《黑格尔早期著作集》（M）·贺麟等译·北京：商务印书馆，1997：224·

（27）欧内斯特·勒南《耶稣的一生》（M）·梁工译　·北京：商务印书馆，1999：222·

（28）康德·《单纯理性限度内的宗教》（M）·李秋零译·北京：中国人民大学出版社，2003：175-176·

（29）康德·《单纯理性限度内的宗教》（M）·李秋零译·北京：中国人民大学出版社，2003：189·

（30）康德·《单纯理性限度内的宗教》（M）·李秋零译·北京：中国人民大学出版社，2003：189·

（31）康德·《单纯理性限度内的宗教》（M）·李秋零译·北京：中国人民大
学出版社，2003：193·

（32）康德·《单纯理性限度内的宗教》（M）·李秋零译·北京：中国人民大
学出版社，2003：197·

（33）康德·《单纯理性限度内的宗教》（M）·李秋零译·北京：中国人民大
学出版社，2003：183-184·

（34）康德·《单纯理性限度内的宗教》（M）·李秋零译·北京：中国人民大
学出版社，2003：196-197·

（35）康德·《纯粹理性批判》（M）·《康德著作全集》　第 3 卷·北京：中国
人民大学出版社，2004：523·

（36）康德·《单纯理性限度内的宗教》（M）·李秋零译·北京：中国人民大
学出版社，2003：190·

（37）黑格尔·《黑格尔早期著作集》（M）·贺麟等译·北京：商务印书馆，
1997：125·

（38）黑格尔·《黑格尔早期著作集》（M）·贺麟等译·北京：商务印书馆，
1997：125·

（39）康德·《单纯理性限度内的宗教》（M）·李秋零译·北京：中国人民大
学出版社，2003：200·

（40）黑格尔·《黑格尔早期著作集》（M）·贺麟等译·北京：商务印书馆，
1997：211-212·

（41）黑格尔·《黑格尔早期著作集》（M）·贺麟等译·北京：商务印书馆，
1997：182·

（42）黑格尔·《黑格尔早期著作集》（M）·贺麟等译·北京：商务印书馆，
1997：170·

（43）黑格尔·《黑格尔早期著作集》（M）·贺麟等译·北京：商务印书馆，
1997：170·

（44）黑格尔·《黑格尔早期著作集》（M）·贺麟等译·北京：商务印书馆，
1997：179·

（45）黑格尔·《黑格尔早期著作集》（M）·贺麟等译·北京：商务印书馆，
1997：178·

第三章　基督教的权威性

　　宝石闪耀着绮丽的光芒，当你用不同的角度、在不同的光照下拿起它时，它会呈现出全然不同的异样光彩，但始终难以掩盖其晶莹通透的醇然之美。有些人天生具有这样一种奇妙的力量，与他相处从不会无精打采，他的听众也总是会被他身上由内而外的温暖气息团团围住，沉浸其中，仿佛凝望着投进这个混沌世界的一线曙光。宝石发光是大然的，这样卓越的人物闪闪发光也是自然的，据说很少有人能够凭借着后大的努力而使自己散发出月光般清朗的银辉，因为那是得天独厚的一份恩赐，一种无法可得的高尚优美。他有点石成金的能力，总是能够赋予普通事物以鲜活的色彩和崭新的意义。虽然生命的潮汐从未平静过，但他直至人生最后的那一刻，都保持着晨露般纤尘不染的纯洁。耶稣基督一度就是这样地活过，最后这样地死去。但是他短暂数年的跌宕人生，却抵得上几十个平淡无奇的世纪。在他完善的德性光辉笼罩下的宗教曾经帮助无数灾难中的人们以"基督徒"的庄重和谦逊承担下了命运的伤痛，扶持着他们度过了人生最消沉的低谷；也曾让好多人醒悟："快乐的秘诀是寻求他人的快乐。为同类谋求福利而收获的安宁是无与伦比的。寻求为他人的生活带来光明的同时，我们自己的黑暗也因此奇迹般地被照亮"[1]；在硝烟弥漫的战争年代，在人类的阴霾、偏执和不幸中，他向我们展示了这样一个道理，永不终结的生命在于——信心，而眼前的这种倒退，终将只是前行旅途中的一次停歇罢了。

　　耶稣基督的死亡也是历史发展前行中的一个情节——一个重要的情节，其影响力远远超越了一个肉体生命在物理意义或生物学意义上的消亡所带来的损失。因为发生在他的肉体上的生与死的变化，也相应地牵带着他的精神和品格的轨道的变更；他的血液流淌耗尽的同时，他血液中的营养——内在德性，也跟着流失了许多；他生前对于人们内在生命的呼唤，在他的气息渐行渐弱的消褪中，也频频陷于无奈，人们在寻求美德的中途又折回到了起点——对世界以及对自我的不确定，而这两者在本质上并没有任何区别。这种不确定性就像一团浓雾，无孔不入，弥漫于人们的心头，无头苍蝇般从窗子、房门甚至烟囱大片大片地涌入人们灵魂最深处的房间，散播着怀疑、不安、惶恐，也同时击碎了那本不坚定的对自身思想与人格的信赖。当世界只是一片若即若离的幻影，自身也就无可逃避地遁入了虚无，这是个看不见谷地的深渊，除了黑漆漆别无它物，当人们的精神处于最软弱无力的阶段，当纤微的良知不足以点燃一盏方向灯的时候，它驱赶着他们在欲望的牵引下一味地坠落坠落，尽管深知这样的坠落只是无可救药的黑暗轮回，他们却抓不住任何可以暂时依托的东西。于是大多数人在内心的焦躁迷狂中四处乱撞，手足无措地试图凭着自己的运气撞开某一个门洞，找到一处精神可以安顿的角落，获得哪怕最短暂的休息。他们热切地渴望着被给予一个标准，因为标准伴随着规范、尺度以及秩序。这种确定性正是人们从被欲望追逐的逃亡中得以最终解脱的良方，从而通过重建世界的信心来恢复自己的信心。然而，这样的信心，并非是真正的"自信"，而是建立在对"他信"之依赖的前提上。以往的人生经验告诉我们，因无知而忐忑不安的人们往往会对于"普遍性"、"主流"、"常识"这类的词汇抱以独特的好感，从而安然地投靠。因为他们深信：那样一种普遍性〔即多数人信仰的普遍性〕，是理性的真理的一个特性。同样地，在所谓对于上帝存在的"证明"中，那"众心一致"（ex consensu gentium）的证明总是有其一定的地位，它至少可以给人带来某种程度的再保证。面对着地狱的种种恐怖，人们在思想中找到某些安慰，即只要他们与其他许多的人都要分享共同的命运，〔他们的恐惧就可以减轻〕。[2] 由此，人们对于上帝的信靠，不再是出于对持久而高尚的"真善美"的向往和追求，而是基于与他人"患难与共"时所具有的安全感的满足；不再是独立之人格、自由之精神向着至善的提升，而是追随大流安于平庸的自暴自弃；不再是人类灵魂经历重重考验后的胜利，而是不假思索便缴械投降的怯懦。但是这不仅仅只是信仰动机上的差别，事实上，愚昧往往痛恨明智，以践踏明智者而后快，因为明智者的存在本身无时无刻不在提醒着愚昧者朝思暮想却又求之不得的精神自由。"信仰的桎梏与任何其他桎梏一样，只要人们感到有更多的朋辈与他们一起忍受，就会成为比较可以容忍的东西，当我们试图找到一个新的皈依者时，我们的秘密不可告人的理由往往是〔一种拖人下水的心理〕，一种愤恨的情绪，即愤恨我们自己戴着锁链，而我们又缺乏力量把它打破，而另外的人却逍遥于锁链之外，〔因此我们就想把他转化来与我们一起戴锁链〕。"[3] 信仰沦丧为幸灾乐祸的欺骗与陪葬，美德从此杳无音讯、消逝无影，道德的大敌——麻木不仁——却进入人们意识深处。在耶稣基督的名义下，朝觐、圣战、买卖圣物、销售赎罪券等等历史事实此起彼伏；更有人为了捍卫自以为义的虔诚思想，"为了提高上帝的尊荣，为了上帝获致与他的唯一尊荣相称的崇拜和服务方式"，举着道德的旗帜，时刻准备着用火刑柱的燃燃烈焰去惩戒那些忽略了权威的意见和礼仪的冒犯者，用受辱和死亡作为他们违背神圣义务的代价。然而，当冷静的理性重新审视当时的狂热，我们所看到的只是残酷的报复、血腥的煽动，在"道德"赢得最广大的支持、最声嘶力竭的呐喊中，我们的心灵恰恰感受到的是"道德"的死亡，理性的黑暗。耶稣基督被抬上了圣坛，他作为神的儿子、作为"道成肉身"，得到了前所未有的荣耀名分，而真正由他的德性散发出的神圣光芒却在同时跌入了空前的黯淡。

　　用黑格尔自己的话来说，"基督教在同一时期既是那些过分文明的、堕落在卑鄙的罪恶的、奴役奴隶的希腊人和罗马人的宗教，又是那些最无知、最凶悍却又最自由的野蛮人的宗教。基督教是意大利诸邦在中世纪自由放荡最美妙时期的宗教，是严肃而自由的瑞士共和国的宗教，是近代欧洲或多或少的适合君主专制国家的宗教，同时也是受最残酷的压迫的农奴和农奴主的宗教——两者上同一个教堂做礼拜。打起十字架作为先行，西班牙在美洲杀死了整代的土人，对于印度的被征服，英国人则高唱基督徒的谢恩歌。从基督教的怀抱中开放了造型艺术最美丽的花朵，产生了各种科学的高楼大厦。但是为了尊敬基督教，所有的美术遭到了禁止，而科学的发展被斥为亵渎神圣。在各种不同的气候里，十字架之树都在繁荣滋长，都曾生了根、结了果。所有一切生活的欢乐都曾和对基督教的信仰有过联系，而最不幸的苦难也在基督教中得到滋养，找到辩护。"[4]

　　称赞的价值在于恰如其分，而与真相不相符合的颂扬，与其说是赞美，不如说是伤害。上述历史中的林林总总，虽然把耶稣基督推到了信仰的最前沿，却在无形中因为对其精神品质的极大歪曲而使他蒙受了玷污。他越被抬高为卫道士们至高无上的精神领袖，就越被降格为一切罪行的精神元凶。在《耶稣传》中一心恢复耶稣的道德教师身份的黑格尔，显然是在以他的方式修补由于背负了中世纪的过多冤屈而血迹斑斑、遍体鳞伤的耶稣形象。但是这并不是青年黑格尔埋头书斋中的聊以自慰，在他用自己的刻刀把《圣经新约》中的耶稣还原为那个以自身完善的德性赢得人们尊敬和追随的伟大贤人的同时，也在细心地检审着这个理想形象与现实中被肆意利用的"耶稣幌子"之间的反差，以图把握住造成这一落差的最根本的原因，从而拨开种种假象的叠盖，为耶稣基督真正闪亮的美德正名。理想不是停留于无边的幻梦，而是直接投射于对现实的观照。或者说，《耶稣传》是黑格尔精心编制的一个美丽风筝，高远地浮动在现实的上空，被人们瞻仰，但是黑格尔并不希望它只是一片遥不可及的云彩，而是努力地循着它摸索到那根拴系的弦线，期待着通过有力地拉动那根弦线来提醒人们：在我们低头履行着所谓的宗教义务的时候，请抬头看一看这些义务真正所指的终极目标。

　　《耶稣传》是一个伏笔，提供了一个"理性的理想"(5)，在撰写的过程中，黑格尔在基督教这幅宏大的拼图里找到了道德的恰当位置，并把它填进了那个空缺。但是《耶稣传》毕竟只是一种理想情景中的乌托邦，它既不具有当下的现实性，也不具有现实化的可能性，因为作为宗教，基督教不是单纯的、局限于私人领域的道德自律，也不复是最初一些宗派信仰者所组成的小社团内的事务，当这个社团或它的信仰得到了更广泛的扩展，达到了全民族，贯彻于整个国家的时候，那么《耶稣传》中所涉及的道德精神就因为其飘忽的理想特质显得过于单薄、纤弱而不足以撑起一个血脉搏动的核心，为如此庞大的宗教机体提供强有力的新陈代谢了。理想，只有与现实紧密结合的时候，双方才能因着彼此源源不断的补充而释放出加倍的力量。《基督教的权威性》一文便是青年黑格尔做这一尝试的起点，道德理念始终是盘旋在黑格尔精神最上方的悠扬主旋律，但是他同时沉入了现实，沉入了历史，以哲学家的诚实和责任，去丈量理想与现实之间的阶梯的长度，并严肃地去挖掘这个"巴比塔"之所以被建立的根本缘由，即"耶稣是如此这般的一位导师，他教导人们要对自己有信心，要努力培育自身的理性，而不是一味地期待弥赛亚（救世主）的降临，他是如此这般的一位道德精英，他的一生，甚至连死亡都是为着理性的自律性以及自由精神，他告诉他的跟从者们他的离开是必要之举，唯有如此他们才不会再仅仅停留在'跟从者'的阶段——然而，正是这样的一个人却被笼罩在超理性之权威性所交织的神圣光晕之中。为什么会是这样的？"[6]

第一节　权威宗教

（一）道德宗教与权威宗教

在《基督教的权威性》一文中，黑格尔开始频繁地使用"权威性"这个新术语，来指谓基督教中的"客观成分"，与之相对应的，早先他所说的"主观宗教"则更多地被称呼为"道德宗教"。经过这种术语的调整，他开始顺理成章地探讨基督教中的"权威因素"的方方面面。关于"权威性"一词，黑格尔的德语原文用的是 positivität。这个词如果按照它的德文译法直译的话，则是"实证性"。"但是无论 positivität 在德文中，还是"实证性"在中文中，都是意义很不明确、需要作出进一步解释的词。"[7] 正如缪勒所说的："'实证的'是某种有益的东西；我'实证地'对待谁。然而黑格尔的可憎的词'实证性'像海绵一样擦掉了它所要表达的意思……'实证的'是放在我的前面的东西——由上司放在我的面前；而且，这种东西，现在不管我愿意或不愿意，我必须强咽下去。所以'实证的'既不是肯定的，也不是有益的；'实证的'是'否定的'，是'过时的'、腐朽的、无效的。"[8] 由此可见，"实证性"这个含义在德语世界中本身就是一种模棱两可的表达，往往由于自身的不确定性而依赖于读者对上下文的语言处境的理解，而且这个译法对于中文读者而言，实在难免与"实证主义"的哲学流派相互混淆，造成种种困惑，所以直译虽然忠实于原文，但这样的诚实在效果上却是制造误解的开端，所以不可取。此外，除了"实证性"，也有一些人把 positivität 翻译为"成文性"。然而，单就其字面的观感，"成文性"给人以拘泥于文本或者制度的印象，过于狭隘而不符合黑格尔赋予 positivität 的丰富内涵，所以也予以舍弃。狄尔泰对黑格尔的理解是"当人们把不可联系的东西联系起来，那就出现了 positivität"[9]，卢卡奇认为"Positivität 首先意味着主体放弃道德上的自主性"[10]。根据黑格尔文本中的意义，又综合上述两者的解释，显然在翻译时采用对 positivität 这个词的意译，即"权威性"，更为恰当合理。"所谓的权威性，是自 18 世纪以来流行的一个概念，指国家、法律、宗教等上层建筑领域中那些预先给定的、历史流传下来的，借助权威手段强迫人民接受的东西，它们具有某种外在力量的形式，与自然社会、自然宗教、自然法等自发形成或者约定俗成的东西相对立。"[11] 那么，在本文的研究阐述中也决定延用"权威性"这个译法。

Everything has two sides（任何事物都有正反两面），对于任何一个事物的理解都需要建立一个坐标系，只有把这个事物放在合宜的坐标系中，才能避免由于空泛抽象而引起的虚浮，或者因为偏激造成的歪曲或者杜撰。"要创造伟大，必须精神凝聚。在限制中方能体现才华，只有规律赋予我们自由。"xxxii 所以，当我们提及权威宗教的时候，无形中我们已经触及到了权威宗教的对应者——道德宗教，这两个概念在黑格尔的文本中从来"像万汇交织而成一体，此一在彼一中鼓动生息"xxxiii，就像当我们把跷跷板的这一头摁下去的同时，另一头却会立刻跃入了我们的视线，道德宗教与权威宗教虽然始终如战场上的敌对双方针锋相对、无望和解，但是"战场"之所以存在，本身就依赖着对立双方的共存相持，此消彼长。所以在谈论到基督教的权威性的问题之初，黑格尔就提出，"作为判断基督教的不同变种、不同形式和精神的基础的原则是这样的——即一切真正宗教（基督教包括在内）的目的和本质就是人的道德，并且基督教一切较详细的教义、宣扬这些教义的一切手段，以及对基督教的一切义务（无论信仰教义的义务或者关于履行宗教仪式上许多本身具有武断性的行为的义务）评判其价值，其神圣性，皆以它们与人的道德这一目的相联系的远近为准。"[12] 从这个判断中，我们看到了黑格尔心目中关于道德宗教的标准，即宗教的目的和本质是道德，一切的教义、布道和宗教礼节仪式都是紧紧地围绕在道德的轴心周围，一旦偏离了这一轴心，其自身便丧失了价值以及神圣性，或者说，宗教中的教义、布道和礼节仪式因为它们的道德向度而获得了其神圣的价值，否则它们除了是一堆自找麻烦的、给生活带来诸多限制的繁文缛节，便什么也不是了。那么，作为道德宗教的比照者，对于权威宗教的理解一定程度上可以采用一种相对懒惰的简易方式，即与道德宗教的准则背道而驰，换言之，在权威宗教中，宗教的目的和本质远离了道德的维度，而宗教自身的价值也不是出自道德精神的观照，相反地，它的神圣光环源于无关道德的教义、布道和礼节仪式自身。这些原本在道德宗教中处于边缘地带的、依赖着道德这颗恒星的灿烂光辉才能折射出自身微光的"卫星"，被烘托为宗教之根基所在，本末倒置。"本"与"末"的"次序"在一些场合中或许只是起到了无关紧要的装饰效果，而这一颠倒却几乎是所有的宗教纷争以及相应的历史问题的关键症结。当权威取代了道德，占据了宗教中真理的地位，就"完全不把人的价值或者至少不完全把人的价值放在道德里面"[13]，那么宗教也就变成了一片泥泞幽暗的沼泽，信仰不再出于独立自主的选择，而是不得不遵循顺从的陈规；人们也从自己灵魂的主宰者，降格为由外来的莫名力量支配的、只懂得机械地照搬硬套的机器人；生动活泼的人性、善良正直的品格、自由开阔的思想都被清规戒律和"毕恭毕敬"所抹煞。同时，任何发自内心的、试图为自由而努力的挣扎，只会使脚下的泥泞更为松软，不但无从挣脱，反而由于用力而使自己沉陷得越来越深，最终被无尽的沼泽吞没。"权威"不仅仅意味着一整套蜘蛛网般兜罗密布的规则，更重要的，或者说更能直接体现"权威之为权威者"的，乃是一个潜在的声音——绝对地服从，彻底地接受，所以它"不是我们可以自由任意的东西，在人们完全没有了解或评断权威教义的内容之前，对权威的信赖就必须先以建立起来"[14]，它中意的目标、瞄准的靶心，也不单是人们的言语或行为，更是人们的精神、意志和思想。"权威信仰是这样一个宗教原则的体系：它所以对我们来说具有真理性，乃是由于它是由一种权威命令给我们的，而这权威我们不能拒不屈从，不能拒不信仰。在这个〔权威信仰〕概念中，首先出现的是一些成体系的宗教原则，或宗教真理，它们不管我们是否认为它们是真的，总归应被看成是真理；这样一些真理，即使从来没有人熟悉它们，没有人认为它们是真的，它们却仍然不失为真理，而且他们因此经常被称为客观真理；而这些真理现在也要成为我们所认为的真理，成为主观真理；凡包含着对我们意志的诫命的那些真理，都应该有意志接受为箴言；而且其中作为一切其他诫命之条件的第一条诫命，就是：把命令给我们的东西，把上述那些真理，都认为是真理；因为这是由一个我们绝对不能不服从的权威对我们下达的命令。这个概念本质上属于权威信仰的概念，意即信仰是我们的义务。"[15] 由此，我们获得了权威宗教的几个特点："第一，它把偶然性的东西加以普遍化；第二，它以一个外在的权威来替代内心的道德；第三，它把一套客观性的原则体系强制性地变成人们的主观真理。"[16]教义、布道和宗教礼节仪式等等，原本只是无关精神内核的有限人造物，它们本身并不是永恒的神圣者，也不是出自上帝的亲手创造，其存在只是为了转达上帝的声音，从而唤醒那灵魂深处沉睡的道德的工具，然而权威却把它们提升为普遍的真理，打造成为上帝的直接代言人，甚至上帝自身。同时，上帝在此也被剥夺了其道德的精神，因为在权威的覆盖下，在人们看来，"唯有现实的东西（例如教义、布道和礼节仪式）才是本质的，绝对的，属神的对象"[17]，上帝依然被公认为一个高高在上的存在者，但是人们对他的认识和信赖不再是因为内心良知的渴求，而是源于一些纯粹世俗的因素——当人们表达他们的"宗教虔诚"时，他们需要一个对象来接纳他们的膜拜和称颂，以便他们的希望和祷告不会落空；但是这个对象不能是貌似可见可闻可感知的东西，因为崇拜一个为理智所能解析，五官所能辨识的对象，是对人类之骄傲的极大侮辱；人类无可救药的"自恋"情结，使得他们对自身的热衷远远胜过于对于真理的热衷，因此他们不会轻易地接受道德良知的教化，他们的狂妄和自傲只有在更为狂暴而无可抗拒的力量面前才会臣服。道德对于人类而言，过于熟知而不配成为他们的追求，他们只能在一个不可认识、难以规定的神秘对象那里才能安置他们的"桀骜不驯"。所以在权威宗教中，人们不是被内在的良知所感化的，而是被冷酷无情的鞭子所驯服的。一定意义上，人类热爱着权威带来的"管制"、恐惧着道德赋予的"自由"，因为自由意味着"反求诸己"的明智，明智则代表了思考与选择，它的生死之交便是清醒的头脑以及沉甸甸的责任感。人类的肩膀过于软弱，还没有做好充分的准备去承担，或者说内心永远也不情愿去支付由于自己的选择而造成的代价，内在的惰性和懦弱使他们渴望把自己所有的分析力、决断力甚至生命力都依靠在一个足够强大的他者，以便躲在枝丫繁茂的大树底下栖息乘凉，从而可以卸责。自由是人类"不能承受之轻"；于是"管制"便是一个适时的避难所，在那里人们不需要动用自己的理性，反思或者质疑任何东西，只需低眉垂手、言听计从，便可以把言行的后果以及相应的惩戒归于那个自己全然不知的上帝，与其说上帝在他们的心目中是一个不可玷污的神圣者，不如说是任意地被加以利用的"替罪羔羊"。在权威宗教中，没有一个牢靠的支架去摆放道德，精神与信仰不具有任何标准，而是肆意滋长的杂草，草根处源源不断地提供肥料的，往往是——私欲。

　　道德宗教中，人因为自身内在的德性而感受到了上帝的实在，理性自主地指引着一切人情世故在道德的轨迹中缓步前行。人们信仰上帝，乃是因为人们在挖掘自己内心世界的同时，在自身的存在中看到了神圣的影子，那就是道德的伟大力量。在道德宗教中，真正的神性也就是真正的人道。同样地，当基督教成为一种道德宗教的时候，它"给予信徒的最基本的礼物正是人性，或者说，美德本身就是对基督徒的褒奖。"[18] 当阿尔伯特·史怀哲回忆自己生命中最宝贵的 50 年远方行医生涯时，他认为那就是在履行耶稣及其宗教的使命，即生命本身不是学术，不是艺术，而是奉献给普通的人，以耶稣基督的名义为他们做任何一点点的事情。那些在黑人那里做的事情，不再是一种"慈善"，而是一种不可推卸的义务和职责。道德的责任感驱使着他在奉献中获得了自我内在的幸福。在他看来，人类生活中点滴的真诚与善良都体现着"上帝的在场"。任何伟大、真诚的艺术创造中都不可避免地邀请了上帝的参与。音乐作为情感的独白，在众多艺术形式中对于瞬息万变的精神具有着最为敏锐的嗅觉，神学家巴特偏爱莫扎特的音乐，因为他的音乐表现的是现实生活的冲突，然而尽管如此，其背景却是上帝的善良造物。所以他的音乐永远处在从负面向正面的转化中，莫扎特的旋律是"美妙、悦耳、感人"的，它总是透露着来自人心的道德与上帝的呼应，所以巴特将莫扎特的音乐视为"天国的寓言"。在道德宗教的领土上，道德是指明一切方向的路标，甚至人们最细小的举动，同时道德因为是权威的"相对者"，所以它不是出自权威，而是出自人心内在的理性夙求，不是源于可见的有形的教会，而是源于在上帝的认同下秉持着正直公义之原则的、"具有普世性的、理性的教会"，即"'无形的教会'"，"它以一种相互宽容的和解精神在此世呈现。"[19] 其中的上帝是道德的神，或者说道德即上帝，它的基础直接地扎根于上帝的"真善美"，因而其中的信徒也都是道德的人，至少是以道德精神自律的人。在道德宗教中，"即便身处不同派别，那些具有着真正的德性的人也会彼此视为兄弟，就像莱辛的戏剧中所描述的那样。"[20]

权威宗教则恰恰相反，"谁若是承认一个存在物的优势不仅凌驾于自己的生活冲动之上（因为任何人必须承认这样一种优势，无论它叫自然也好，命运也好，天意也好），而且也凌驾于自己的精神、自己的整个存在之上，那他就不能摆脱一种权威信仰。接受一种权威信仰，必然以丧失理性的自由、理性的独立为前提，而理性丧失了自由和独立，就不能对外来势力进行任何反抗。"[21] 在这里，我们需要格外注意的是：自由和独立并非作为理性所附带的两个无关紧要的特点，或者说是作为理性所有相关属性中的两个局部而被清扫，事实上自由和独立几乎是理性的唯一所有，理性也因为这二者的兼备才自恰为一个和谐而充实的体系，一旦自由和独立被撤离，无异于釜底抽薪，理性也随之被抽空为一具徒有其表的干尸。因此我们可以断言，在权威宗教中，理性只是一幅引人遐想的装饰画，通过它人们自欺欺人地沉浸于所谓的"自由和独立"中，但是事实上，它无力向人们提供除了"符号"之外的任何实在的东西。同时，另一个提醒也显得略有必要，即人类的自我意识就是建立在自由而独立的理性基础上的，如果没有了理性，人类的区别仅限于微乎其微的皮囊的差别，即人类又回复到了动物的原始状态，而没有理性的世界，也就无异于一个受本能和欲望驱动的"丛林"。

由此，我们看到了道德宗教与权威宗教之间的差异性，但是这两者的区别的讨论是在宗教信仰的动机意义上予以展开的。基于事物的多面性，权威宗教并非只有道德宗教这样一个"相对者"，它还有另一个伙伴——自然宗教，它们的关系也需做出澄清。

（二）自然宗教与权威宗教

"权威宗教是与自然宗教相对立的，并且以此为前提的：只有一个自然宗教（因为人性只有一个），而权威宗教可以有很多。从这种对立就可以表明，权威宗教是反自然宗教或者超自然宗教的，它包含着超出知性和理性的概念和知识，它要求不是出于自然的情感和行动，而只是要求通过安排，勉强激动起来的情感，和只基于命令、出于服从，没有自己本身兴趣的行为。"[22]黑格尔在其《基督教的权威性》一文的开篇就给出了这样的一个判断。在这一段评论中，黑格尔似乎表明了自然宗教与权威宗教的差别，即自然宗教的动因乃是来自人们的自然情感和由这些情感激发的行动，权威宗教的根源则建立在一种被强加的意志上，命令和服从构成了它的简单程序；在自然宗教中，人具有着天赋之秉性、时刻洋溢着生命之活力，而在权威宗教中，人被压制为以顺从为最高职责的士兵，整个社会环境也因此成了一个划分出明晰的阶层界限的军营，一切规则和制度都是既定的、不可商榷的，甚至丝毫表示质疑的思想或者企图反抗的尝试，都是被严加提防、厉惩不待的。黑格尔坚信，"世界上必然不该有被作为一种权威而宣告的信仰，也不该对于一个有象征意义的公式或者信条做出权威的阐释。因为在自然的状态下，没有什么人会强迫自己信仰某一个东西。在信仰的领域中不存在社会契约。个人自身的观念不应该受制于普遍的意志。……没有一个人可以就信仰之'应然'设定一种权威性，无论是对别人，甚至是对自己。"[23]于是，理所当然地，我们以为黑格尔试图借自然宗教的主张来反对权威宗教的种种纰漏。然而，这样的认识只是把当时的黑格尔并列地放置在了启蒙运动者们的思想高度上，事实上，提出自然宗教与权威宗教之分歧只是黑格尔在深思细辨权威性问题中对于启蒙运动者这一思路的微微一瞥，他的目光早已越过了这些激进的思想者们"抽取出一个普遍的人性概念，形成自然宗教的观念，以此为论据为武器去批判权威宗教"[24]的做法，投向了更为深层的视角。自然宗教和权威宗教之间的生硬对立，不但使人们的思维在触及两者中任何一个对象时陷于静态僵死，因此也使得与这二者都有着密切关联的一个重要关节反倒成为了盲点。

在进行哲学思考的过程中，需要格外地留意一个词，即"绝对性"。因为"绝对性"与其说像其字面表达的那样包罗万象、意蕴无穷，不如说是最大的一个圈套，人们一旦陷入这个圈套，就会变得独断而冷酷。"绝对性"意味着极致，意味着必然，或者说，任何的讨论一经绝对化，便失去了"讨论"的余地，因而只是一种通告的公布或者命令的下达。更值得警醒的是，"绝对性"如果只是外在的强令，那么它最多带来人们高度压抑下的"敢怒而不敢言"，然而，"绝对性"往往束缚的不光是行为，更是思想，它仅仅吝啬地让出了一个针尖般的空间，而"绝对性"三个大字所指涉的内容几乎占满了空间，人们只能在这样的丁点罅隙中作无关痛痒的思考，或者说这样的思考并不是思考本身，而是被冠以"思考"这样一个称呼的头脑空白，因为思考代表了人们按照自己特有的角度对丰富的内容加一采拮选取而构建自成体系的一套思想，那是真正属于自己的成果。但是"绝对性"不允许任何单个的"自己"出现超出其规定之边界的僭越，也不认为丰富性是多么必要的东西，它的野心并不限于人们的"敢怒而不敢言"，它的真正目标是人们的"无所怒，无可言"，它总是以一切思考的统一而不争的结论予以呈现的，更确切地说，它自身就是"思考"的对立面。权威宗教固然是把它的权威性押在了"绝对性"这个宝上，它只需要人们的仰视和敬拜，而排斥一切异己力量。然而，当我们在自然宗教与权威宗教之间实施人为的对立、划定严格的界线时，这又何尝不是一种"绝对性"的体现？"对立"已经暗示着相互的冲突是不可调解的，彼此的矛盾是始终如一的。按照人们日常的思维逻辑，自然宗教与权威宗教既然是对立的，那么它们就注定了各占山头，除了相互间发生的恶意的争斗，老死不相往来。可是黑格尔偏偏反其道而行，对于一个热爱思想之自由驰骋远胜于热爱结论之尘埃落定的精灵而言，任何对于头脑的限制，往往比对于人身的限制更痛苦难耐，而任何一个固定思维模式的建立，只是让他更加津津有味地谋求突破此类模式的有效渠道。同样地，自然宗教与权威宗教之分野，作为启蒙运动思想者们的成果，并没有得到黑格尔的强烈支持，相反却给了他一个新奇的视角，去力排众议，寻觅这两者之间的些微勾连。这正体现了黑格尔本人对于"思考"这一行为所持的观点，即"每个人必须始终保持一种重审（think again）的自觉性，因为只有这样才能够保证自己思考得更全面，从而使得事态的发展进行得更完善。"[25] 此时的黑格尔越来越怀疑那种静止不动的思考方式，既然世界本身是一个一刻不停地自转公转的大星球，我们又有什么理由认定生存于这个瞬息万变的星球上的任何一个事物不是时时刻刻处在变化转换之中呢？

在黑格尔看来，自然宗教和权威宗教之间并非决然的对立。它们的对立只是在静态的审视下才具有有效性，可是"万物流变"乃是世界的真相，自然宗教和权威宗教也可以在一定的条件下相互转化。自然宗教的根据便是人性的一般概念，所谓的"一般"就是从具体的样本中萃取出具有普遍性的人性本质。然而"这些简单的概念，由于它们的普遍性，同时就成为必然的概念和人类的特性。由于这些特性是固定的，各民族的或者个人的所有其余的多样性的伦理、习惯和意见都因而成为偶然性、成见和错误了，于是那些能适应这种多样性的宗教就成为权威宗教。"[26] 由此可见，人性的一般概念来自色彩斑斓的个性——那是一个经过了归纳并提纯的实验结果——，通过这个结果，与个体身上所呈现的精确但单薄的具体个性相比，我们得到的是关于人性的一个广泛却模糊的印象，但是这样的印象只是基于这种或者那种理由而萃取出的理想模型，"人性的一般概念可以容许无限多的改变"，但是它并不能替代任何一个具体的个性，也不能以此作为否定其他人性相度的有力证据。因为"人性永远也不曾是纯粹的"，"所谓的'纯粹的人性'不外指符合人的一般概念。但是活生生的人的本性是永远不同于人性的概念，因此那对概念来说只是一种改变、纯粹的偶然性或多余的东西，成为一种必要的东西、有生命的东西，也许是唯一自然的和美丽的东西。"[27] 取自于个体生动活泼的人性，却又把这样的生动性归为谬误，这无异于一种"过河拆桥"的背叛。既然人性的普遍概念并非那么坚实永驻，那么以此为立论根据的自然宗教也就不免略显片面了。

有意思的是，权威宗教之权威性的的成立，有一个不可忽视的前提，即人们自我意识的觉醒。"在一个不知道的存在面前发抖，在做事时放弃自己的意志，让自己像机器一样彻底服从外在给予的规则，在行为和放弃不为中，在言语和沉默中完全放弃理智，在短期或终生使自己没有知觉，——所有这些都可以是'自然的'，一个具有这种精神的宗教因而不能说是一个权威的宗教，因为它符合它那个时代的自然状态。这样一种宗教所要求的自然无疑应该说是一种可怜的自然〔非本性〕。但是宗教完成了它的目的。它给予这个自然以一种唯一适合于它的较高存在，从而在其中得到满足。只有当另外一种意态唤醒了，当这个自然开始具有一种自我感，因而要求自身的自由，而不仅是把它放置在它的至高无上的存在之内时，然后它前此的宗教对它来说，方能显得是权威性的。"[28] 对于愿意奴从权威的人而言，强加的意志或者严厉的律令都不是一种异己的外物，而是恰恰符合了自身内在的向往和追求，所以它不但不限制自由，反而符合并成全了自由，它与人的自然情感、自然意愿同步。这个时候，所谓的"权威"也就变得再"自然"不过了。"那种缺乏理智的、顽固的迷信对于一个没有灵魂的、具有人形的存在没有什么〔令他反抗的〕权威性的东西，但是如果他的灵魂被唤醒了、而仍然要以迷信强加给他，那末这时迷信对他就成为权威性的了"[29]，也就是说，只有当一些宗教教义、布道或者宗教礼节仪式"专横到反对理智和理性，并违反它们的必然规律时，它才成为权威的东西。"[30] 在把握"权威性"这个概念时，一个关键的要素就是"强迫性"，也就是说"权威性"的意义要得以认可，必须是出于一种人们被迫无奈的接受心态。然而，"被迫"并不是一个自明的概念，而更多地体现了一种关系——关系的一方是外来的、试图对人作出种种要求的规定性，另一方则是人的理性对于其独立自由之精神的觉悟和需求。这两者中任何一方的缺失，都彻底地移除了"权威性"存在的土壤；同时，这两者只有在处于剑拔弩张的对抗局势下，当前者对后者施行了控制与压抑时，权威性方能破土而发。对于一个理性尚在混沌懵懂中的婴儿来说，摇篮里的方寸天地便是他美好的永恒无限；但是当婴儿长大成人，渐渐地，他的"自我"在逐渐趋于成熟的理性推敲下醒悟——于是，和小小的摇篮相比，空间上更为广阔的世界反倒成了狭隘的生存缝隙。其实，外在的事物一如既往，真正改变的只是理性对于自身之独立自由性格的觉悟，而且理性的自由伸展得越高远，越容易触及到它被圈定的边界，也就越执著地试图去突破这些边界，以扩展出更丰富的自由。所以在民主的国度中，人们往往比在封建专制统治下更敏感于外来的、哪怕是细微的束缚，同样地，这也解释了为什么在一些客观上自由度颇高的地区，反而更频繁地冒出此起彼伏的争取这种那种自由权利的游行示威。更确切地说，当我们理所当然地提到 "理性的自由" 或者 "自由的理性" 时，对于 "理性" 和 "自由" 这两个概念的了解只是浅白的、"知其然而不知其所以然" 的，实际上，自由并不是下属于理性的一个特征，当黑格尔一再强调要 "恢复道德的本质——自由"（31）时，一向视道德精神为人类实践理性的他，同时也暗示了这样一个道理：理性的本质就是自由。"理性" 和 "自由" 之间的微妙联系根本不是文字组合上所呈现的、由 "的" 偶然勾连起来的从属关系，事实上，它们两者彼此依赖、互为前提，不但具有共时性，更具有同质性。所以，如果要寻找一个足以表达两者亲密度的符号，那么相信 "=" 相对而言就再恰当不过了。在黑格尔的文本中，即便单单提到理性或者自由时，也往往不自觉地牵扯进两者中的另一个影子，所以在阅读理解时，不妨把它们看作一对心智相通、形影不离的孪生兄弟，在 "权威性" 的阴影下，没有一方可以置身事外，因为 "权威" 正是在压迫它们的过程中获得了自身的合法定位，并且权威的严酷性也与它们所承受的压力直接成正比。

既然权威性源于外来的强加意志与理性之间的张力，那么当我们把目光再次投入基督教的教义时，一味地攻击基督教是对于人性的摧残或者对于理智的压榨，就必然会因为这种偏颇的指责引来这样的一个疑问："如果整个神学教条的体系按照人们喜欢的一般概念的方法把它解释成为在启蒙时代站不住脚的黑暗中世纪的残余，那末人们自然还要人道主义地问：'那样一个违反人类理性的并且彻底错误的体系何以竟会建造起来呢？'"（32）换言之，"黑格尔早已注意到了这样一个问题，即为什么世界需要，并且愿意接受这个新的拜物教？"（33）这种把宗教中一切关乎权威性的问题都毫不负责地归于 "宗教是纯粹的迷信、欺骗和愚昧"（34）的态度，不但不是对于理性的捍卫，反而 "包含着对于人的深刻轻视和对于他的理智的极度迷信"（35）。对于宗教的全盘否定，与对于权威宗教的盲目信仰，本质上没有区别，都显示着理性的无知和蒙昧，因为看不到一个事物的明暗两面，不理解其中利与弊的双重关系，就没有权利或者资格去对它作出任何价值上的评判。黑格尔向来反感那种偏激的极端视角，因为这恰恰违背了对于事实真相的最起码的尊重原则。他对于权威宗教的反对，并不因此把他变成了像许多启蒙思想家那样的一切宗教之死敌，相反地，他的"拨乱"是为了最终的"返正"，他的"破"是为了"立"。他对于权威宗教的批判，正是为了彰显他在《耶稣传》中饱含深情宣扬的基督教的道德真精神。他看到了"宗教对于人的自然本性的适合，尽管在不同世纪里，这个本性有一定的改变，"在探讨宗教问题的时候，不应该采取固定不变的思维程式，而"是要联系各民族、各时代的风俗习惯和性格来问及宗教本身的真理性，"[36] 这样的变通并不是为了便于研究而采取的妥协，而是对于现实之真相的真正契合。对于黑格尔而言，单纯的"就事论事"却不顾及串联着事物之过去以及未来的内在连贯性，这不是事物自然发展的真相，因而也不是他处理问题的方式。事实上，就黑格尔本人而言，他对于基督教之权威性的产生与兴盛所投入的关注和思考使得他试图解答这样一个问题，"即'为什么希腊人充满想象力的宗教会让位于权威性的基督教？'"，而对于这个答案的连续性的探索最终"发展成为一个对于格式塔转换的探讨，即在《精神现象学》中所涉及的'苦恼意识'和'世界图景'这两个话题。"[37]

另外，"在宗教里，行为、人物、回忆都可以被当作圣洁的。理性则证明它们的偶然性，并且要求凡是神圣的必定是永恒的、不朽的。不过，这并不等于说，它证明了那些宗教的事物就是权威的，因为不朽性和圣洁性可以与偶然性相结合而且必须与一个偶然的东西相结合。在思考永恒的东西时，我们必须把那永恒的东西与我们思维中的偶然性相结合"[38]，也就是说，虽然我们深知"任何宗教的内容必应是永恒的和不变的"[39]，而且"宗教的本质乃是在权威的教义以外的别的地方"[40]，但是同时，神圣性和永恒性都是我们作为有限的生物体所无法直接领会的，它们必须依托于一些具有偶然性的中介者来展示它们的存在，就像朝霞沟通了白昼与黑夜，我们的平凡也使得我们必须依赖于一些与我们同等平凡的使者来传递永恒世界的信息。透过月光的皎洁，虽然我们看不见太阳的踪影，却可以依旧深信不疑它的存在；同样地，这些平淡无奇的事物像一面清澈的镜子，最终勾勒的乃是天国的模样。不过，"一种偶然性据说可以从其中产生出必然性，一种暂时性的东西，据说在其上可以奠立人的永恒真理的意识，人的感情、思维和行动对于它的关系的基础"[41]，"当单纯的偶然东西或作知性对象的偶然东西也要求具有不朽性、圣洁性并受到尊敬时那可完全是另一回事了。到了这时理性便有权利出来指斥其权威性了。"[42] 所以在接下去讨论宗教权威性的问题时，我们必须保持清醒：每一种教义，每一个命令都可以成为权威的，因为每一种教义或每一个命令都可以压制自由和强迫方式表达出来；没有一个教义不是在一定情况下有其一定的真理性，没有一个命令不是在一定情况下可以成为义务，因为即使一般被当作最真纯的真理，为了它的普遍性，在应用于各特殊情况时，也需要一定的限制，这就是说，不是在任何情况下都有效准的无条件的真理。[43] 实际上，"基督教作为一种'大众的'宗教，它的建立本身就是利弊相依的。任何一个正面的效用必定自然而然地同时伴随着它的对立面，就像拯救本身必定同时意识这对一些（[44] 权威）教条的遵从。"所以，在判断权威宗教时，"不涉及宗教的内容，而是涉及其形式，即一个宗教是某种彻头彻尾地被给予的东西或者自由地给予、自由地接受的东西。"[45]

第二节　权威宗教的根由

在基督教的维度中，一旦权威宗教取代了道德宗教，基督教的道德精神在世界中也就失去了其奇伟的力量，它不再是植根于信徒们心中的对于人道关怀的共鸣，更多地只是在表面上被接受、在言辞中被承认的"纯粹象征性的顺从"。[46] 在这样的情形下，耶稣基督身上的德性光辉只是被简化成了一条条需要人们去解释、重复、遵循的道德律令，而不需要更深刻的理解和领悟。人们在施行的过程中，或许得到了教会的赞许，得到了其他信众的承认，也得到自我内心的宽慰，却单单无法得到上帝的尊重。"宗教生活必须依赖于我们所确实拥有的感受，而不是依赖于那些从理论上看我们应该具备的情感。"[47] 当人们对于上帝的敬仰和崇拜不是源于他植入每个人内心的道德良知的感召，而是来自权威者规定的宗教虔诚态度的时候，事实上，上帝已不复是人们的兴趣所在，人们对于他的遵奉，真正的动机乃是出于对纯粹世俗趋向的迎合，即人们被要求如此这般言行，而且这样的言行方式也符合了人们自以为义的宗教信仰。由此，随着理性的消失，"宗教消失了，甚至在新教徒那里也是由宗教之外貌——教会——来代替了；教会的目的，至少是使无知识和无主见的民众相信：既然今天基督教教会还像千年以前一样存在着，并且，在今天，信仰之外部特征还盛行着，那末，基督信仰当然还存在着。不再存在于信仰中——现代世界中的信仰，只是虚假的信仰，它并不信仰它自以为信仰着的东西，……它只是一种犹豫不决的、愚蠢的不信——的东西，毕竟还应当存在于人的印象中；在自身之中，在真理之中不再是神圣的东西，至少还应当看来是神圣的。"[48] 人们对于他们的信仰，对于他们的信仰方式，甚至对于他们信仰的对象——上帝以及耶稣基督，曾经拥有过的明智深沉此刻都因为理性的隐退而流于表面，他们不去探究上帝的本质，也不追问基督教亘古常新的精神内涵，而是坦然地面对横在他们与上帝之间的不可忽略的无限沟壑，满足于教会作为上帝的代言人所指示的种种规范，任由着自己的理性渐渐失去独立自由的活动空间，因为在他们看来，耶稣的国度是如此至高无上，绝非人人唾手可得，同样地，上帝是如此宏伟深邃，又怎么可能是任何一个平凡的生物凭着自身有限的理智所能轻易理解的呢？于是，上帝的不可认识和不可规定被顺理成章地确立为一种信条，但是与此同时，人们内心深处那星星点点的良知却又间或地提醒着他们"举头三尺有神明"，所以"人用上帝之不可认识作为借口来宽恕自己的忘却上帝和忙于世事。他在实践上用行为——他的一切意念和思维都离不开世俗——否定了上帝；但是在理论上，他并不否定上帝；他并不攻击上帝的实存；他让上帝存在着。然而，这种实存并不跟人相关，并不烦扰到人；它只是消极的实存，是无实存的实存，即自相矛盾的实存——这样一种存在，就其作用而言，并不能够跟非存在区别开来。"[49] 一个恶劣苛刻地对待雇员，却勤于参加一切宗教活动的商人，或许就是以这样的方式虔诚地敬拜着上帝，却又以同样的方式在本质上丢弃了上帝所恩赐的美德。当人的理性退让到自我最遥远的边缘，则人的自我也相应地缩小到了近乎虚无，而"当人自己是一个非我时，则他的神便是另一个非我。"[50]

人在权威宗教下的非我状态，疏离了自我作为人的本质，人丧失了自我感，也就因此丧失了理性，而由于理性的空白所造成的非我与自我之间的隔阂，也自然无法通过理性的力量来加以弥合。这样一来，两者的对峙决定了耶稣基督所看重的最大的诚命，即"爱神"和"爱人如己"[xxxiv]，最终必定落空。如果人放逐了自我的理性，那该用什么来追问探索自我的本质？如果人连自己的本质都捉摸不透、把握不住，又谈何自爱？如果不自爱，又当如何爱人如己？"爱人如己"，简言之，就是爱他者如同自爱，而一个不懂得何以自爱的人，又怎么可能明白如何去爱护他者呢？更进一步来看，一个不可能自爱，因而不懂得爱人的人，进一步说，一个全然没有爱的能力的人，又能凭什么去爱神呢？可见，权威宗教，事实上偏离于耶稣基督所引领的以及所希望的道德宗教何等遥远。基督教，不知不觉中走向了自己的反面，活生生的精神力量被死气沉沉的教条仪式紧紧捆绑，不得舒展。作为道德贤者的耶稣基督，也因此被权威者改造得疏远了他本人的初衷，"耶稣形象变成了一个由理智来设定的完美理念的'实现'"，[51] 或者说，他本人被锻造成了一位至高的权威者。基督教这种面目全非的姿态，不得不使得一些头脑清醒的人，用他们始终敏锐的理性去思考这样一个问题："耶稣的宗教怎样变成一个权威的宗教？"[52] 黑格尔对于这一问题的解答集中于两方面，即"一方面在耶稣自己的宗教之原始形态里，一方面在时代精神里去寻求使得基督教作为道德的宗教早期受到误解，最初成为一个宗派，后来成为一种权威的信仰所以可能的某些普遍的根据。"[53]

（一）来自耶稣本人的权威性因素

耶稣是一个犹太人，并且终生生活在犹太文化环境的包围下。一个人的思维即便具有鲜明的超时代性，在其童年就耳濡目染的时代气息却早已溶入他的血液，变得根深蒂固、难以清除。一个人的言行举止，不是对于他所处时代的呼应，就是对那个时代的抗争，无论如何，那都是时代留给属于它的每一个个体所固有的、无法抛弃的"胎记"，从生到死，形影相随。耶稣也不例外，他的一生就是在犹太教的文化背景下产生、展开、消亡的，所以要了解耶稣的宗教，必须先要了解耶稣本人的宗教所产生的时代背景，或者说宗教背景，即犹太教的相关内容。不过这里需要注明一点，"在耶稣传道的过程中，他似乎只是犹太教中的一个小教派运动的领导者。事实上，即使是在耶稣被钉上十字架之后的几天内，仍然没有什么人能将其门徒与其他的犹太人分别开来，"这就解释了上文中黑格尔所提到的"基督教作为道德的宗教最初是一个宗派"，后来在历史的绵延发展中才成为了权威信仰。而且，"无论基督教与犹太教的关系究竟如何，当历史学家们提到初期教会的时候，他们所指的并不是耶路撒冷的教会，而是使徒保罗的教会——因为这才是得胜的教会，改变了整个历史的教会。"[54] 由此，我们可以了解到：第一，耶稣并不是犹太教的敌人，在他本人看来，他所兴起并领导的是犹太教的一个宗派，而不是与犹太教分庭抗礼的新宗教；第二，耶稣生前的宗派并没有采取教会的形式，基督教的教会制度是后人（使徒保罗）的发明，而不是耶稣的创造。所以，"黑格尔一再想要强调权威教派的建立并不是耶稣本人的刻意之举。无论是在《耶稣传》还是在《基督教的权威性》文本中，他都尽可能地努力提供相应的证据来反驳与此相反的观点。"[55]

但是基督教沉沦为一个权威宗教，并不全是后来者的误解或歪曲，而是不乏其最初的可被误解的或者可供歪曲的原型，这个原型则直接来自于其开创者耶稣，并且这个耶稣不是我们如今所耳熟能详的基督教的"耶稣"，而是首先作为一个犹太人，作为被安置在当时犹太教这个大拼图之中的一个元素——"加利利人耶稣"。耶稣本人与他所在的时代环境交相纠结，他的所有一切都是对于后者的直接回应，而它们的相互作用，共同编织了潜在的肇因，导致了最终权威性的全面盛行。因此，我们可以说，"耶稣的教导从根源上说已然是一种权威基督教的教条体系，它是一个历史发展过程中的必然后果。"[56]

当这个年轻人为他所处的犹太世界拯救了关德时，他也在无意识中为此后的世世代代拯救了在犹太教的沉重权威下依旧保持清醒和明智的理性的光芒。虽然耶稣一直在挣扎着为自由赢得尊重和认同，但是耶稣本人，除了他自己的思想，并没有享受到多大程度的自由。他在重重压力下抵御着来自权威者的侵袭，却也正是在这样的侵袭下，验证了自己的智慧和情操。权威性就像一面厚厚的铁墙，阻断了所有的接触。能够击破这面铁墙的，不是温文儒雅的包容，也不是深沉炙热的良知，正是因为耶稣是一个犹太人，并且是一个有着超乎寻常的敏感性和理解力的犹太人，所以深谙犹太文化的他熟知，要推翻这座铁墙，需要的不是柔情，而是比"铁墙"更加坚不可摧的"钢锤"。然而犹太教的铁墙是以上帝的名义建造的，上帝的全知全能决定了这座铁墙的永恒持存性，所以他抡起了钢锤，却不是要摧毁那座铁墙，把细碎的铁屑一股脑全都清理干净，而是把那座铁墙不增不减地加以重新锻造，打造成他所希望的上帝的模样——慈祥而仁爱地秉持着真善美之精神的天上的"父"。但既然是"钢锤"，它就不是抱着轻飘的、浪漫主义的、乌托邦幻梦并且期待着奇迹发生的人所能举起的，耶稣有这样的理想，但是他真正能具备抡动钢锤的力量，却恰恰来自于他对犹太文化的准确认识以及基于这一认识而采取的"对症下药"的果敢行动。权威性设定的边界，固然限制了他的活动空间，让他在夹缝中鲜明地感受到了"权威性"的巨大能量，但同时也令他寻找到了击溃这一权威性的行之有效的方法——以其人之道还治其人之身。

犹太人“真心诚意地相信他们的整个政治制度以及他们一切的宗教的、政治的和民事的法规都是从上帝自身接受来的。这是他们的骄傲。这种信仰窒息他们自己的一切思辨思维；它完全局限在对于圣书的学习上，它把道德的活动限制在对那些权威性的命令之盲目服从上。”[57] 要唤醒犹太人的道德自觉性，只有两条可行之路：要么是“破”——破除，即把建立了犹太人之盲目信仰的根基彻底挖去，用暴风雨般的扫荡把他们沉闷而混沌的头脑震醒，从而在一片精神的废墟之上重建一种全新的信仰——以道德为准绳的信仰；要么是“立”——重塑，换言之，在无法实现彻底的釜底抽薪的情况下移花接木，即不去动摇他们的信仰根基，而是在这个根基上移植入另一种信仰，并且给予这一种信仰更大的正统性、更强的生命力，使它与前一种信仰在同一块土壤上生长，却赢得更多的滋养，发展得更为蓬勃。犹太世界的权威性源自它的律法，而律法又和犹太教密不可分，“希伯来律法兼有宗教戒律和道德规范的性质”，在摩西那里，他“既是希伯来一神教的缔造者，又是掌管祭祀、裁决日常纠纷的首领”，建基于“摩西十诫”的希伯来律法是“法律、宗教和道德三者的杂糅和融合”；同时，“希伯来律法是以神学为基础的，它的权威不仅依靠国家的强制力来实现，更借助于人们对神灵的敬畏心理去树立”[58]，上帝是一切正义的来源和化身。对于上帝的笃信就是犹太教的信仰根基，这种信仰如同一个茁壮健硕的根，蔓延渗透在犹太人生活的方方面面，盘踞在犹太人的思想和灵魂深处，成为他们划分本民族与外邦人的标尺。上帝的存在成全了他们作为“上帝之选民”的民族优越感，加深了他们面对其他民族时的隔阂感，也让他们心甘情愿地“为一些凝固的法定的命令的重负所压制着，这些法定的命令学究式地替日常生活的每一个偶然行为制定出规则，致令人看起来整个民族都受僧侣式的清规戒律所支配，……把生命消磨在从事于无聊的、机械的、无精神性的、琐碎的礼节仪式”[59]中。要唤醒这些没有自我意识的存在，要让他们恢复人类与生俱来的理性，就要把他们赖以寄生的中轴抽去，也就是把“上帝”从犹太世界中流放出去。只有当“上帝死了”，犹太人才能“复活”。但是，上帝存在于犹太人的每一细胞中，他是全知全能、集一切荣耀和威严于一身的神，从摩西以来，上帝就是犹太人的精神支柱，是犹太世界的魂。要驱逐上帝，就得比上帝更强大，但是上帝在犹太人那里是不可超越、甚至无法趋近的极致完满，耶稣作为一个像其他所有人一样受困于有限生命之中的凡人，又怎么可能与这样一个看不见摸不着却无处不在的存在者较力呢？所以，战胜上帝的想法不但不可行，而且直接违背了"摩西十诫"的第一条——"我是耶和华——你的上帝，曾将你从埃及地为奴之家领出来，除了我之外，你不可有别的神。"（"I am The Lord your God, Who brought you out of the land of Egypt, out of the house of bondage. You shall have no other gods before Me."）——重中之重的罪，必将激起犹太世界的人神共愤，遭到众人厌恶唾弃，最终在惨不忍睹的惩罚中走向无人同情的灭亡。这一条路在犹太人之中无论如何是行不通的，因为对于犹太人而言，"上帝死了"，意味着他们也"死了"。"对于犹太人来说，摩西的律法是上帝自身最直接的表达，所以每个人都试图去重新解释它，并且把自己的解释当作权威来加以宣布。"[60] 因此耶稣所能走的、并且实际上所走的也就是第二条路，即不触碰"上帝"，让他依旧威严地矗立在那儿，但是却通过对于这个上帝的重新阐释引申出有别于犹太教的另一种权威性，并以这种权威性渐渐取代犹太教的权威性，从而迂回地推动道德的进步和理性的复苏。"一个教师，如果他立意替他的人民作更多的事，而不只是对这些命令（犹太教的律法）作一种新注释，如果他打算使得它的人民相信那传统的教会信仰是不正确的，一定有必要把他的主张放在同样权威的基础上。单单提出诉诸理性的那就会相同于向鱼宣教，因为当时的犹太人还没有足够智能人是理性的要求。当然，在倡导道德态度时，他可以得到人心中不可磨灭的道德命令的声音和良心的声音的帮助；而这个声音本身就可以减低教会的权威信仰的优势。但是如果道德感完全采取了教会信仰的方向，并完全和它混合在一起，如果教会信仰完全地、彻底地控制了心灵，并且如果一切道德都建筑在教会信仰的基础上，以致产生一种虚假的道德，那末〔新起来的〕道德教师没有其他可供选择的办法，他就只好以同等的权威、神圣的权威来反对教会信仰的权威了。"[61] 耶稣就是这个道德教师——"犹太人由于丧失了自主的能力，因此也丧失了对于自身理性的清醒意识。因此耶稣不得不借着人们对他这个个体的信仰，引领着他们重新恢复他们的自主性。"[62] 诚然，权威是他所深恶痛绝的对象，恨不能连根拔除而后快，但是当权威本身成为他铲除犹太教那生硬冷漠的教会信仰所唯一可以动用的有效方式时，他只能无可奈何地用新的权威来武装自己，去应对并还击旧的权威，希图在这样的转变过程中，他原本的主要目的——德性，能够通过新的权威的树立一并得以复兴。固然，耶稣所走的路在他当时的处境下是合理的，他的目标也在相当大的意义上获得了实现，但是当"道德"依赖着"权威"同步前行，"权威"也难免会在不经意间裹挟了"道德"，主与次、本质与形式虽然在定义者的字典里具有着鲜明的差异，但是在运动变化的现实中，却往往分界模糊，或者因为本质的深邃玄奥、形式的通俗易懂而被本末倒置，进而成为一台独角戏——只有形式在台上手舞足蹈。这也是活生生地发生于耶稣宗教之变迁中的历史实况。

耶稣要"担负起把宗教和德行提高到道德，并且使道德恢复它的本质——自由的任务"[63]，就必须首先树立起一个足以与犹太教的教会信仰势均力敌的权威。不难看出，"犹太人是不能够基于他们自己的努力而创造一个信仰的，也是不能够根据他们自己的本性而建立一个信仰的。因此耶稣之所以能赢得他们的信赖和注意主要应归功于他的那些奇迹。……没有什么东西曾经像对奇迹的信仰那样有助于使得耶稣的宗教成为权威的宗教，有助于把整个宗教，甚至关于道德的教训，都建筑在权威上面。"[64] 原本，耶稣希望人们都能自发地意识到，人的内在道德力量，人心对于良知的自发偏好，就是体现上帝之真善美的最佳显示屏。然而犹太教当时的情况恰恰正是人们对于道德良知的普遍冷漠和无动于衷。所以，"虽说耶稣要求信仰，并不依靠奇迹的力量，而是依靠他的教训的力量，虽说永恒真理，如要具有必然、普遍的效准。其本性只能基于理性的本质，而不是基于外部世界的现象上面，〔因为〕这些现象在理性看来只是偶然的事件，但是人们要遵循道德义务的信念现在却采取了如下的道路：忠实地、真诚地接受奇迹成为信仰创造奇迹的人的基础，并且是他所以有权威的根据。他的这种权威成为作出道德行为的义务的基本原则。"[65] 换言之，人们始终相信包纳万象的上帝必然需要某一种特殊的形式来揭示自身的存在和智慧，而这种形式之所以能称为"特殊"，就在于它是异乎寻常的、非平凡人所能及的，或者说，它必须挣脱日常生活中的逻辑链，必须高于每一个人的理智理解力，必须包含着鲜明的神圣性，而在这里对于"神圣性"的判定即以对于"人性"的"否定"或者说"超越"作为其标准，也就是说，在人们的思维中存在着这样的一个固定模式：一旦是人性的，必然不可能是神圣的；神圣性必然是脱离于人性的，而且距离人性越远，则越神圣，越接近上帝。人们"期盼神能够对于人的每个善良的冲动、每个较好的计划和决定有所启示。他们把这些东西看成神的工作，不是在这种意义上，即不是像斯多葛派那样把每一件善事归功于神，因为他们认为他们的灵魂是具有神性的，是神放射出来的火花，而是在这种意义上，把它们看作在我们之外的一个存在的工作，我们并不是这个神圣存在的一部分，神是远离我们的，我们和神没有共同的东西。"[66] 所以神的存在不会出现于我们人类所熟悉的生活场景中，而必然是以一种意外、一次惊奇：奇迹正好符合了这所有的一切特点，满足了人们对神的想象和期盼。"故而，对于奇迹信仰者来说，奇迹并不是与理性相矛盾的东西，毋宁是某种完全自然的东西，因为奇迹不外是上帝的万能之理所当然的结果，而在他看来，这上帝的万能同样也是非常自然的观念。故而，对信仰者来说，肉体从坟墓中复活是既明白又自然的，就像太阳落山后必将重新升起，冬天过后春天必将复苏，种子播下去必将生长出植物一样。"[67] 耶稣试图通过"那些惊人的奇异现象……来唤醒那些听不见道德呼声的民众，……耶稣同时代的人的许多观念，例如他们对于一个救主来临的盼望、他们用复活的象征表示〔灵魂〕不灭、他们把严重的、不可救药的疾病归之于某一强有力的恶魔的影响等等，都只不过被耶稣利用，一方面因为它们与道德没有直接联系，另一方面其用意在于赋予它们以较高尚的意义。"[68] 然而，这条通过相信个人奇迹和权威以达到道德的迂回路线……使得目的地比它实际所在的地点更为遥远，并且容易使旅行者在其绕许多弯路和经许多疏散的中途站时完全迷失道路〔的方向〕。但这还不是它的唯一的缺点，此外它还会损害道德的尊严，因为道德是独立的、不承认自身以外的任何基础的，并且坚持其为自身满足、自身根据的东西。"[69] 在依赖于奇迹的效果来建立耶稣之权威性的迂回路线中，道德从原初的万向之宗，不知不觉退化为权威性生产过程中的一个副产品，它成了依附在权威性这堵高墙上的青苔，其存在寄托于权威的有效性，没有了权威的保障，它只是脱落、干枯。道德本是一个安顿灵魂之平和的归宿、精神之高贵性的源头，现在却降格为面对种种奇迹之戏剧性的夸张表演，出于对神圣不可把握之力量的惶恐而被迫接受的自我压抑。人们的确是自愿承担这种压抑的，但是这并不是因为他们在自身理性的恍然大悟中，最终挖掘到了人类高尚的道德情操里所饱含的神圣性，或者体会到了在上帝赐予人类的美德中所糅进的深切的圣爱，而是因为在他们惊叹于奇迹非凡效果的同时，他们也在估算着这样的效果一旦变成一种惩戒的强力，对他们的不义之举加以回应时，将是多么地可怕而绝望！估算的结果，就是对于强力的屈服，既然是"屈服"，便是不由自主地被迫接受本不愿意承担的东西，道德就是在这样的情形下，跟着这一股强力被附带地塞给了人们，而道德自身所泛溢的关怀和爱的精神也因为这股强力而丢失了其原有的温柔亲和，变得跟权威一样不可违逆，一样沉甸甸令人窒息。在这里，人们的道德并非出自本心的夙求，而是兑换自身之安全感的“代购券”；不是奉献，而是交易；不是由于爱神或者爱人如己的动机驱使，而是为了明哲保身的世俗目的而支付的赎金。“他们现在之尊敬道德教训只是由于尊敬教师，他们之尊敬教师只是由于他的奇迹。”[70] 在奇迹的作用下，道德获得了表面的遵奉，却丧失了其真正的尊严——奇迹帮助耶稣的权威赢得了胜利，却也同时腐蚀了道德的光荣。毫无疑问，奇迹在基督教演变为一个权威宗教的进程中负有不可推卸的责任，而这一点在追根溯源后直接归功于耶稣本人对于奇迹的动用，他当时启动奇迹的时候，或许背后交织着很复杂的理由，或许那在当时只是他的权宜之计，然而这却实实在在地被作为一个关键的权威因素深埋进了基督教的根部，时刻地牵连着基督教此后的发展。从哈里斯先生（H. S. Harris）对于黑格尔就奇迹与道德之间的关系的解释来看，他认为黑格尔持有这样的观念，“如果不从人们信仰耶稣、把他当成一个权威者或者一个后备的强大力量支援的角度，而从信仰的效果来看，如果人们对于耶稣所施行的神迹的信仰确实促使人们把耶稣作为一位道德楷模去效法，那么这样的信仰也是健康的。但是事实上，这样的通向德性的‘迂回’道路却产生了其他的效果，一方面，由于神迹备受关注，德性的道路反而受到干扰，没有成为这一历程的最终目的地；另一方面，神迹使得人们过于谦卑，以至于不敢相信自己拥有使得自己具备德性的能力——因而，神迹根本不能够引导人们到达德性这一目的地，因此神迹被黑格尔作为彻头彻尾的迷信成份而厌弃。”[71]

此外，犹太人对于他们的圣书——“旧约”——的无可撼动的信仰，使得他们始终抱有一种“对于一个救主的来临的希望，这救主据说具有权力作为耶和华的全权代表，他有使命从基础上重新建立犹太人的国家。任何不同于已写在犹太人的神圣经典中的教训只有出诸救主之口才会得到他们的接受。”[72] 正是基于这样的对于犹太人的深刻认识，使得耶稣面对法利赛人的诘问时声称：“莫想我来要废掉律法和先知；我来不是要废掉，乃是要成全。”[xxxv] 他表明他不是犹太教的叛教者，也不是背弃上帝的教训，而是要更完善更彻底地将上帝的法的精神发扬光大，使这种精神在原有的犹太神圣经典的基础上得到更高阔的提升，可是他为什么会有这个资格去担当这样的使命呢？

因为耶稣是"基督，是永生神的儿子"^{xxxvi}，是"犹太人的王"^{xxxvii}，他就是犹太人众望所归的救主。由此，耶稣脱离了平常人的层面，其身份乃是"弥赛亚"，神的儿子，同时自身就是神。这样的人格，映衬在神性的光环下，使他得到了人们不同寻常的尊敬，"当时许多犹太人和耶稣的大多数较亲近的朋友之所以听信他的话，主要地是基于他可能就是这个救主，并且不久就会表现他自身在他的伟大里。耶稣也不便否定他们这种假想，因为他们这种假想正是他可以打进他们心里的不可缺少的条件。"[73] 正是在这样的一个平台上构建起了他的道德夙愿。事实上，"这样的角色与耶稣自己的福音书对自身角色的设定截然相反；但是他在世的时候，他没有逃脱犹太传统中固有的思想模式（对于'弥赛亚'救世主的期盼），而死后，他也是因为被作为一个救世主而死所以被神圣化为一个新信仰的至高偶像。"[74] 因此当道德无法在人们的内心激起任何情感的波澜，耶稣就只能通过上帝的声音间接地掀动层层道德的涟漪。人们不尊敬道德，但是人们尊敬上帝，也尊敬他这个上帝所喜悦的独生子，从而顺带着开始注重这个独生子所倡导的道德精神。所谓的"一人得道，鸡犬升天"，重重叠叠的连带关系使得道德变成了一个附加的条件，变成了出自耶稣之口的教训。"耶稣要求人们注意他的教训，不是因为这些教训适合于人们精神的道德需要，而是因为他们是上帝的意志。耶稣所说的话与上帝的意志的符合和他自己的声明：'谁相信我，他就相信天父'，'除了天父教导我的东西以外，我不教导你们任何别的东西'（这一点特别在约翰福音里是主要的和一再重复的观念），就给予他以权威，如果自己没有这种权威则他的那些教训就不会为他同时代的人所易于领会，无论他对于道德的价值的看法宣讲得如何雄辩。"[75] 并非因为道德本身实际上有多么举足轻重，而是因为耶稣说它是重要的，既然耶稣是上帝的儿子、是神，那么他的教训就是上帝的意志、神圣的教义，那么它们就理所当然地应当被视为"重要的"，应当被尊重和奉行，于是人们开始履行道德。耶稣"或许曾经意识到他和上帝之间有一种纽带，或者他也许仅只认为那潜伏在我们内心中的〔道德〕规律即是上帝的直接启示，或者一个神圣的火花，而他确信他所教导的纯是这个道德律所规定的东西也许会促使他意识到他的教训和上帝的意志的符合"[76] 本人很清醒地知道他对自己人格的定位，把自己包装成一个具有人形的神，"只是为了反对或抵制犹太教的那些权威性的教义"，而不是把自己提高与上帝平起平坐，从而谋求某种世俗意义上的得胜，但是客观上，他确实"不得不总是抬出他自己（这位道德宗教的导师）来现身说法"，也确实掀起了一场造神运动，领导这场运动的人是他，被造的神也是他。

另外，值得一提的是，耶稣对于自己所具有的神性的确认，也有很大程度上源于外在环境的险恶。"即他已经走近了他的安全、他的自由、他的生命都遭受危害的边沿。这种对于个人命运的紧张情绪迫使他常常捍卫自己，解释他所选择的生活方式的用意和目的，并且把提倡单纯的公正与提倡对于他个人的公正联结起来。"[77]"神"的身份，虽然引起了法利赛人的极度痛恨，但同时也提供了一个有效的"护身符"，保障着他的安全，使得人们迫于他的"神"的身份的威慑而不敢轻举妄动。他要弘扬道德的精神，前提便是保证其肉体的平安无事，在这一点上，耶稣是清醒而明智的，否则单凭一时的浩然正气所激荡的冲动，除了成就一刹那的个人英雄气概，根本撼动不了长年累月、根基稳固的犹太教传统之权威。

再者，耶稣个人身上所弥漫的"温良恭俭让"的气息以及在面对挑衅时不卑不亢的智慧和坚定立场为他积累了极其闪亮的人格魅力。在他传布道德教训的过程中，"他自己的道德品格有着极大的重要性，缺乏这个因素，则他所说的话将会冷淡枯燥，没有力量。所以在这一事例里，……导师的人格较之宣扬他所教导的真理实际所必需的程度更占重要的地位。"[78]承认耶稣所倡导的道德精神时，在很大程度上乃是被耶稣个人的人格魅力所折服。对他的敬仰和爱戴，起到了"爱屋及乌"的效果，道德理念因而顺势被人们接纳。并且对于耶稣个人的兴趣使得人们"把关于上帝意志的知识和服从上帝意志的义务完全建筑在耶稣的权威上面，并进而把承认耶稣的权威当作神圣意志的一部分，因而也就当作一种义务。其结果就是把理性纯粹当成一种接受的力量，而不是一种立法的力量。"[79]耶稣高于常人的道德境界，使得耶稣在人群中显得出类拔萃，充满圣洁的气息；同时，"耶稣向世人传道，要他们以宽恕作为通向与生活和解的途径，而他本人已然接受并且宽恕了他自己的命运"[80]不可否认，作为一个个体，耶稣的命运相对于常人的命运，算得上历尽挫折和苦难，因此以一颗平常心而言，确实更难以被彻底释怀，所以耶稣在面对这样的命运时身上散发出的淡定和从容，更凸显了他的不凡人格。另外，"耶稣的人格，即使独立于他的教训之外，由于他的生平和他的惨死也必定会更具有无限的重要性，必定会吸引人的注意并抓住人的想象"

(81)，这些非同寻常的事件堆砌在耶稣的人生历程中，不但增加了传奇性和神秘感，更为他的神圣性增添了不少可圈可点的例证，为其权威铺设了更为稳固的基石。于是，在耶稣这里，虽然道德精神始终是他所言所行之终极指向，但是他所处时代的大环境却迫使他不得不把那原本完整而全面的道德体系击碎，揉搓成粉末，稀释成涂料，刷在权威性这面高墙的表层，通过这种方式，耶稣希望犹太人长久以来对道德紧闭的双眼能够重新睁开，至少在瞻仰权威性这面高墙时，能够在不经意间，顺带地意识到高墙外所包裹的道德的美丽色彩，然而权威性的外层是潮湿的墙面，道德的缤纷会随着时间的流逝而渐渐退色，等到耶稣死后，权威性依然是权威性，高墙矗立；道德却面目全非，成为了一堆被遗弃在墙角、被时间的灰尘层层覆盖的陈旧记忆。

（一）来自使徒们的权威性因素

　　"耶稣并没有把他的宗教教义提高成为一种具有一套自己独特的宗教仪式的特殊宗教；其所以达到这个结果乃依靠他的朋友们的热情、依靠他们理解他的教义的方式、依靠他们宣讲和传播他的教义所采取的形式，依靠他们对他的教义所提出的要求，并且依靠他们提出来支持他的教义的论证。"(82)
不可否认，耶稣正是因为对于犹太教中那无法摧毁的权威深恶痛绝，才决定采取"移花接木"的策略，把他的道德立场建立在犹太教的上帝观念中，从而用一种不易察觉的渐进方式，使得上帝观念在犹太人心目中逐步演变的同时，道德也随之渗透蔓延，最终可以根深蒂固。与其说这一切是无心之为，不如说它是耶稣精心安排策划的一个计划，对于这个计划的副作用——一个新的权威的产生，耶稣是意识清醒的，并且这也是他在整个计划的操作运营中所不可逃避的一个现实，同样也是不得不偿付的一个代价。道德在当时的犹太社会中不可能成为一个独立的要素被人们重视遵循，它只能先是跟从着上帝这个权威、后来则是跟从着耶稣这个权威走进人们的内心世界，或者说，道德和权威从一开始就注定是相互绑定的交易条件，道德要得以实现，就必须要依赖权威，同时，耶稣之所以要高举上帝的旗帜、自诩具有神圣性，这一权威性的树立，最终的目标乃是换取道德的立足。对于耶稣本人来说，建立在他个人身上的权威，在当时的犹太社会中，没有给他带来任何的实际利益，除了为他赢得了更多的尊敬或者敬畏，只剩下难以澄清的误解和席卷而来的迫害。所以在耶稣的权威上，与其说他得到了公认的盛名和众人的膜拜，不如说他把自己作为了一个牺牲品，放到了祭奠道德的圣坛上。而在心灵深处真正受到他的感染的人们，铭记的也是那一份"抛砖引玉"的自我奉献和自我牺牲，因为这一血的代价，为的只是唤醒人们心中的德性，使得人们能够倾听内心道德的声音，做一个有良善品性的人。所以耶稣说："神的国来到，不是眼所能见的。人也不得说：'看哪，在这里'，'看哪，在那里'；因为神的国就在你们心里。"xxxviii可是，等到耶稣离世之后，作为基督教之权威性核心的"耶稣"并没有离世，权威性依然存在，并且在他的门徒们那里得到了更为广泛的扩张，"耶稣"的名开始在世界上四处传播，但与此同时，他的道德精神的传播速度和力度却远远没有跟上他的声名，附带着"基督徒"名号的作恶者比比皆是，很多人一边在耶稣受难像前流着虔诚忏悔的泪，一边却在不遗余力地全面压制摧残着仁爱和美德。耶稣死后，传道的任务便落到了与他最亲密的门徒们肩上，他们作为和耶稣朝夕相处的朋友、见证他的人生历程的同伴，也成为了耶稣的道德精神的继承者，遗憾的是，他们对于耶稣的道德精神的继承，似乎没有像对于耶稣之权威性的继承那般忠诚负责，因为在门徒们传布耶稣声名的过程中，两个趋势呈现着鲜明的反差，一则耶稣的权威声誉被得以承认、宣扬、敬拜，甚至发展成一套包罗万象的体系，甚至"提出了一个外在的象征——受洗——作为一个区别的标志，把两个权威性的东西——信仰和受洗——当作得救的条件，并且指责不信仰的人有罪"[83]；二则道德精神的沉陷，僧侣们"为了使他们自身作为贫穷和待助贫穷的人，变得更富有起来，他们便使得世界上其余的人都成为乞丐"，"街头上过夜的懒惰的流浪汉在许多情况下，比那些勤劳的技工人员反而日子好过得多"[84]；人们在教会的仪式中似乎幻觉到"上帝面前人人平等"，但是走出教会，却发现原来的阶级和阶层的区分依然是那么不逾越的鸿沟；圣餐礼仪里，原本对于耶稣之自我牺牲精神的纪念逐渐转变为没心没肺的豪宴，人们喝葡萄酒、吃饼，但是却只是抱着一颗麻木不仁的心，进行着这样的动作罢了。

这种形式的繁荣和本质的丧失究竟原因何在？目光再一次投到门徒们身上，问题于是产生："耶稣的门徒们的性格和能力如何？他们与耶稣的关系（由于这关系的结果使得耶稣的教训成为一个权威的宗派主义）怎样？"[85]

关于门徒们的性格有"以下几点似乎是确定的：即他们有突出的忠实、卑谦、友好诸美德，他们有突出的勇气和坚定性来公开承认他们老师的教训"

(86)，另外"耶稣的门徒曾经牺牲了他们一切的利益，虽说这些利益是有限的，并且放弃它们也并不是很困难的；但他们却舍弃了一切东西来作耶稣的追随者。"(87) 像这样忠厚老实又专心致志的一群人，又怎么会促使耶稣的宗教向权威的方向愈演愈烈呢？无论如何，耶稣的门徒们都是生活在当时的时代境遇中，他们的生活轨迹从未真正踏出过犹太社会半步，而且从圣经的记载来看他们都出自于没有接受过良好教育的社会底层——地域上的局限，外加思想教育上的浅陋，使得他们的性格只是在最肤浅的层面上保持着"善"，即这种"善"如同未经任何世故的儿童的"纯真"一般，其稚嫩和脆弱决定了这样的"纯真"只有在"温室"的恰当恒温下才能保持原味；一旦温室被拆除，寒意骤降，则稀稀落落、鲜有留存。带入坟墓的"纯真"远远比出自摇篮的"纯真"更能彰显人道的圣洁光辉。当所谓的"美德"不能够经历风雨而彩虹依旧，则这种"美德"本身就是一种妄称，或者说，真正的善只有在恶的频繁侵袭下依然保持岿然不动，才有资格为自身而骄傲。狭隘的生活空间和千篇一律的生活内容，给门徒们的"善"涂上了"掩护色"，与其说那是他们的本真状态，不如说他们没有任何机会和勇气去了解甚至实践他们除此之外的其他性格侧面，更进一步说，由于他们的理性在犹太教的严苛权威下失去了自由和独立，也就失去了自我判断的能力，律法就像一个模具，当每一个犹太人被割礼仪式中的快刀在身体上刻画下信仰标记的同时，他们的灵魂也被律法的快刀切割成了统一的模样——对上帝的"忠实、卑谦"，对本民族犹太教中其他信徒的"友好"，"有突出的勇气和坚定性来公开承认他们"是上帝的选民，他们遵从摩西以来的律法。由此可见，这些被赞美的品德，未见得就是他们的本性，或许一定意义上也未尝不可理解为一种久而久之被教化出来的惯性，一种不自知不自觉的机械式的顺服。当然，由于门徒们的数量不止一个，不能轻率得全盘否定他们具有源于内心的德性。但是正是这样一些忠诚可靠、最直接地聆听耶稣谆谆教导的门徒，却同时也是为了"天国里谁为大"而争吵不休的人[xxxix]，也是凭着对于耶稣奇迹的惊叹，而不是对他的美德的惊羡而断定其神圣性的人[xl]。更何况，耶稣在世的时候，为数不多的亲密门徒里，还有一个"犹大"。犹大之所以最初被耶稣拣选为十二门徒之一，必然也具有着与其他门徒无二致的忠实可靠，但是他最后的背叛行径[xli]却是对这种善良性格的彻底否定；另外，甚至连耶稣最知心最信赖的使徒彼得，也在耶稣身陷危境时三次否认与耶稣的关系[xlii]。门徒们性格中的

“善良”在现实的严厉考验中得到了清晰的验证，他们抛弃了物质生活中的一切跟从了耶稣，却抛弃不了蛰伏在人性中的最原始的贪欲、自私和懦弱；他们舍弃了此世的一切，却希求在彼岸世界收获更大份额的赔偿；他们都接受了洗礼的浸涤，自以为洗去了往昔的罪，却擦拭不了仍然在心中偶或泛滥的欲念。在耶稣这样一个伟大的监护人的看护下，他们尚且如此，更何况这个监护人的离去？他们虽然是耶稣的门徒，却毕竟不是第二个“耶稣”，他们对于道德的领会因为耶稣的督促而生光，却也因为耶稣的死亡而黯淡。他们不是自主地投靠了主观上深切认同的道德，而是被耶稣的人格魅力带动，浑然不自知地实践着客观的道德。他们并不是追求与耶稣在精神上的契合，也没有循着耶稣的思路去挖掘埋在其一切宗教行为之下的道德根基，“他们所熟习的活动范围是很狭窄的，他们以技术人员的通常方式去学习并勤勉从事于他们的〔宗教〕业务”，“耶稣扩大了一些他们的眼界，但是并没有超出每一个犹太人的观念和偏见。缺少自己精神力量的丰富储备，他们把他们对耶稣的教训的信仰的基础主要建筑在他们同耶稣的友谊和对耶稣的皈依上面。他们没有依靠他们自己的力量去获得真理和自由；只是通过艰苦的学习，他们才对真理和自由得到一种朦胧的观念并得出某些〔简单的〕公式。他们的抱负是忠诚地掌握和保持这个教义并同样忠诚的不增不减地把它传授给别的人，他们自己不作任何加工，甚至在细节上也不作任何改变。”[(88)] 然而，对某一事物的信仰一旦在永不停息的时间流变中保持僵死不变的样式，它就极有可能造成与其原初动机背道而驰的结果；它会因为自身的生硬顽固而从一个透着鲜活生命力的新事物沦为一股死气沉沉的、不合时宜的、妨害精神不断地向更高处迈进的阻力。耶稣开阔了门徒们的眼界，却无法拓宽他们的心胸和思维，他们对于耶稣的追随所达到的最佳状态便是一字不改地复述耶稣的教诲、重复耶稣的教义，而没有在时代的变更中开阔其应对现实新问题时的道德标准，也没有在原有的道德标准基础上根据新的时代精神采取任何相应的变通。耶稣的死亡，牵带着基督教精神的死亡，此后的变更只是表面上具体传道人员的变更或者教会权利执掌方的变更，精神没有更新，更没有升华。在耶稣那个年代，由他个人掀起的对于道德的重视已然达到了它的顶峰，在他死后随着时间的推移反而趋向没落。这里值得一提的是，耶稣为了道德理想而不惧与天下为敌的勇气和“有人打你的右脸，连左脸也转过去由他打”[xliii]的博爱精神是他的门徒们没有学会的，他们对于耶稣的教导生搬硬套、不加入任何创造性，固然有一方面的原因在于他们对于耶稣之神性的敬畏，任何的改动都可能被视为对其神圣教义的篡改；但是另一方面也不可否认，出自任何人的改动都意味着这个人将承担更多的责任，也将在相当程度上背负更多的挑剔或者指摘。耶稣是犹太人中的特例，他敢于站出来与时代的主流搏击；他的门徒们却没有脱离普通犹太人的秉性，怯懦和服从是他们性格的主导面。他们会坚定地跟随一个强大的精神领袖，自己却不会成为一个独当一面的精神领袖，他们取自犹太教的那种对于权威性根深蒂固的习惯和依赖照旧如常。于是，"任何凡是可以证明是耶稣的教训的东西……都当做'上帝'意志，……耶稣的教训被认为是某种与得救或得罪联结在一起的东西。甚至道德的教训现在也在权威的名义下被当作义务性的，这就是说，不是从其本身的价值，而是因为出自耶稣的命令，因而它们失掉了道德教训的必然性的内在标准，并且被放在与其他每一权威的、特殊的命令、与基于环境或单纯的谨慎而提出的每一外在命令同等水平之上。"[89] 一半的惰性，一半的胆怯，再加上对于道德精神的迷惘，门徒们在这样的迷失状态下把基督教推向了犹太教的旧途——换汤不换药——上帝的律法变成了耶稣的道德准则，"权威"被唤作一个新的名字，但是不论这个名字是什么，它都姓"权威"；人们的不自由状态最终还是没有得到缓和或者解放，他们只是被驱赶着从一个牢房奔进另一个牢房。

　　同时，"十二"——这个使徒的数目，使人不禁联想到犹太民族的十二个支派，仿佛冥冥中这个数字的确定就暗示着这十二个人将肩负起引领犹太民族未来之走向的重要历史使命。特殊性往往意味着特权性，而特权性又精确地迎合着每一个人内心深处的自傲感，尤其是对于原本不名一文、一无所有的草根阶层。他们在现实世界中的一贫如洗，令他们更为狂热地渴望着有朝一日腰缠万贯、荣登高位。原先对于他们而言，这只是一种不切实际的空想，也就是白日做梦式的一瞬之念；但是耶稣这个神人的出现以及他对于他们的拣选，甚至用"十二"这个数字预示着他们将来的荣耀，就使得门徒们"自己感觉到受了〔特殊〕召命来担负起在地上建立天国的责任。"[90] 所以他们之所以放弃一切世俗生活，而一心追随耶稣左右，并不应当被完全理解成是出于为了道德精神的实现或者为了人间大义而牺牲小我的高尚品格，或许与他们争论"天国谁为大"这个事件更为吻合的一种解释乃是他们本没有什么可以放弃，因为他们一无所有，但是他们期望获得更多，而"收获更多"

的想法在耶稣的身上得到了某种应许，所以他们舍弃了现有的一切，把生活的方方面面作为赌注押在了耶稣的身上，而一旦这个注押对了，他们赢得的将是天国里更高的权利、享受的是永恒无限的富有。所以这个数字的设定可谓后患无穷，"把最高的地位限制在特定数目的人里，其结果就是赋予高级地位给某些个人，这在基督教教会以后的制度方面越来越重要，当教会扩展的越来越广时。这就使得〔宗教〕会议成为可能，这个会议按照多数人的决议宣布真的教义，并且把它们的命令强加给世界作为信仰的准则。"[91] "正如黑格尔本人所说的，这样的程序和方法仅仅是用于对于权威宗教的扩张，却并不适应于美德的传播。"[92] 特权意识是一个无法填满的权利深渊，其必然后果就是专制制度，而且历史用事实向我们验证了这种专制制度在基督教此后的发展过程中曾经达到过如何难以控制的疯狂局面。

但是不可否认，门徒们对于他们的教师和朋友耶稣是怀着深爱的，老师的离世也确曾在他们的心头造成重创，使他们悲愤交加、痛苦异常。在此后基督教的成长中也不乏义无反顾地承担起布道的任务，在世界各地忍辱负重地传布道德精神者，或者直接用自己的知识甚至生命来实践耶稣的人道关怀的奉献者。但是，"爱"并不是一种可以被教化的东西，更多时候它在于真正的理解和自愿的分担——一种理解和基于理解的同一感。"耶稣的爱不是狭隘的自爱——对于统治与支配的欲望——而恰恰是一种与整个生命、与上帝，与整体生命之'父'和解，实现一种统一的意识。"[93] 反过来说，把耶稣的宗教推崇为权威宗教、使得他的宗教在世界上占有最高的宗教支配权，并不是对于耶稣的爱的回报或传扬，相反是违背了耶稣的道德理想，甚至可以说是以耶稣为招牌，借道德之名，行不道德之实，而这恰恰也是以爱的名义犯忘恩负义、背信弃义之罪。

小 结 异化的产生

黑格尔用相当长的篇幅思考着使得基督教离开其原初的目标，从一个道德宗教堕落为权威宗教的根本原因，而且在作这一思考的同时，他竟然发现道德的本质是如此自然而然地从"尊重义务和行为的精神"[94]，变成了服从教义所指示的义务和行为；当耶稣一心要"重新唤醒〔人的〕道德感，影响〔人的〕精神态度"[95]，从而用道德的精神取代犹太教中被迫服从的律法时，最终所取得的效果却只是把上帝所建立的"律法的权威"改造成了耶稣所建立的"道德的权威"。耶稣的本意乃是恢复被律法剥夺了自由的良知的自觉，乃是把道德推回到其原本所在的位置，即人心的自律性，但是奇怪的是，最后仍然不可避免地变成了这样一个结局：耶稣的"道德"没有解放人心的自由，反倒成了固定的条条框框限制了人心去争取自由。如果说犹太教的权威对人性的压抑在于它的律法，那么耶稣的"道德"在其历史演变过程中也成了"律法之外的律法"，因为其效果无例外地约束着理性的自由和独立。对于黑格尔而言，这是一个非常令人痛苦和无奈的结论，因为所有的论证不论从哪一方面来看，都难以逃脱那最后的死胡同，即一种本质的疏离和悖逆。这仿佛是一个终极宿命，就好像自然万物的"生"注定了走向"死"，人类社会也只是在一个接着一个的、挂着不同商标的权威性之中徒然地打转。"伯尔尼时期黑格尔神学思想的最显著的特点就是对立，这种对立仍然采取了一种知性的反思形式——对立双方处于一种不可调和的、绝对的敌对状态中，并且分别代表着伦理学意义上的善与恶。"[96] 这种决然分裂的对立，支配着一切，而且恶的魅惑力量显然大于善的道义力量，这不得不使内心有着"惩恶扬善"之正义理念的黑格尔倍感折磨，而人类社会似乎也就如此这般无可挽回地在这条不归路上走向最终的悲剧。

　　如果说黑格尔的思考到此为止了，那么他低估了人类社会之无穷绵延的内在力量；如果我们以为在这样的对立状态中，黑格尔无法找到其出路，那么我们低估了黑格尔对人类社会的敏锐洞见。因为不知不觉中，在《基督教的权威性》这个文本中，黑格尔的"异化"（Entfremdung）观念已经初露端倪，而基督教从道德宗教向权威宗教的演变正是一个典型的"异化"过程，即活动着的主体所外化出的客体再反过来压迫主体的过程。权威性和异化是一种共存的关系，"权威性"催生"异端"、"异端"为了抗击"权威性"而异化为新的"权威性"，新的"权威性"又刺激着新的"异端"的产生，新的"异端"又在反对"权威性"的过程中异化又一个"权威性"。这种周而复始的死循环永无止尽，也分不清楚"权威性"和"异化"谁是因谁是果，就如同"鸡生蛋、蛋生鸡"一样，我们能看到的只是一种运动，而没有一个明确的开端或终点。"运动"，对于黑格尔而言就是引导他突破这个死循环的一线曙光。"运动"就是辩证法的理论根基，也是突破人类黑暗的悲剧命运的有力一击。

在《基督教的权威性》一文中，虽然耶稣以道德精神的复兴为己任，被迫把道德的实现诉诸于权威宗教的建立，但是他所建立的权威宗教却也凿实成为过历史上最不道德的专制制度，所以耶稣仍然不能推卸掉他的责任——基督教之异化的始作俑者。但是随着黑格尔思考的深入，耶稣的这个形象在他的文本中也伴随着其对于"运动"观念的关注而发生着运动。对于辩证法的发现和认识，使得黑格尔的思想呈现着一种前所未有的豁然开朗，他因此抛弃了跟随他多年的"绝然对立"的观念，他用一个全新的角度来探讨一个恒久的话题——基督教的精神及其命运。

注释：

（1）克罗蒂斯·克列尔·《生活的艺术》（M）·沈鸣鸣等译 ·江苏： 江苏教育出版社，2006：1-250·

（2）黑格尔·《黑格尔早期著作集》（M）·贺麟等译·北京：商务印书馆，1997：254·

（3）黑格尔·《黑格尔早期著作集》（M）·贺麟等译·北京：商务印书馆，1997：254·

（4）黑格尔·《黑格尔早期著作集》（M）·贺麟等译·北京：商务印书馆，1997：337-338·

（5）宋祖良·《青年黑格尔的哲学思想》（M）·湖南：湖南教育出版社，1989：45·

（6）H·S·Harris·Hegel's Development:Towards the Sunlight 1770-1801（M）·Oxford：Clarendon Press，1972：207·

（7）宋祖良·《青年黑格尔的哲学思想》（M）·湖南：湖南教育出版社，1989：32·

（8）宋祖良·《青年黑格尔的哲学思想》（M）·湖南：湖南教育出版社，1989：32·

（9）宋祖良·《青年黑格尔的哲学思想》（M）·湖南：湖南教育出版社，1989：33·

（10）宋祖良·《青年黑格尔的哲学思想》（M）·湖南：湖南教育出版社，1989：33·

（11）叶秀山等·《西方哲学史（学术版）》（M）·第6卷-德国古典哲学·江苏： 江苏人民出版社，2005：436·

（12）黑格尔·《黑格尔早期著作集》（M）·贺麟等译·北京：商务印书馆，1997：227·

（13）黑格尔·《黑格尔早期著作集》（M）·贺麟等译·北京：商务印书馆，1997：229·

（14）黑格尔·《黑格尔早期著作集》（M）·贺麟等译·北京：商务印书馆，1997：308·

（15）黑格尔·《黑格尔早期著作集》（M）·贺麟等译·北京：商务印书馆，1997：307-308·

（16）赵林·《黑格尔的宗教哲学》（M）·武汉：武汉大学出版社，2005：81·

（17）费尔巴哈·《基督教的本质》（M）·荣震华译·北京：商务印书馆，1997：45·

（18）罗德尼·斯塔克·《基督教的兴起》（M）·黄剑波等译·上海：上海古籍出版社 ，2005：257·

（19）Frederick C. Beiser · The Cambridge Companion to Hegel（M）· Cambridge ：Cambridge University Press,2006 ：29·

（20）H·S·Harris·Hegel's Development:Towards the Sunlight 1770-1801（M）· Oxford：Clarendon Press，1972：219·

（21）黑格尔·《黑格尔早期著作集》（M）·贺麟等译·北京：商务印书馆，1997：309·

（22）黑格尔·《黑格尔早期著作集》（M）·贺麟等译·北京：商务印书馆，1997：336·

（23）黑格尔·《黑格尔早期著作集》（M）·贺麟等译·北京：商务印书馆，1997：223·

（24）宋祖良·《青年黑格尔的哲学思想》（M）·湖南：湖南教育出版社，1989：49·

（25）H·S·Harris·Hegel's Development:Towards the Sunlight 1770-1801（M）· Oxford：Clarendon Press，1972：223·

（26）黑格尔·《黑格尔早期著作集》（M）·贺麟等译·北京：商务印书馆，1997：337·

（27）黑格尔·《黑格尔早期著作集》（M）·贺麟等译·北京：商务印书馆，1997：338·

（28）黑格尔·《黑格尔早期著作集》（M）·贺麟等译·北京：商务印书馆，1997：309·

（29）黑格尔·《黑格尔早期著作集》（M）·贺麟等译·北京：商务印书馆，1997：339·

（30）黑格尔·《黑格尔早期著作集》（M）·贺麟等译·北京：商务印书馆，1997：340·

（31）黑格尔·《黑格尔早期著作集》（M）·贺麟等译·北京：商务印书馆，1997：228·

（32）黑格尔·《黑格尔早期著作集》（M）·贺麟等译·北京：商务印书馆，1997：341·

（33）Frederick C. Beiser · The Cambridge Companion to Hegel（M）· Cambridge ：Cambridge University Press,2006 ：30·

（34）黑格尔·《黑格尔早期著作集》（M）·贺麟等译·北京：商务印书馆，1997：342·

（35）黑格尔·《黑格尔早期著作集》（M）·贺麟等译·北京：商务印书馆，1997：342·

（36）黑格尔·《黑格尔早期著作集》（M）·贺麟等译·北京：商务印书馆，1997：342·

（37）Frederick C. Beiser · The Cambridge Companion to Hegel（M）· Cambridge ：Cambridge University Press,2006 ：30·

（38）黑格尔·《黑格尔早期著作集》（M）·贺麟等译·北京：商务印书馆，1997：340·

（39）黑格尔·《黑格尔早期著作集》（M）·贺麟等译·北京：商务印书馆，1997：230·

（40）黑格尔·《黑格尔早期著作集》（M）·贺麟等译·北京：商务印书馆，1997：233·

（41）黑格尔·《黑格尔早期著作集》（M）·贺麟等译·北京：商务印书馆，1997：343·

（42）黑格尔·《黑格尔早期著作集》（M）·贺麟等译·北京：商务印书馆，1997：340·

（43）黑格尔·《黑格尔早期著作集》（M）·贺麟等译·北京：商务印书馆，1997：341·

（44）H·S·Harris·Hegel's Development:Towards the Sunlight 1770-1801（M）· Oxford：Clarendon Press，1972：219·

（45）黑格尔·《黑格尔早期著作集》（M）·贺麟等译·北京：商务印书馆，1997：343·

（46）H·S·Harris·Hegel's Development:Towards the Sunlight 1770-1801（M）· Oxford：Clarendon Press，1972：219·

（47）H·S·Harris·Hegel's Development:Towards the Sunlight 1770-1801（M）· Oxford：Clarendon Press，1972：224·

（48）费尔巴哈·《基督教的本质》（M）·荣震华译·北京：商务印书馆，1997：20·

（49）费尔巴哈·《基督教的本质》（M）·荣震华译·北京：商务印书馆，1997：49·

（50）黑格尔·《黑格尔早期著作集》（M）·贺麟等译·北京：商务印书馆，1997：332·

（51）Frederick C. Beiser·The Cambridge Companion to Hegel（M）·Cambridge ：Cambridge University Press,2006 ：33·

（52）黑格尔·《黑格尔早期著作集》（M）·贺麟等译·北京：商务印书馆，1997：230·

（53）黑格尔·《黑格尔早期著作集》（M）·贺麟等译·北京：商务印书馆，1997：232·

（54）罗德尼·斯塔克·《基督教的兴起》（M）·黄剑波等译·上海：上海古籍出版社 ，2005：54·

（55）H·S·Harris·Hegcl's Development:Towards the Sunlight 1770-1801（M）·Oxford：Clarendon Press，1972：217·

（56）H·S·Harris·Hegel's Development:Iowards the Sunlight 1770-1801（M）·Oxford：Clarendon Press，1972：214·

（57）黑格尔·《黑格尔早期著作集》（M）·贺麟等译·北京：商务印书馆，1997：234·

（58）朱维之·《希伯来文化》（M）·上海：上海社会科学出版社，2004：119-120·

（59）黑格尔·《黑格尔早期著作集》（M）·贺麟等译·北京：商务印书馆，1997：227-228·

（60）H·S·Harris·Hegel's Development:Towards the Sunlight 1770-1801（M）·Oxford：Clarendon Press，1972：215·

（61）黑格尔·《黑格尔早期著作集》（M）·贺麟等译·北京：商务印书馆，1997：235·

（62）H·S·Harris·Hegel's Development:Towards the Sunlight 1770-1801（M）·Oxford：Clarendon Press，1972：215·

（63）黑格尔·《黑格尔早期著作集》（M）·贺麟等译·北京：商务印书馆，1997：228·

（64）黑格尔·《黑格尔早期著作集》（M）·贺麟等译·北京：商务印书馆，1997：237-238·

（65）黑格尔·《黑格尔早期著作集》（M）·贺麟等译·北京：商务印书馆，1997：238·

（66）黑格尔·《黑格尔早期著作集》（M）·贺麟等译·北京：商务印书馆，1997：329·

（67）费尔巴哈·《基督教的本质》（M）·荣震华译·北京：商务印书馆，1997：2·

（68）黑格尔·《黑格尔早期著作集》（M）·贺麟等译·北京：商务印书馆，1997：230·

（69）黑格尔·《黑格尔早期著作集》（M）·贺麟等译·北京：商务印书馆，1997：238·

（70）黑格尔·《黑格尔早期著作集》（M）·贺麟等译·北京：商务印书馆，1997：238·

（71）H·S·Harris·Hegel's Development:Towards the Sunlight 1770-1801（M）·Oxford：Clarendon Press，1972：216·

（72）黑格尔·《黑格尔早期著作集》（M）·贺麟等译·北京：商务印书馆，1997：236·

（73）黑格尔·《黑格尔早期著作集》（M）·贺麟等译·北京：商务印书馆，1997：236·

（74）Frederick C. Beiser·The Cambridge Companion to Hegel（M）·Cambridge：Cambridge University Press,2006：30·

（75）黑格尔·《黑格尔早期著作集》（M）·贺麟等译·北京：商务印书馆，1997：235·

（76）黑格尔·《黑格尔早期著作集》（M）·贺麟等译·北京：商务印书馆，1997：235·

（77）黑格尔·《黑格尔早期著作集》（M）·贺麟等译·北京：商务印书馆，1997：236·

（78）黑格尔·《黑格尔早期著作集》（M）·贺麟等译·北京：商务印书馆，1997：234·

（79）黑格尔·《黑格尔早期著作集》（M）·贺麟等译·北京：商务印书馆，1997：245·

（80）Frederick C. Beiser·The Cambridge Companion to Hegel（M）·Cambridge：Cambridge University Press,2006：34·

（81）黑格尔·《黑格尔早期著作集》（M）·贺麟等译·北京：商务印书馆，1997：236·

（82）黑格尔·《黑格尔早期著作集》（M）·贺麟等译·北京：商务印书馆，1997：240·

（83）黑格尔·《黑格尔早期著作集》（M）·贺麟等译·北京：商务印书馆，1997：243·

（84）黑格尔·《黑格尔早期著作集》（M）·贺麟等译·北京：商务印书馆，1997：248·

（85）黑格尔·《黑格尔早期著作集》（M）·贺麟等译·北京：商务印书馆，1997：240·

（86）黑格尔·《黑格尔早期著作集》（M）·贺麟等译·北京：商务印书馆，1997：240·

（87）黑格尔·《黑格尔早期著作集》（M）·贺麟等译·北京：商务印书馆，1997：241·

（88）黑格尔·《黑格尔早期著作集》（M）·贺麟等译·北京：商务印书馆，1997：240-241·

（89）黑格尔·《黑格尔早期著作集》（M）·贺麟等译·北京：商务印书馆，1997：245·

（90）黑格尔·《黑格尔早期著作集》（M）·贺麟等译·北京：商务印书馆，1997：242·

（91）黑格尔·《黑格尔早期著作集》（M）·贺麟等译·北京：商务印书馆，1997：242·

（92）H·S·Harris·Hegel's Development:Towards the Sunlight 1770-1801（M）·Oxford：Clarendon Press，1972：218·

（93）Frederick C. Beiser·The Cambridge Companion to Hegel（M）·Cambridge ：Cambridge University Press,2006 ：33·

（94）黑格尔·《黑格尔早期著作集》（M）·贺麟等译·北京：商务印书馆，1997：260·

（95）黑格尔·《黑格尔早期著作集》（M）·贺麟等译·北京：商务印书馆，1997：260·

（96）赵林·《黑格尔的宗教哲学》（M）·武汉：武汉大学出版社，2005：85·

第四章　基督教的精神及其命运

　　伯尔尼时期的黑格尔看到了"权威性"对于基督教精神的歪曲，它把人们从对德性的诚挚投靠，转变成了困顿于条条框框的教义之中、囚禁在密密麻麻的行为规范之内的无奈之举。也就是在这同一个过程中，人们不知不觉忽略了良知的轻声细语，却把声色严厉的宗教律令错当成了上帝的声音，唯命是从。"人不知上帝，这不好；而最糟的莫过于将并非上帝的认作上帝。"[1]"将并非上帝的认作上帝"，将它作为基督教精神的主旨，并因此而压抑了内在于人心的善的自我觉醒，这就导致了基督教精神的"异化"。广而言之，异化——活动着的主体所外化出的客体再反过来压迫主体的过程——并不仅仅只是出现在宗教的范畴内，它几乎可以植根于每一个存在着人类意识的角落，无论是关乎肉体的还是精神的。这种被厄运死死抓住、无处逃身的绝望感令黑格尔无比煎熬，或许他对于异化的体验和由此带来的痛苦只属于他个人，但是异化在现实生活中甚至思想领域内的浓重影响，不论是否被清晰地认识到，却是不可否认、而且普遍存在的。正是这一种与时代精神的共栖感，令黑格尔在为基督教精神的着落惴惴不安的同时，也为人类的命运惶恐焦虑。人们对于金钱的渴求，往往建立在提高生活质量的美好期盼上，然而当人们为了追逐金钱而不惜牺牲掉家庭的和睦幸福时，这就是异化，因为在这个过程中，人们从"金钱"的支配者堕落为了"金钱"的奴役者；当美好的爱情在占有欲的驱动下点燃了嫉妒的怒火，甚至不择手段、巧取豪夺的时候，这就是异化，因为爱情不再是值得人们全身心投入去享受的最美妙高贵的情感，却是把人还原为了张牙舞爪，面目狰狞的野兽；当工作不再作为生活的一部分内容，却成为对生活本身的压抑时，这也是异化，因为人们在其中体会到的不是生命力每一天积极地新陈代谢的火热运动，而是生命气息的无情流失乃至损耗殆尽。在这种种情形下，人们都发生着潜移默化的改变，即从饱含深情的生命体，变成了麻木不仁的机械物。清醒的理性被遮蔽，美妙的情感被磨平，人们只是在一些外力的驱策下继续着貌似生活的内容。

这一切的源头，都归于黑格尔所处的时代以及此前一直流传至今的那种固有思维模式，即"对立性"。对立性把"生活"变成了"活着"，前者中的人把外在的环境视为自我的延伸，融合其中，共生共息，把自我的生命跃动看成时代脉搏颤动中的一个细节，在他们看来享受生活就是享受自我，而享受自我也就是善待生活；后者则基于人与生活的对立，自我与其生活的图景被硬生生地撕裂，于是生活成为了压力和负担，以及一切不幸的根源，生活挤压着人的生存空间、强制着人的生存意志，个人的一生必须在与生活的不懈斗争中方能证实自我的存活，而死亡作为生命的最后一个苦难夺去了生命的一切，因为连生命本身也在那一刻必然地陷入了一望无际的虚无。对立性粗暴地扯断了所有建立在温暖情感上的联络，它使得你是你，我是我；主体是主体，客体是客体。这样绝然对立的划界，是对情感的剥夺，也是对整体性的否定，于是界限两边的主体与客体都成了孤独的存在者。如果两者之间有任何的联系，则这种联系已经被注定走上和平共处的反方向—— 对抗性，也就是当主体与客体之间无法和谐共处时，其结果只能是两种可能：主体对于客体的统摄，或者客体对于主体的统摄。但无论是前后哪一种被真正实现，其付出的代价都毫无疑问的是—— 自由—— 双方都丧失了自由。当一个人心灵深处的理想世界与现实中的日常生活呈现出悬殊的差距时，两者间的对立性会使得这种差距比它实际的距离更宽阔、更难以弥合，在这个裂口处无法架起任何通行的桥梁，因为它们对于这个人而言是彼此异质而互不兼容的，于是两者在他思想中挣扎着共存一段时间，最终却难逃被筛选的命运。可是不管最后的选择是落在理想或现实的哪一头，换来的只能是一声叹息。现实对于理想的统摄，以理想的被压抑作为条件，理想自然失去了它自由驰骋的土壤，但是它不是唯一的受害者，因为在"压抑"这种关系中"压抑者"（现实）和"被压抑者"（理想），固然呈现出不同的胜败姿态，却因为"压抑"这个关系本身而平等地分有了"受牵制"、"被套牢"的不自由感，就像奴隶受到奴隶主的压迫，而奴隶主自身也受奴隶制这种社会关系压迫一样，两者无一例外、都不能逃脱自我被设定的局限性。而且人们对内心世界中存在着却又不得不时时刻刻克制住的那一股力量往往抱有一种不自觉的同情，所以当现实击败了理想，成为生活的主色调时，胜利属于现实，光荣却属于理想。反之亦然。在此，主体和客体的命运本质上并不是由对方所决定，而从一开始就被"对立性"这一悲剧根源牢牢锁定，彼此间的疏离感唯一能够保证的，只是损失——不是主体的，就是客体的；唯一能够确定的，就是双赢的不可能性，因为对立性本身就是对于两者其乐融融之共存局面的"釜底抽薪"。这样的"苦海无边"，这样的悲剧命运难道就是人类的黑暗前景？难道面对理想与现实这组永恒的矛盾，人们只能忍痛割爱非此即彼么？难道没有任何方式能把宗教的纯净精神从这个权威性的泥潭中彻底拯救出来，而不复使它跌入下一个泥潭？

"绝然对立"这一命题似乎伴随着人类的哲学思考一路走来、一样恒久。黑格尔之前的哲学家们虽然努力地寻求着各种各样可能的方式来愈合主体和客体之间的对立性，恢复主客体的统一，但是他们的出路始终没有达到他们所希望的畅通无阻。法兰克福时期对黑格尔而言是人生的一个重要阶段，他开始真正拓宽了他的哲学视阈，而他的挚友诗人荷尔德林在这期间所沉浸其中的对于神圣生活的直观——主体与客体在最原初意义上的结合——即"存在"本身 [2]，也帮助黑格尔在"对立性"之外看到了来自统一性的切实而明亮的曙光。"法兰克福是一个车水马龙的商业城市，那里的人们在黑格尔看来享受着都市的繁华和物质的丰富，他们既不愿意克制自己的情欲，更不愿意放弃自己的财富，所以黑格尔笑称'法兰克福几乎没有为圣徒亚历克斯留下一席立足之地'"，但是却也正是在这个城市的世俗文化的熏陶中，黑格尔反而看到了理想和现实之间勾通的可能，在他写给安多尔太太的信件中，他提到"经过了深思熟虑，我毅然决定放弃对这里的人们（的世俗精神生活）采取任何提升的措施，相反，我将与他们'同流合污'"，他也确实从他的哲学王国中暂时脱身，流转于那里的舞会和剧院，"平心静气地感受着这个真切存在的具体世界，而不是之前那个遥远的、高扬着道德精神的虚幻世界"，但同时城市的繁荣热情也让他尤其怀念田园的安谧寂静，他的信中动情地写道，"法兰克福那大城市的生活经历间或地把我驱向安宁的乡村，在自然的环抱中，我和我自己、我和其他人的关系都得到了和解，自然的宁静使得我在独处中更深入地领会着自我"。可是同样的这个黑格尔，一年之前的他却坚持认为在安静的自然环境中的散步只是一味的浪费时间。更令人惊奇的是，一向对于宗教持有热忱情感的黑格尔那时竟然很少去教会，他写道，"当我们不去刻意地抬出虔诚，虔诚却无处不在。所以与以往相比，我现在常常过教会而不入。"[3] 可见，在城市和乡村的不同气息里，在精神与自然的交相呼应间，在这种主体与客体的微妙关系中，黑格尔似乎呼吸到了一丝清新的空气，幻化为他脑海中一股鲜活的灵感，对立性因而开始展现出其前所未有的亲切面容。

在《基督教的权威性》一文中，黑格尔认为耶稣的布道之所以会导致权威性，因为他的教诲都是附着于犹太教的神圣律法予以传达的。对于犹太民族而言，其精神特质便是对于神圣律法的恪守。身为一个犹太人，也清醒地知道其听众们的犹太民族身份，耶稣正是利用了这一点来使得其传布的教训得以贯彻。由此可见，既然耶稣是对于犹太教之权威性的运用者而非创造者，则权威性的根源最终不是在于基督教或者耶稣本人，而是植根于犹太民族的本质精神。[4] 所以《基督教的权威性》一文还没有真正触及到权威宗教的内核，在《基督教的精神及其命运》中黑格尔一路追溯基督教的源流，挖掘着他所一向忽略的犹太教的《旧约》部分，直指其中的权威性发端，从而戏剧性地调整了其在《权威性》中所涉及的基督教"异化"的起点，把"异化"道路的开辟者从耶稣提早到了前耶稣基督时代的犹太人。他在该文本的开头处写道："犹太民族的历史从亚伯拉罕（犹太人的真正祖先）开始，这就是说，亚伯拉罕的精神是支配着他的后人的整个命运的统一体和灵魂。他的精神表现为各种不同的形态，当它向各种不同的力量作斗争之后，或者当他被敌人的暴力或诱惑所征服之后，接受了异己的本质，失掉自己的纯洁性时，因而他或者表现为不同的武装和冲突的形式，或者表现为受制于比他更强有力者的镣锁的形式。这后一种形式便叫做'命运'。"[5] 这里的"命运"，其实就是"异化"的命运——他明确地点到了"异化"的典型特征，即能动的精神所产生出来的变异形态反过来压迫精神本身——犹太人的精神先与外部世界作对抗，后来又反过来被自己产生的精神枷锁所奴役。而这异化的症结，归根到底源于上文提到的"对立性"。在此时的黑格尔看来，犹太教之所以被权威性重重武装，本质原因就在于它的每一个环节都充满着对立性，整个犹太教就是一个充斥着内在张力的紧张机体，它在镣锁的叮当声中时刻提醒着自我所置身其中的非自由存在。

要使得基督教摆脱权威性，就要连根拔除它的"对立性"，从而还给它一片自由宽松的生长环境。由于基督教的权威性是对于犹太教之权威性的继承，而犹太教的权威性又直接取道于其本质上的对立性，于是，深刻了解犹太教的对立性则显得格外重要，同时这也是近距离地仔细审视基督教这幅复杂的图画所必需的透镜。因此黑格尔在《基督教的精神及其命运》一文开始便戏剧性地直捣犹太教的历史渊源，敏锐地从每一个犹太教的原始细节剥离出藏匿其中的对立性。

第一节　犹太教的命运

　　犹太民族的命运多艰是一个不争的事实。作为"上帝的选民"，他们自信收获了比其他民族更多的祝福和恩赐，但不可否认的是，无论是他们的历史抑或是他们的现实，都背负着比其他民族更多的厄运和灾难。既然称之为"命运"，多少带有不遂人愿的、无奈的被动承受性，但是就像个人的性格决定了个人的命运一样，犹太民族的命运也与他们的精神特质息息相关。如果把"因"与"果"这一对形影不离的同伴放大，那么，在犹太民族的"命运"（果）中必定潜伏着一个或者几个偶然甚至必然的诱因。并且犹太教的命运又在历史的演进中转型为下一轮因果的起始，引导着其后的基督教走上了属于它的命运。这一环扣着一环的剧情，只有当它们被排布为前后衔接的一个序列时，才会显得如此自然而然；否则任何一个飞跃式的俯瞰，都容易使人忽略掉那早已隐匿在"命运"之初，却已然指向最后终点的罗盘指针。

　　在黑格尔看来，犹太民族之所以走上不同于其他民族的道路，可被清晰辨识的最初标志就是挪亚时代的大洪水，它"在人的心灵上所造成的印象必定是一个深刻的分裂，也必定会引起严重的不相信自然的效果。那前此友好的或静穆的自然现在失掉了她的各种力量的平衡，对于人类对她的信仰现在她以最有破坏性的、不可克服、不可抗拒的敌意来回答；在她的震怒之下，绝不按照等差之爱而饶恕任何东西，而且对一切东西都喷射出疯狂的破坏。""人们为了在这有敌意的自然的爆发面前能够支持下去，所以他必须征服自然。"[6]犹太人的祖先挪亚，并没有像古希腊神话中那优美的一对都卡良和皮拉，"在洪水之后又复引导人们重新同世界友好，重新回到大自然，使得人们在欢乐和享受中忘记了他们的灾难和仇敌，而归结到爱的和平，——这两人就成为更优美的民族的祖先，并使得他们的时代成为一个新生的保持其青春之花的自然生活的母亲"[7]，这样的面对自然之破坏力的大度释然，需要坦荡宽宏的胸怀和从容优雅的精神，而这种状态在《旧约》中是无处可寻的，与其说挪亚不愿意这样做，不如说这样的方式对于挪亚来说是彻底陌生的，他和那两位希腊美少年是两个不同灵魂维度中的存在物，他俩所采取的冰释前嫌的豁达境界，是挪亚挖空心思也无法想象的。挪亚也不像另一个犹太英雄尼姆罗德那样，"把统一性放在人这一方面，赋予人以把其他现实事物变成思想中的东西，亦即杀死它们、统治它们的能力；他试图把自然控制到使其不能再危害人类；他使自己处于捍卫自己以反对自然的状态下"[8]，他也就是那位誓筑巴比塔的彪悍勇士。这样的正面交锋虽然豪壮，却仍然不能确保自身万无一失的安全。凡是白热化的直接抗争，必然隐含着失败的可能，而失败就意味着被毁灭，这一时的匹夫之勇所可能引来的灭顶之灾是挪亚难以承受并且正尽力回避的结果。于是他选择了他的方式："为了反对自然界敌对的力量，他采取把自然和他自己都屈服在一个更强有力的东西之下以保证自己的安全。"[9]通过这样的途径，从此挪亚不仅将自然与人类之间的对立关系加以固定，同时他引入了一个更大的对立者——上帝。上帝固然是凌驾于自然之上的对立者，但也是有足够的权力和能力统驭人类的对立者，挪亚所做的就是使自己俯首称臣，依附于上帝的权能，并以此交换由这个权柄所提供的保障和关照，免于受到自然灾难之侵害。这似乎是一个自我保全的万全之策，从此至高无上的上帝变成了人类的保护者，把人类的安危放置在了自然的影响力之外。然而，虽然挪亚通过上帝的介入克服了自然的威慑，上帝的万能和至尊却使得他永远找不到任何可以躲藏的缝隙来克服或者至少逃避上帝的威慑。他用一个极致强大的对立者制服了一个相对弱小的对立者，却忘了这个强大的对立者所向披靡从此以往也就成为了他自身永远无法超越的君主，成为了他生生世世都只得顶礼膜拜、全心侍奉的唯一主人。可见，对立性在挪亚那里就已经初露端倪。

既然历史可查的"对立性"的开创者是挪亚，那么为什么黑格尔把亚伯拉罕而不是把挪亚作为犹太民族的真正祖先呢？因为"在历史上，亚伯拉罕制造了上帝与自然之间鲜明的分裂，而这样的裂痕在挪亚那里还是隐性的，在挪亚与上帝的立约中，上帝承诺不再引发灭绝人类的自然灾害。但是亚伯拉罕所一心追求的远不止此，他希望的结果是应许的民族（即犹太人）与其他民族得以疏离；就像造物主和他的造物们相互疏离一样。"[10]可以说，挪亚制造了上帝与自然的分裂，人类与自然的分裂；但是亚伯拉罕制造的是上帝与除了犹太民族之外的自然的分裂，因而也同时制造了犹太民族与整个外部世界的分裂。在挪亚那里，犹太人依旧是人类的一个部分；到了亚伯拉罕这里，犹太人与世界上的其他任何人种都没有相互的牵连关系，他们是世界之外的世界，或者说他们自成一方世界。亚伯拉罕"不求与自然达成统一，他只求与自然之主达成统一"[11]。"亚伯拉罕所以能成为一个民族的始祖，其第一个行动就是对家庭的爱和民族的共同生活之纽带的决裂，这是同他前此和人与自然一起生活的关系之全体的分离；他一脚踢开了他青年时期的这些美好关系。（约书亚记，第 24 章，第 2 节）"[12] 他一心热望的乃是与上帝水乳交融，因而他不希罕建立除此之外的其他任何类型的关系，甚至是血浓于水的亲情。"他极端的自我中心使得他把自我的存在作为终极关怀。他的上帝也并不像古希腊人的神那样以亲善的友人姿态带给他们的信众种种恩赐和庇佑，而是仅仅作为他个人存在的保障者和捍卫者。尽管上帝赐予了老年得子的应许，但是亚伯拉罕为了谋求他个人的幸福，为了使得这样的幸福摆脱所有自然存在物和自然情感的牵拌，他不惜牺牲掉他的亲生儿子。"[13] 而且这种对于后代的眷恋，对他而言不是心灵的美好家园，而是急不可耐妄图挣脱的枷锁，"对儿子的爱，对后嗣的希望（这是他懂得的并且希望的唯一足以延长他的存在达到永生的方式），也会使他感到苦恼，扰乱了他孤立自身于一切事物之外的心情，使他感到不安静，有时这种不安静甚至达到这样的程度，以致使得他想要撕毁这种的爱。只有当他确信对儿子的爱没有强烈到使他没有能力亲手杀死儿子的时候，他的情感才感到安静。"[14] 他强硬地把自己安置在世界之外，也使得世界永远在他之外，他对于这个世界有索求，但是这个世界却不能奢望从他那里得到零星的悲悯之心；他并不是此世的"局外人"，因为"局外人"虽然漠不关心，却也放任着他者的存在和自由，更确切地说，他是此世的敌对者，"与天下为敌"的骄傲感始终支配着亚伯拉罕的人生，他对于亲情的焦虑，对于异族的排斥，对于自然之万物的统摄欲，都使得他不可能与这个世界和好，更不可能相互融合为一；而且，对等的敌对性并不能满足亚伯拉罕的野心，也会令他的自恋情绪受到挫折，因为他要的是凌驾万有的巅峰感，他想要征服的不仅仅是外在于他的这个世界，也包括内在于他的各种与生俱来的情感，六亲不认的冷漠使他感到心神安宁，因为他的自由不要边界，对于亲情友情的牵挂，在他看来就是对于自然的妥协，而自然本应是他的臣服者，又岂能这般令他折服？他谁也不爱，爱这种情愫是一种破坏，对于他个体之完整性的摧毁，是"某种异类，表现为扰乱纯粹统一的，表现为在对非本质的东西的爱中对统一的不忠实，表现为违反亚伯拉罕的整体的坚定性、必然性、永恒性、可靠性；这整体的现实性不在于某种个别的东西、偶然的东西、脆弱的东西，像一个人会被束缚的那样"⁽¹⁵⁾。亚伯拉罕对上帝的情感也不是爱，而更像是战友，上帝是亚伯拉罕傲视世界的资本，因为上帝投射在亚伯拉罕身上的影子令他从芸芸众生中脱颖而出，亚伯拉罕的生命轨迹从没有离开过上帝的名义，他自始至终都以上帝的神圣性为伴，以至于对于犹太民族而言，亚伯拉罕不再是一个人，而是他们仅次于上帝的神，作为上帝的代言人，作为犹太民族之独特性的第一位标榜者，亚伯拉罕不但将他的骄傲作为稳固的基因遗传给了他的后代们，根深蒂固地植入了他们骨髓，更使得"上帝的拣选"或者说"上帝的偏心"成为了其后代们得以维持这种骄傲的永久保证。就一个民族之神与人的关系而言，往往有着一种情投意合的默契，或者说在一个特定的民族中，它的神与人的性格和气质常常如出一辙、不谋而合，很难清晰明了地得出结论：究竟是因为神作用于他的信众，以致于把他们塑造成他所希望的样本；还是弥漫于这个民族人群之中的共性特征使得他们把神想象为众望所归的模样？是否还有一种可能，即每一个民族的形成和发展过程，实质上就是它的神与人相互影响、互动平衡的一段"外交关系"？在古希腊，无论是众神还是平凡无奇的民众，他们都有着成熟与童真并重的特点，神与人的交往中不时会出现一些耐人寻味的玩笑或者深情款款的感动，他们的民族性一一闪亮在古希腊的神话中，而奥林匹亚山上众神的个性也往往能够在凡间的某一些个体中找到呼应。如果神与人之间也符合某种类似于"物以类聚，人以群分"的相互吸引的规律的话，那么亚伯拉罕的上帝与亚伯拉罕本人确实有着种种相似或同质之处。亚伯拉罕的每一个貌似冷酷的行动背后，他的上帝都是一个不可忽视的支持者和推动者。亚伯拉罕对儿子以撒持刀霍霍，乃是因为上帝要求他以亲生子作为献祭ˣˡⁱᵛ；亚伯拉罕赶走了自己的妾及他们的儿子，乃是遵照上帝的吩咐 ˣˡᵛ；亚伯拉罕"坚持把自己和别的人分离开，为了分离，他在他身上和他的后人身上造成一种显著的肉体上的特点"⁽¹⁶⁾，乃是为了迎合上帝所说的："你们所有的男子都要受割礼，这就是我与你，并与你的后裔所立的约，是你们所当遵守的。你们都要受割礼，这是我与你们立约的证据。……这样，我的约就立在你们肉体上，作永远的约。但不受割礼的男子，必从民中剪除，因他背了我的约。"[xlvi]可见，上帝是亚伯拉罕的精神指导，或者说亚伯拉罕是上帝意志的忠诚的执行者。在这个互动的关系中，上帝和亚伯拉罕彼此结合，相互支撑，更确切地说，他们共同构成了一个坚不可摧的至高理想国，在其中，亚伯拉罕实现了他的绝对自我，并且把这种"绝对自我"遗传给了他的后裔，而上帝实现了他的绝对命令，每一个指令都被无比精确地落于实处，一丝不苟地加以贯彻；同时亚伯拉罕通过拥有了上帝，从而拥有了对自然万物的掌控权，他把自己附着在上帝的衣袖中，上帝所指之处便是他所统摄之处。世界成为了亚伯拉罕和他的上帝共同筹划的版图，他自得其乐于与世界的分裂中，他的上帝越是扮演一个无所不能、无可制约的绝对者（相比之下，古希腊的每一个神都有其源于自然而无可奈何的局限性），他也就越相应地成为这个世界登峰造极的统治者。他的"割礼"让我们想起了奴隶时代的"纹面"，这都是一种主权性的宣告，也是一个卖身的证明。亚伯拉罕成了歌德笔下的浮士德，他的灵魂通过对一个极端权力者的顺服而获得了极端权力的分享，从而自我得以突现，远远超越了一切自然所设定的人之为人的局限，但是亚伯拉罕又不是浮士德，最终后者回归本我的热情与其之前投入异己怀抱的冲动一样的炙烈，那种一人之下、万人之上的孤独感，使得浮士德无法忍受并深感痛苦，但是亚伯拉罕却乐在其中、难以自拔，以致于这个奴隶般的烙印不仅只是停留在他的肉体上，而且世世代代因着他的奴性情绪而镌刻在了其后裔们的肉体上，不，灵魂中！"割礼"并不真的像奴隶们的"纹面"或者"纹身"，这些印记只是打在了奴隶们的表皮上，却不是印刻在心坎里；而亚伯拉罕的印记则代表着他的倾其所有，这"所有"包括其后代们的命运，所以"割礼"从一开始便不是一个生理上的标记，而是纯粹心理上或者精神上的认信。"亚伯拉罕与他的上帝是一体的，所以他从不认为对于上帝的无条件的顺从是一种被动赋予的命运，对于他而言，在他的世界中所发生的任何事件，无论是喜悦的或者苦恼的，都是他看到了上帝神圣的做功。因此亚伯拉罕所认为的分裂并不是自然与他（他也是他的民族的象征，因为亚伯拉罕作为犹太民族的祖先，是他们的精神的起始者），而是自然与他以及他的上帝的分裂。"[17]亚伯拉罕不但清醒地意识到他与世界的分裂，同时他也相当愉快地接纳并享受着这样的分裂，因为他在分裂中占有了"上帝"，——一个不可战胜的权威力量——，以至于背靠着这个坚实后盾的他能够永远立于不败之地。在分裂中，他没有半点焦躁，反而挖掘着自身无穷的快乐，“他把他的快乐投射（弗洛伊德式的术语）到一个外物之上（即上帝），于是，当他挣断与这个现实世界之间所建立的所有自然联系后，他并没有丧失他的快乐源泉。”[18] 可以说，亚伯拉罕与世界的联系恰恰在于他与世界的分裂，而这种分裂又使得他和他的上帝更紧密地相互依偎；同时，他与上帝的密切关系，也使他找到了灵魂的归宿感，有恃无恐之下，他与世界之间的裂痕就更加难以愈合了。另外，“由于亚伯拉罕与对立的世界间唯一可能的关系是统治，而他又不能实现这种统治，所以统治世界对他而言只是一个理想。他自己无疑地也在理想支配之下，但是他的心灵中却有理念，他为理念服务，因而享受他的理想给他的恩宠。既然他的上帝植根于他对整个世界的轻蔑上，所以他就是它的唯一的宠儿”，并且在亚伯拉罕及其后代的眼中，“只有他的神是神，而他这一国是唯一拥有神的国家”[19]。亚伯拉罕作为一个弱小民族的祖先，他没有实际的能力来与强大的世界作现实的对抗，但是他又不甘心只是作为一个弱势的存在者，狂暴的欲念与现实的孱弱构成了巨大的内在张力，他难以摆脱这样的野心的滋扰，于是他创造出了一个无法超越的统治者—— 上帝，通过依傍并且独占这个统治者，把自己定义为被上帝“拣选”的独一无二的选民，受到上帝的专宠，从而在心理上实现了对于这个世界的统治，他膨胀的自我也终于从精神上得到了满足。但当这个统治者把一切都掌握于股掌之间的同时，亚伯拉罕自身以及由他繁衍出的后代也被毫无例外地圈进了上帝永恒的管辖，这样的过程充分展示了亚伯拉罕作为一个民族之始祖的坚强意念。不过这样的意念对于我们中国人而言，往往会引发类似“阿 Q 精神”的相关联想——精神胜利法的完美运用或许瞒不住外化于亚伯拉罕的世界，但却实实在在地瞒住了亚伯拉罕本人以及他的后代，他们的精神权威永远高于在现实世界中的实力之权威，这很难说是一种自欺欺人式的愚蠢，更确切地说，它确实构建了犹太民族特有的思维模式，从外人的角度来看，说它“不切实际”也好，说它“自命不凡”也好，但是这的的确确是犹太人普遍之自信心的一个重要源头，也为他们此后在世界历史中以及各个领域里的独创性和先锋性提供了一个不错的注解。

亚伯拉罕之后的摩西，也秉承了亚伯拉罕与世界的对立性，只是与亚伯拉罕相比，摩西更感觉到了现实生活的压力，亚伯拉罕可以随心所欲地任由思想支配着现实生活，但是到了摩西的时代，与外族之间的关系趋于复杂，暴虐、强烈、灭绝人性的仇杀显然已经不能如往昔般任意运用，而且随着时间的推移，来自外族的不同文化或者奇闻怪事时时刻刻都在威胁着犹太民族的封闭性，它们并不刻意地撞开犹太民族那关闭的大门，而是潜移默化地以不自觉的方式轻扣着门环，温柔地诱惑着那原本坚定不移的分裂者。为了保持犹太人与世界的对立，为了捍卫犹太民族对于上帝的私有性，于是，摩西及时地出现了，他不但带领犹太人实现了他们的解放，并以神圣的权威宣告了犹太民族所必须履行的律法。但是犹太人的解放并没有走一条基于尊严的君子之道，而是依赖于一种堪称"卑劣"的小人之举。"埃及人遭受了各式各样的瘟疫和灾难。……犹太人胜利了，但是他们没有战斗。埃及人被征服了，但是他们不是被敌人打败的，而是像被毒死或在睡梦中被杀死那样，受到一种看不见的打击。"[20] 摩西用对上帝的奴性取代了对埃及法老的臣服，但是这并不是真正的解放，只是君主的变更，只是新的主人对于旧的主人的替换，奴性的对象改变了它的面貌，但是奴性的事实却没有半点好转，甚至更为严重，因为对于埃及法老的奴性，只是局限于外在的形式——言论以及行动，但是对于上帝的奴性却深入人心，穿透入灵魂的本原。面对日渐繁杂的世界，肉体上的"标记"，即割礼，已经不能完全地保证犹太人对于上帝的精神归属，因此还必需一套更为严格可靠的手段，来时刻保持犹太人对于自身之特殊身份的警醒。摩西的律法应运而生。"一个民族的解放者又是它的立法者。这只能意味着，把一个民族从枷锁下解放出来的那个人，也就是给这个民族套上另外一个枷锁的人。说一个被动的民族能给它自己立法，乃是一个矛盾。"[21] 摩西把犹太民族领出了一个"虎穴"，却又把他们带进了另一个"狼窝"。严苛的律法从摩西而来，细密地遍布于犹太人的生活万象，无论是他们的宗教崇拜还是最细枝末节的日常琐事。摩西和亚伯拉罕所共同侍奉的上帝被他们描述为一个无限的主体，它"必须是看不见的；因为一切可见的东西都是受限制的东西"[22]，他们试图用"无限而不可见"的特点使得上帝完全超拔于人类的感官和理智之外，但是这样的特点却也同时限制了上帝自身的被认识、被体悟、被领会，这样的矛盾局面难免给犹太人的宗教信仰带来诸多的不便和相应的怀疑。于是，"摩西便提出了圣幕，以后又提出庙宇作为至神圣的客体的具体体现"[23]。然而，就像抱着仰慕之心的滂佩走进庙宇的一刹那所感受到的那样，他发现这座神秘的坐落于犹太人灵魂深处的精神中心，实际上只是一间空房子。正是这种对于上帝之神圣不可解读性的刻意渲染，反而使得上帝远离了自然，远离了人类，因而也远离了犹太

人本身。犹太教中的上帝之所以是绝对没有固定形象的，乃是因为从亚伯拉
罕、摩西开始，上帝与人类、甚至与犹太人都是彻底分裂的，他们彼此间的
沟通只能通过特定的中介者才能传达，而亚伯拉罕和摩西作为上帝挑选的神
秘中介者，自然而然地享有了上帝之代言人的权威，换言之，他们的命令就
是上帝的命令，他们的意志就是上帝的意志，他们是神圣精神的载体，或者
说通过这种方式，他们获得了和上帝平起平坐的神圣性。因为日常生活中的
一切都可以追觅到相应的形象物，而上帝的无形象使得他所处的神圣世界由
此与日常生活全然断链。上帝的无形象可循，取消了普通人凭借自己个人的
能力或者经验来亲近或理解上帝的可能，因而他们只有在圣幕下，而无法从
别处体会到上帝的精神，也可以认为，亚伯拉罕、摩西等特殊的犹太人是犹
太民族与上帝之间进行交流的唯一桥梁，犹太人只有按照他们的指示才能通
达上帝的意念。因此，亚伯拉罕和摩西的上帝不属于这个世界，不属于犹太
人之外的人类，甚至也不属于犹太人的全体，它只属于少数的几个作为上帝
之传声筒的犹太个体，他们借用上帝的名义获得了上帝的权威，对于其他犹
太人而言，他们就是上帝。或许个体的内容一直会不断地更换，因为每一个
具体的个体都有其生命力的局限性，但是他们与上帝同行的权威性始终不
变，为了保护这个权威的有效性，他们与世界的对立性也始终如一。就像"摩
西以一种东方式的、美好的威胁来保证他制定的法律，—— 威胁不服从法律
的人会丧失一切享受和幸福。他把畏惧暴力的观念向有奴隶根性的人们宣
扬。"⁽²⁴⁾而事实上，他要求自己的族人们所遵守的种种义务和律法都是一种
实际的剥夺，即把人天然具有的生命本身的"高贵性"统统洗刷干净，取而
代之以人的卑微渺小和上帝的无比高贵。在犹太人的每一种享受里、每一个
活动里，都被要求"谨记人的非存在和由于神的恩赐而保持的存在的卑微不
足道。作为神的财产权利的标志和作为神所应享的一份，凡是土地上的出产，
必须以十分之一的数量献给神。一切人的长子和头生的牲畜都属于神，当然
也可以赎回。人的肉体只是借来的，并不真正属于人，必须保持洁净，如同
仆人的制服是主人赐给他的，必须保持洁净一样。对每一个不洁净的行动，
以色列人必须牺牲一件他能叫做是他自己的东西去补偿，这就是说，他必须
承认，改变他人的财产是一种侵占、是非法的，一般讲来，没有任何财产是
属于他个人的。但是凡是完全属于他〔神〕的东西，对于他也完全是圣洁的，
例如从征服敌人得来的许多东西和战利品，就可以给予他，为他完全占有，

因为那是已经毁坏了的东西。"[25] 这条条框框的细则使得人除了是上帝的奴从，什么也不是，因为他一无所有，甚至连自我也是一团虚空，自我的实在性乃是源于上帝的恩典。既然生命本身归于上帝，则财产之类的物质内容理所当然归上帝所有。对于财产，人只有使用权，没有所有权，每一个人都是上帝在世间安置的暂时的保险箱，他们流通着的财富都是上帝的资产。亚伯拉罕、摩西创造了这样一个奇妙的思路：他们并不用人类的"伟大"来印证上帝的"伟大"，而是用人类的"渺小"来凸显上帝的"伟大"；他们不以人类的"富饶"展示上帝的"繁荣"，而是以人类的"贫瘠"反衬出上帝的"丰裕"；他们不用人类的"幸福"映衬出上帝的"全能"，而是用人类的"苦难"作为镜子，勾勒出上帝的"权威"。犹太人就这样依赖着上帝获得了自身的"自由"，但它们偏偏忽视了这样一个道理："依赖"本身就是最大的"不自由"。正像黑格尔文中所强调的，"真理是一种自由的东西，我们既不支配它，也不为它所支配。因此上帝的存在在犹太人看来并不是真理，而乃是一个命令。犹太人是始终彻底依赖上帝的，而人所依赖的对象是不能具有真理的形式的。"[26] "命令"的唯一内涵就是毫无反抗地服从，当上帝成为一个命令的时候，不论犹太人的态度是主动地迎合还是被动地接受，这都只是对于一个命令的回应，而并不改变"上帝是一个命令"的本质和前提，因而也无法扭转犹太人缺乏"自由"之根基，或者说，犹太人如果遵循着这一条轨道继续前行，他们就不可能获得自由，甚至没有资格获得自由，因为他们根本不识"自由"为何物！

"在黑格尔的文本中，'分裂'（Trennung）和'统一'（Vereinigung）这两个术语被频繁地使用，它们的含意往往显得颇为模糊，有时它们被用以表达人与上帝之间的关系，有时代表了人的自然欲望的满足，有时则兼有上述两种含义。这严重地阻碍了我们对于黑格尔的文本的理解。必须要加以注意的是，当人与自然的分裂是出于心甘情愿，并且这种分裂被断言为具有绝对性，那么人与上帝的之间就不存在分裂，也就谈不上人为了追随上帝而在现实生活中牺牲掉其物质利益，因为这并不构成一种牺牲，相反是发乎本愿而为之。然而，如果人与自然之间的分裂是违背其本心、迫于沉重的外力而不得不背负的无奈之举，那么人与上帝之间的分裂就以上帝颁布的命令为形式而出现，上帝的崇拜者们也时时刻刻笼罩在上帝妒火中烧时暴怒肆虐的惶恐之下。摩西，和亚伯拉罕一样，与上帝之间没有任何沟壑。但是他无法凭一己之力做到让整个犹太民族都像他那样切身地领会到与上帝全然结合为一的感受。所以，他首先动用了一些征兆和奇迹来使得人们坚信他是上帝派遣来的使者，接着向人们传达律法，并用上帝的暴怒作为恐吓以确保律法的实施。可以说，在亚伯拉罕那里，宗教尚且算是一个快乐或幸运的民族的信仰；但是到了摩西这里，宗教便成了一种充满苦难和不幸的东西。犹太人在埃及法老的权能下战战兢兢，又饱受了蛮荒时期经历的艰辛生活，在他们的感觉里，上帝总是一个发号施令且严厉苛罚的统治者。因此在摩西时代的犹太教是一个权威宗教最齐备的典型，在其中，生活的方方面面都直接地受制于上帝权威的诫命。”⁽²⁷⁾ 从挪亚到亚伯拉罕，再到摩西，犹太教一直持续着这种权威的传统，并且这样的权威在历史的缓行中愈演愈烈，以至于最终像一张蜘蛛网那样，把犹太教中的每一个个体、甚至整个民族都捆绑得难以动弹。就像儿子总是从父亲那里学会如何做一个男人，同样地，后代们总是从祖先那里学会如何维护和推进自己的民族，亚伯拉罕从挪亚那里沿袭了与世界的对立，进而扩展这种对立以至于无限，并且独占了作为唯一之真理、唯一之权威的上帝，而摩西又从亚伯拉罕那里继承了与世界的极致对立和对上帝的纯粹私有，同时，为了把这种对立性和私有性在时间上趋于永恒，他又制定了相应的严苛律法，将一切都死死地固定在细致繁多的权威诫命之下，从而遗留给了犹太民族、他的后代以一种木乃伊式的、被规则层层绑缚的干瘪生活。.在他们的教理中，上帝始终是一个备受尊崇的王者，而实际上，它却只是那些少数的犹太人用以满足自我征服世界之欲望的工具罢了。从这个意义上看，世界的统一只是一派和平的假象，犹太人的统一图景也只是他们自欺欺人式地遮盖其后的严重分裂时所服用的安慰剂而已。这种假象可以掩饰一些现象上的张力，但却难以根治其本质上的矛盾。

此后的犹太民族陷入了他们的“命运”：首先，上帝与犹太人之间是一种统治者和被统治者的关系，所以犹太人的标准，大至国家意志、小至沐浴更衣，都直接地以上帝的标准为准绳，他们没有精神上的自由和独立，“在别的民族里，独立的状态是一种幸福的状态、一种较优美的人道主义状态。而犹太人的独立状态则是一种完全被动、极其丑恶的状态。因为他们的独立只保证了他们的饮和食，一种贫乏的生存，所以有了独立、有了这一点东西，却丧失了一切的东西，或者使一切东西遭受危害。不复剩下任何有意义的生命，他们可以保持，可以享受，而这种享受可以教导他们忍受许多的苦难，牺牲许多东西。在受压迫时他们的恶劣生存立即遭受危险，他们努力去拯救。这种动物式的生存是与基于自由的人性的美丽的形式不相容的。"(28) 失去了精神之自由对于其他许多民族而言就是死亡的最本质一击，然而对于犹太人根本不存在这样的问题，因为他们的精神从未品尝过这样的自由，在桎梏的夹缝中成形的犹太教使得它的教民们生而为奴隶，并且满足于、甚至感恩于他们微薄的、仅仅拘泥于琐碎的日常起居的那种鸟兽自在。美是内心的一种安适状态，即拥有自主的选择权，并且在选择之后坦荡荡地承担和顺服由这个选择所导致的结果，换言之，美体现在对于自我选择之命运的豁达与释怀。很可惜，在犹太人的文化中不可能绽放这样的美丽花朵，因为他们的命运从一开始就被抛进了灵魂的"监狱"，而从出生到割礼、日常生活、宗教活动直至死亡，他们都无法跳出心灵之囚室。在希腊人那里，每一个人有着一份独特的人生及由此而来的色彩斑斓的命运，但是在犹太人这里，尽管个体在外部形态上各不相同，他们的命运却是千篇一律地雷同——一样的晦暗、一样的苦难、一样的少得可怜的自由。其次，由于上帝与犹太人的关系是如此明朗的统治关系，那么每一个犹太人都是上帝的奴隶，没有自由、没有财产，连生命本身也归上帝所有，因此在这一点上，犹太人实现了真正的"平等"。希腊人的平等是基于在现实生活中自身之丰富性的平等，每一个人都有自己的职业、自己的专长、自己美妙而独一无二的生活经验，并且他们乐在其中、为之骄傲；犹太人的平等是基于自身之赤贫的平等，每个人或许也从事着不同的职业，有着不同的专长，在世俗世界中经历了不同的事件，但是这一切对他们而言不是真相，他们与世界的对立性否定着他们在世界上的所有，他们只是这个世界的寄居者，既不属于它，也不以它为乐。世界对他们而言是背上沉甸甸的负担，是苦难的源头，是一个陌生环境，与他们的心灵无关，在这个世界上无论他们占有了什么，那都不是真正属于他们的，所以他们本质上——一无所有。另外，"既然犹太人作为国家的公民彼此间的关系没有别的，只不外乎是无差别地依赖于他们所看不见的统治者和那些看得见的仆人和官员，因而真正讲来，他们根本就没有所谓的公民权，而且这种依赖关系实际上取消了政治自由或立法自由的一切条件，所以在犹太人中不可能找到任何类似宪法、或制定宪法的立法权力，正如在任何专制政体下，提出宪法问题是矛盾的一样。"(29)"公民权"的前提乃是"有权可使"，但是就像上述所分析的那样，犹太人没有任何权利。他们的言行举动都是被权威设定的模式，不是他们自己基于思考做出的选择。他们没有思考的自由，也没有选择的自由，也就必然没有决断的自由，因而即便他们有名义上的公民权，那也是形同虚设，其结果跟没有公民权一样。公民权保障了公民们在"拥有权利"上的平等，但是犹太人已经具备了他们在"没有权利"上的平等。最后，在犹太教的观念中，上帝是犹太民族唯一的统治者、它是上帝的臣仆，这种奴役与被奴役的关系建立在上帝的权威以及犹太民族对上帝之权威的依赖性上，它唯一恐惧并敬拜的对象就是上帝，它可以不服务于现实生活中的任何人，却必须一如既往地全身心侍奉那高高在上的保护神。在对上帝的这份无可比拟的"专一"侍奉中，犹太民族排斥了异族，排斥了国家等世俗世界中的组织，实际上也排斥了生活在上帝统治下的每一个具体而实在的犹太人。一个犹太人在民族身分上的定位以及他最终获得上帝之认可的条件，都仅仅在于他是否遵守了上帝的法、是否完全地把自己交托在上帝的支配下，与他对待家人、对待生活、对待他者的态度毫无关系。因此"爱"成为了犹太民族最为陌生的情感，也是他们的精神力量中最为匮乏的要素。"爱"就是对外部世界中之他者的"理解"和"包容"，恰恰是对"对立"和"奴役"的解体。所以犹太教的所有教理，本质上正是对"爱"的反感与排斥。也就是说犹太教是一个彻头彻尾缺失"爱"的宗教。

所以黑格尔对于犹太教持有着一种负面的评价："犹太民族此后的一切情况，直到现在还存在的卑鄙的、落魄的、恶劣的情况，都不外是它的原始命运［在此，这里提到的"原始命运"显然符合我们上文中已经揭示的异化的命运］的后果和发展。这个命运是他们创造出来反对他们自身的不可克服的无限力量。他们受到这个命运的折磨，并且只要没有能够通过美的精神同它和解并从而通过和解把它扬弃，那末他们将还会继续受到它的折磨。"[30]在犹太教的创始人那里，"宗教的精神无疑是享受的、支配性的、独立的；但是到了他们的后代，命运却变得异常坎坷艰难，犹太人成了双重的奴隶：一方面他们必须恪守严厉的律法，另一方面他们也遭受着来自现实世界的迫害、贫困以及鄙视。"[31]"攻城容易守城难"，对于一个四处漂泊的民族，其动荡的运动轨迹允许其民族精神有着相对而言更为随性的想象力，它可以维持一种梦想家般激情四射的不安定状态。然而，一旦游牧的生活终结，梦想也必须抛弃其形式上的虚幻性而填入一种实实在在的固定内容。亚伯拉罕浪漫主义的傲慢情结源于他在现实世界中的无根状态以及与此相应的形单影只，所以他能够自如地展开那与自然万物分裂的倒退生活，把自己隔离进一个旁若无物的空洞世界，但是"当他的后裔不得不受制于现实生存的压力而安顿下来时，要在一个人数众多的社会中复兴和实行亚伯拉罕的自我孤立精神就显得极为困难。也正是这种令人绝望的妄想所导致的逆境，才催生了犹太人对于弥赛亚救世主的热切盼望（并且，也同时催生了一种新的精神，与犹太教精神分道扬镳。这也就是最终的基督教精神）。"[32]

第二节　基督教的精神

（一）爱

　　一种精神，之所以能被认为是"新的"，就在于它不是对于旧精神的直线延续，也不是在保持旧精神主流方向之稳定的基础上对其细枝末节加以改进，而是完全在其精神的本质精髓上焕然一新。旧精神最匮乏的，往往是新精神最弘扬的；旧精神的异化命运也往往在新精神中得到全面的扬弃。犹太教最匮乏的是——爱，于是基督教以"爱"作为它的至高诫命；犹太教的异化命运来自"不自由"，或者更深入来看，一切"异化命运"都根植于"不自由"，所以基督教的精神所指就在于：使得人们恢复他们与生俱来的"自由"。"爱"与"自由"变成了基督教精神的两个关键词。但是有趣的是，当我们更近距离地观察这两者时，却会越来越深刻地感觉到，其实"爱"就意味着"自由"，"自由"也通过"爱"得以实现。而无论是"爱"还是"自由"，它们都完美地融合在一个美好的对象中，这个对象落实了真正的博爱，也承担起了真正的心灵解放的使命。他的形象就是一个充满爱与自由的标志。他就是这个新精神的领导者，不，他就是这个新精神。这个对象就是耶稣基督。

　　对于一种精神的革新，或者说彻底地背离，并不是简单的一蹴而就的跳跃，而是基于对旧精神之深刻理解以及对新精神之切入口的慎重斟酌后的循序渐进之举。同样地，在文本中对于耶稣基督的重新认识，也代表了黑格尔对自我思想的重新整理。就像费尔巴哈所说的，"人由对象而意识到自己：对于对象的意识，就是人的自我意识。你由对象而认识人；人的本质在对象中显现出来：对象是他的公开的本质，是他真正的、客观的'我'。"[33]黑格尔在其文本中的耶稣形象屡次发生了变更，通过这样的辟渠换道，他一次次地拓宽自我思维之局限，同时又一次次地重审基督教的精神实质，并由此一步步地趋近上帝之国的大门。在黑格尔的观念中，事物的发展始终遵循着一种动态的规则，这一规则所适用的并不仅仅是时间上的连贯，也包括空间上的，甚至是时空之外的统一。黑格尔所作的任何研究或者分析，都不是出于一时兴起的玩心，因此在其思想脉络中几乎从未出现过前后中空的断层，黑格尔把他的"理论思考都编织进了一个框架"(34)，在框架的构建中上下呼应、互为铺陈，"基督教的精神"一文也绝不例外。黑格尔在此文本中对于犹太教的《旧约圣经》突然表示出如此浓厚的兴趣，绝非因为突发性的无关主题的个人偏好，而是另辟蹊径的巧妙开场。就像西方的文学和艺术永远脱离不了古希腊的优美精神一样，基督教的精神也不可能孤立于其犹太教的源头。所以要深入地探索基督教的精神及命运，就要把它放进它所属于的文化背景，犹太教之权威性的压抑直接地导致了其自身命运的转折，即基督教作为新生事物从中分离而出。但是挖掘基督教的本质仍旧够不着黑格尔的思考框架之顶点，它依然只是整个框架中的一个环节，黑格尔真正的目标所指乃是"他自身所在的时代和社会"(35)。"从黑格尔本人的角度，他并不热衷于对犹太教进行严厉地批判，……他之所以研究犹太教历史、旧约，在于这使得他能更深入地思考犹太人的历史命运，……以色列人的命运对于黑格尔来说具有着一种重要的'样本'性的意义，希腊人的命运却不具有同等的功能，至少没有前者那般显要的效用。黑格尔对于希腊人的兴趣在于他们的精神，而不是他们的命运，因为他一直希望他自己所在的社会能够被一种伯里克利[xlvii]（Periclean）式的精神所激活，从而能够在摩西所创造的命运之阴影中保全自身或者脱身得救。"(36) "犹太教的历史就是鲜活的民众宗教倒退堕落到一整套由律法所构筑的权威宗教的历史"(37)，而"敌对性是权威信仰的必要因素"(38)，也就是制造"异化"之悲剧命运的罪魁祸首，所以要从这样的命运中解脱，至少绕道而行、免受其累，就必须要冲破敌对性的僵局。像我们在上文中所提到的那样，黑格尔实际上在否定犹太教之宗教精神的同时，也为我们指明了摆脱这种异化命运的三个必要步骤，即：首先，必须要凭借着美的精神；其次，要与命运达成和解；最后，要把命运彻底地扬弃。(39) 事实上基督教已经做到了这三步，虽然并不完善，也可以说，犹太教的命运已经在基督教的精神中被扬弃。究竟实现这种扬弃的是基督教的何种特质，这才是黑格尔潜心钻研基督教之精神的根本动机。然而基督教的精神核心，或者说基督教存在的核心，就是耶稣基督，如果在基督教的精神中确实存在着某种黑格尔所预见的特质的话，那么这种特质的焦点必然集中于耶稣基督本人。所以在这个文本中，扬弃犹太教之命运的三个可行的路标都一致地指向了耶稣的形象，即耶稣的形象是何种精神的图示化的标志，则这种精神就是基督教之内在力量的源泉。

所谓的"和解"，就是对于敌对性的反对，更确切地说，是对于敌对性的主动放弃。但是，这种放弃并不是取消了双方差异性的存在，因为"绝对的对立是有效的。这些对立的诸多表现形式之一是有生命的东西的多样性"[40]，即差异性，所以对于差异性的刻意否认或者视若无睹就是对于"和解"之真正内涵的误解或者盲从，真正的和解乃是要求彼此抱着"理解的同情"和"同情的理解"心甘情愿地与对方达成和谐与统一。"统一（Vereinigung）的原则高于理智，也高于权威力量，它本质上就是爱。"[41] 所以在此时的黑格尔看来，耶稣所走的这条扬弃异化的道路，实际上就是"爱"的道路。

"爱"这个字眼在我们的生活经历中并不陌生，越熟悉的对象越会引起人们自以为是的盲目自信，所以当我们在黑格尔的基督教思想中碰到这个词的时候，尤其要保持一份格外的清醒，"我们必须警醒两个方面，一方面是日常语境中'爱'这个词的含义，另一方面是它在基督教神学传统中的含义。无论是日常语境中发生在男女之间的爱还是基督教理想中的博爱，对于黑格尔的爱之概念的形成都有着重要的借鉴意义，但是在他自己谈到爱的时候，却并不是建立在这两种概念的加法或者其中一种概念基础上的。"[42] 可见，黑格尔的"爱"与上述的两种"爱"有着相通之处，因为作为哲学家的他，其一切思想资源甚至动用的语言词汇都直接地取源于日常生活，更彻底地说，哲学本身就是基于对日常生活的反思，所以对于"爱"在日常语境下的涵义是黑格尔从哲学角度构筑"爱"之理念的平台；同时，由于他此时所探讨的话题乃是作为基督教之精神实质的"爱"，也就难免与基督教的神学传统有着千丝万缕的牵连。从传统的基督教视角来看，世界不是"世俗之城"，就是"上帝之城"。世俗之城代表了人们的日常生活视阈，上帝之城则是传统的基督教神学长久以来占据的领地，这两者瓜分了时空之中和时空之外的一切存在，或者说，这两大类统统地归纳了万物，甚至包纳了万物的创造者本身。但是，黑格尔的"爱"既不同于世俗之爱，也不同于传统视角中的上帝之爱，那么只剩下一种可能，即他的"爱"是两者的结合，更有趣的是，这一结合并不是两者的累加，也不是经过细致计算后的调和。在黑格尔的观念中，爱本身就是"和解"，就是对于"敌对性"——换言之——即"对立性"的解构，所以必然地，在他的理解中，世俗之爱就是上帝之爱，反之亦然。黑格尔的"爱"兼有着世俗性和神圣性，不，这样的表达易于造成一种假象，仿佛世俗性和神圣性之间本身存在着一种对立性，而这两种异质的事物在黑格尔的解释之下，在"爱"中得到了恰当比例的糅合。事实上，黑格尔所要论证的，正是：这两者根本上是同质的，它们的"异"只是在于它们表现相同的"质"时采用了不同的形式罢了。既然世俗之爱与圣爱在黑格尔这里取得了如此天才的统一，从而出人意料地结合为这么一个别出心裁的非凡视界，那么在我们更确切地把握黑格尔的"爱"的概念之前，让我们学习一下黑格尔进入一种研究时所采取的路数，即迂回地折入研究之正题。

我们需要先分别了解一下世俗之爱与圣爱，在这一过程中，慢慢地建筑一个可供参照的对比维度，进而更准确地来把握黑格尔的"和解之爱"。对于这种方式的运用，并非出于调皮的实验，也不是卖弄玄虚，而是基于与黑格尔相同的理由：长驱直入地给一个事物划界，并非是对它最有效的界定，这样的孤立反而会忽略掉在关系中或者在环境中事物本身才能展现出来的重要性质。况且，一旦将研究对象从所在的背景中剥离，它也就不再是真实的自己，即便研究得再怎么细微精确，那也只是建立了一个脱离现实的理想模型罢了。所以相比之下，更有效的方式乃是从事物的环境着手，当我们把可能引起误差的因素——扫除，则真相也就自然浮现，古人所谓的"守得云开见月明"，似乎也可见有异曲同工之妙，拨开云雾本身就是对于皎洁月光最有效的迎接。那么当我们在警醒单向度的世俗之爱或者圣爱对于黑格尔的"和解之爱"可能造成的混淆时，我们却也因而获得了一条可贵的线索，即根据这两个分支的既定的概念，顺藤而上，在清晰地理解它们的同时，更为深刻地理解在黑格尔的"爱"的观念中，此两者何以能够既保持自身的独立面相，又实现与对方天衣无缝的契合。

当我们在世俗领域中谈到"爱"的时候，首先想到的必然是发生在男女之间的吸引，并由此升华，最终坠入情网、生死相许的伟大爱情。爱情的伟大，无论是市井小民或者历史巨人，只要他们曾经品尝过那种"病态"地飞蛾扑火般的全情倾覆，或者目睹过他人忘我死守的义无反顾，都会对人类的内在能量感到震惊。往昔的经验或者对于他人之相关经验的举一反三式地领悟，让我们发现了爱情的特性。爱情的发生，不在于"你"和"我"在物理意义上相互亲近，比如"你"和"我"共居一室或者朝朝暮暮，也不在于"你"和"我"紧紧拥抱甚至更亲密的交往。"爱"扎扎实实地作用于人们的意识和心灵，它的降临在灵魂的根基处撤消了两个人之间的隔阂。当"你的"一个苹果和"我的"一个苹果相互交换之后，"你"和"我"一样，手中依然只是握着一个苹果；但是当"你的"爱情和"我的"爱情实现了交流，则在这个过程中涌出了一个不可理解的化学反应，最终"你"和"我"变成了"我们"，而"你的"爱情和"我的"爱情交融为"我们的"无穷的爱情。虽然从物理的角度看，你还是"你"，我还是"我"，各自仍旧安顿在互不相同的皮囊之中，但是在精神上无论对于单独的"你"还是单独的"我"而言，这份爱情却都有着无限的浓度，自我的播种收获回来的是无可计数的收成。从那以后，"你"和"我"不再继续保持为往常的狭小个体，而是从内部自发地向外膨胀，"你"和"我"被共同地包容进了一个全新的"你"，或者全新的"我"，而实际上，这两者只是对同一个对象的不同称呼罢了——你中有我，我中有你。进一步地理解，爱情中的"我"不再仅仅是那个纯粹生物体含义上的"小我"，而是时时刻刻透露着对"你"的关切、喜悦、无以言表的共存感的"大我"—— 这个"我"唯有吸收了"你"，成为了"我们"才完整；这是一段不可重写的故事，一旦回复到爱情之前的那个"小我"——没有你的我，反而丧失了"我"的完满性，成了一个残缺的、孤独的、不健康的"我"。"爱是对自我生活之体验的加倍，当然这仍然只是属于自我的体验。通过爱人，人作为一个生物体由最原始状态的一个统一体（受制于各种对立力量之间的制衡），经过了一段发展的历程，最终达到了它的成熟阶段，即成长为一个全然不同的崭新的统一体。"[43] "在爱的体验中，我们在另一个存在者中发现了我们自己，那个存在者并不与我们对立，而是与我们相融为一；但同时，这个存在者却又如此真切地作为我们之外的一个'他者'而存在着"，他既在我们之内，又在我们之外，"—— 这是一个我们难以参透的谜团。"[44] 在这种爱的结合中，神奇的、背离我们日常理智分析的现象无处不在。显然，半透明的真理更能引来精灵钻进哲学家的大脑，在他们思想的神经上挑拨撩动。黑格尔也在他关于"爱"的进行专门分析的片断中表现出了对这种令人神往又令人痛苦的奇妙情感所抱有的好奇和探究。这个谜团在各个方面挑战着理智的实力：首先，这种情感似乎与空间的距离没有任何关系，近在咫尺的人未必能够摩擦出闪亮的爱情火花，远隔重洋的恋人却能彼此生动地感应到对方的脉搏心跳。其次，这种情感似乎与时间没有必然的勾连，有的爱情在时间的磨砺中揭示着自身内敛的光芒，有的爱情却可以在一瞬间达到它的燃点以至温暖一生，有的爱情突破了生与死的大限，在梦境中依旧持续着相互的牵挂和思念。另外，这种情感无法借用任何标准来予以测度，朝夕相处的淡定之爱、生死相随的刚烈之爱、眉目传情的甜蜜之爱等等都是爱情的真相，没有高下之分，更没有优劣之别。最后，这种情感总在冥冥中偕同着一股美的精神，在爱人的眼中，所爱的那个对象就是最美的，甚至连他的常规意义下的好多缺点也变成了一种独特的个人标记，增之一分则嫌多、减之一分则嫌少；付出爱情的人是美的，他身上散发的包容宽宏以及体贴呵护使他脱离了人性的私欲，充满了豁然开朗的慷慨气息；爱情的过程本身是美的，爱情的萌生在突破了个体的"一"上升为"二"的同时，孕育着他们的"三"—— 孩子，而由对自身这份幸福感的深切珍惜催生了对他人之幸福感的关照，"老吾老及人之老，幼吾幼及人之幼"，进而发生着"无生有，有生一。一生二，二生三，三生万物"的爱的扩展蔓延，从爱一个人开始，却以爱所有人、爱生命、爱自然万象、爱世界到达高峰。

　　黑格尔对隐藏在这些疑惑中的本质的洞悉，把我们引入了一个由他发现的"桃花源"，但是这个"桃花源"却并不因为黑格尔的天才洞察力而仅属于他，事实上，它真正的地址是每个人的心灵深处，然而它必须通过特定的方式才能到达，这把开门的钥匙正是—— 爱。借着爱，人们与他们的爱人达成了和解，并借着这份爱进而与世界达成了和解，最终在与世界的和谐共生中实现了真正的自由，也认识了真正的自我。爱人与爱世界不是两码事，而是一个必然的相互作用，而相应地，爱世界与爱自己也是一个方程式的等号两边的对等部分。由于认识了世界，人也认识了世界中的自我；同样地，任何关于自我的理解直接地投射为对自我所在之世界的理解。没有了"世界"，"我"将无处安放；没有了"我"，"世界"也只是一片黑洞似的虚无。这种密不可分的互动关系，虽然有时候表现为现象上的相互对立，然而那是人类的目光局限于"知其然，不知其所以然"的盲点状态，断章取义地孤立看待对立中的一方，必然会带来"非此即彼"的挣扎和冲突。然而，从语言词义的粗浅角度来看，"非此即彼"也好，"对立"也好，"冲突"也好，不论我们动用了什么样的语汇来表达一种难以弥合的对抗模式，但是仔细观察这些词本身的结构，却会有意外的奇异发现：没有"此"就谈不上"彼"；没有成对出现的双方，也根本无所谓"对立"或者"冲突"。换言之，"〔无论主体或客体〕，没有一个是无条件的，没有一个包含着自己本质的根源在自身内，每一方都只是相对地必然的；其一对其他而存在，因而也只有通过一个异己力量才是为自己而存在。"(45)并且，除了这份两者间相互依偎、彼此营养的关系，还隐含了另一个必然性。当我们说到某两者构成对立关系的时候，往往设定了这样一个前提，即这两者间具有着或者说满足了构成对立性的可能性，也就是说，它们之所以表现出各自不同的性格、属性，呈现出如此截然相反的格调，乃是由于一方之匮乏恰是另一方之富足，但是也正是基于这一点，这两者才能势均力敌，无法相互取代；换言之，"互不相同"甚至"相互冲突"却是"互通有无"和"互相补充"的必要前提。以此类推，正是基于两个生物体之间的差异性，才有了"和解"（互补）的可能和需要，也正是在这种和解过程中，对于绝对的差异性的克服和理解，甚至宽容和喜好，最后竟然能够实现这两个生物体在肉体和精神轨迹上的合二为一，这才是"爱情"的伟大！然而，肉体的结合由于它的"物质属性"仍然严格地受到时间和空间的制约，当人们面对死亡，面对肉体的消亡，这种结合不得不被迫承受分离以及由此导致的在一次的对立性。但是黑格尔的解答却让我们突破了死亡的囚禁，看到了爱情所洋溢的永生华彩——"在爱中生命找到了它自身，作为它自身的双重化，亦即生命找到了它自身与它自身的合一。……分离的可能性和世界〔的多样性〕与那种未经发展的合一相对立。在发展的过程中反思总是越来越多地产生对立物（这些对立物在满足了的情欲里得到统一），直至它把人的生命的整体性与客体性对立起来。最后，爱扬弃了反思，消失于完全无客体性中，取消了对立物的一切异己性格，因而发现了没有进一步缺陷的生命本身。在爱中分离物当然还存在着，不过不复作为分离物而存在，而是作为统一物而存在；〔主体的〕生命直感到〔客体的〕生命。由于爱是对有生命之物的一种直感，所以要区别有爱情的人们，只在于他们是有死的、只在于他们想到死别的可能性，而不在于他们以为在现实中自己是分离开的者，或者以为现实的东西只是可能的东西与存在的结合。在有爱情的人那里是没有物质的，他们是活生生的整体。人们说，有爱情的人具有独立性、有其自己的生命原则，这只是意味着：他们可以死，〔可以为死亡所分离开）。……但是爱甚至要力图取消〔情人作为情人与情人作为动物机体之间的〕这种差别，取消单纯死别的可能性，甚至力图使有死者与永恒不死相联系"[46]，死亡发生于物质的生命，却没有中止精神的延续，或者说有爱情的人，两者的共生感本质上就不是发生在他们的物质生命中的，而完全是精神上的默契相依，物质生命的结合只是投影仪中的那面幕布，而生命在精神及灵魂中根深蒂固的"植入"才是那一切美好画面的真正光源。不过，既然"爱"是全方位的渗透与合一，那么物质生命的结合与精神生命的交融也是不可分割的，前者不但是后者的最直接了当的表达形式，同时还有着另一个新陈代谢的深意。爱人之间在物理意义上的分离虽然不可避免，但是作为他们肉体结合的结晶，"在婴儿中这种结合本身是未被分离的"[47]，肉体的结合培育了一个新的肉体，精神的结合生发出一个新的精神；婴儿离不开父亲和母亲的一切，但是它却不是双方中任何一个的单纯复制，也不是现在时髦的克隆产品，而是一轮新的统一物，它来自此前的分裂和对立，而它也将走向属于它这个新生命所必然要经历的与世界的分裂，过程如其父母一般，但最终还是会回归到下一个全新的统一。"生命必须从这种未经发展的合一出发，经过曲折的圆圈式的教养，以达到一种新的完满的合一。"[48]法国的那句谚语—— 所有的再生都是一种爱的馈赠（Tout, mon ame, est renaisance de l'amor.）—— 也得到了证实。可见，人类的生生不息，就是无声地讲述着爱的生生不息。但是，迂回的前行之路尚未接近其终点，"在爱中，羞耻感不在于对个体自我的开放与打破，而恰恰在于对于个体自我的保留"[49]，所以爱是对对立性的层层突破，任何对立性的存在都是对于爱的压抑，爱要做的就是在其它生命中找到自己的生命，而这实际上就是与一切生命的共生与和解，"爱是一种情感，但它不是一个个别的情感。一个个别的情感只是生命的一部分，而不是整个生命"[50]，所以"人类爱，这就是应该扩大到对所有人的爱，即使关于那些人我们一无所知，即使对于我们不认识的人，他们和我们之间并没有什么关系，我们也要爱他们"[51]。爱他们，这是一种宣言，但是爱本身不需要宣言，它更关注的是如何去实践这样的宣言，即如何去爱。"真正的结合、真正的爱只出现于有生命的存在中，这些有生命的存在具有同等的力量，并彼此相互承认对方是有生命的，没有一方对对方来说是死的。这样的真正的爱排除了一切对立"[52]。既然一切对立都消失了，那么虽然差异性依然如旧，但是人与人之间由这种差异性所造成的隔阂却消失了，"世界"与"我"之间的张力也消失了，所以"我爱世界"，就等同于我之"自爱"，于是"爱人如己"相应涌现。这也应验了史怀哲博士在《敬畏生命》一书中所说的："那些应该在黑人那里做的事情，对于我们来说，不应该是一种'善功'，而是一种不可推卸的义务。"在世界的不同角落，甚至不同时代，常常能找到同一种人性之美的闪光，并且这样的美是如此经得起时间的历练和空间的迁移，哲学家罗素曾经总结其生命的终极驱动力，"三种极其单纯然而非常强烈的激情支配着我的一生，那就是对爱的渴望、对知识的追求，以及对人类苦难痛彻肺腑的悲悯之心。"或许这三者在罗素看来是三个不同方向上的情愫，但是如果尝试着拆除它们之间的人为边界，那么对爱的真正渴求自然也带有着对人类苦难痛彻肺腑的真正悲悯，因为"设身处地"的思虑就是联系这两者的纽带，而对于知识的掌握不外乎是在巩固这一纽带的强度。但归根结底，内中的精神所指不离其宗——爱人如己。

当在世俗领域内谈论这样的"爱人如己"的精神时，我们竟然发现它与耶稣的"最大诫命"——"你要尽心、尽性、尽意，爱主你的神。这是诫命中的第一且是最大的。其次也相仿，就是要爱人如己。这两条诫命是律法和先知一切道理的总纲。"[xlviii]——是如此地匹配，以至于我们不得不怀疑世俗之爱与耶稣之爱的隔绝性，也进而怀疑世俗之城与上帝之城之间的封闭性。诚然"爱"排斥一切对立性，"超越了客体性，在一种无客体的和谐一体中，爱也超越了反思"[53]，因此如果上帝爱世人，世人也爱上帝，那么这两者间的对立性也应该被"爱"所彻底抛弃。《圣经约翰福音》第三章第十六节明确地说"神爱世人"，而耶稣也教导世人须"爱主你的神"，所以这样的爱必然跨越了此岸与彼岸之间的沟壑，连贯成了浑然一体的世界。同时，此岸与彼岸之间的和解，也就是世人与上帝之间的和解，用黑格尔的话来看，"宗教是同爱不可分的。爱的对象不是与我们相反对的，它是同我们的本质合二为一的。我们只在它里面看见我们，然而它又不是我们。——这是我们难以理解的一个奇迹。"[54]从中，我们可以得到两个印象：一方面，"爱的对象同我们的本质合二为一"，所以世人爱上帝且上帝爱世人，这就意味着上帝与世人的本质合二为一，即世人的本质中植入了上帝的本质，换言之，爱上帝的人都具有上帝的神圣性，或者说神圣性内在于人的本质之中；另一方面，"我们在爱的对象中看到了我们自己，但是它却又不是我们自身"，因而这样的奇迹每每发生在"爱"的过程中，难以解释、超越理智，因此这本身就是一个充满了神秘特质的现象，即爱是一种超越人类之寻常思考局限的神秘情感，“神秘”一词本身就意味着一种神圣性，一种非完全人性的向度。所以这更加坚固了这样的一个，即“宗教是同爱不可分的”，如果更仔细地进行分析的话，便是宗教之精神必然体现为“爱”，同时“〔在爱中、通过爱〕，神是在起作用，神是在创造。”[55] 如果结合上述两者的话，那么可以相应地认为，人的内在神圣性体现了、并且实现了人对上帝的爱，而上帝如果爱世人，则他的本质中必然也具有着浓厚的人性。因为“人与他所崇拜的神圣存在的关系必然在一定程度上是一种发生于对等者之间的关系。就像黑格尔在《基督教的权威性》一文中所提到的那样，‘爱只能对一个平等的对象才能产生，爱是一面镜子、一种呼应，它真正观照到的乃是我们自身的存在本质。’”[56]。由此我们看到了黑格尔对于世俗之爱与圣爱之隐性统一性的犀利洞察，并且也不得不拍案叫绝于他在两者之间架起的宽阔的桥梁，从而使得世俗之城与上帝之城、此岸与彼岸、人与神重新回归了整体的完满性。

在这里，我们可以为黑格尔的“爱”归纳出下列几个特性：

第一，“爱的精神反对‘对立性’，自然也反对对立性之衍生物—— 敌对性及奴役性。”[57] 爱本身就是对于“统治”或者“奴隶”等概念的彻底扬弃。在爱中，人不分你我，而是追求共同的分享和分担。在爱中，没有敌人或者冲突，因为爱的精神使得包容和理解成为了任何关系中高扬的主旋律。一切对立性本质上都是对于爱的违背，反过来说，爱是“和解”，是对于“对立性”的釜底抽薪。从而建立在“对立性”之基础上的所有分裂的关系都失去了其存在的根基。因此爱必然是对于“主——客体”对立模式的扬弃。爱的对象作为“客体”在爱中与“主体”相结合，“在爱的情感中，我们无从区分主体与客体，换言之，无从区分感觉活动和感觉对象。”[58] 回到“爱人如己”的这种实践爱的方式，则我们能够领悟到，“爱不是概念的统一性，而是精神、神性的统一性”，爱人如己实际上就是暗示着这样的一种情形，即“爱他像他是你一样。爱是一种同类之感，即感觉到一种生命不强于自己也不弱于自己。只有通过爱，客观东西的威力才可以打破，因为爱推翻了客观东西的整个领域”，“爱没有界限”[59]。“主——客体”在爱中得到了和解，回归于彼此温柔地和谐共处、相互滋养的统一状态，用文字的书面形式加以表示，即“主——客体”通过爱实现了“主客体”，如果可以借用英文的便利性的话，那么"Subjest--Object"的格局因为爱的介入，发生了质的转变，重生为"Soject"（Subject 与 Object 的合体），而通过这样的形象表达，我们就能更清晰地直观到爱爆发出的能量不是用物理的方法通过强大的压力把两不类同的原子强行挤压到一起，它所实现的乃是一种化学的变质过程，这两个原子之间的某一个化学键被爱的精神挖掘发现，从此抛弃了各自的独立性，而共同交汇构成了一个新的分子，一个新的物质体系。

第二，爱不但超越了律法，同时"爱超越了道德性。"[60] "民法的规律包含着对许多有生命的存在间的对立之界限规定，而纯粹的道德规律则规定一个有生命的存在内的对立的界限。由此足见，前者限于处理有生命的存在与有生命的存在之间的对立，后者限于处理一个有生命的存在的一个方面、一个力量与同一有生命的存在的另一个方面、另一个力量之间的对立，在一定程度上，这个存在的一种力量统治着同一存在的另一种力量"，所以可以认为"前者的主子在自身之外，而后者的主子则在自身之内，但同时仍然是他自己的奴隶。对特殊的东西：冲动、嗜好、病态的爱情、感性或其他种种说来，普遍的东西必然地而且永远地是一种异己的东西、客观的东西。那里面总残留着一种不可摧毁的权威性，足以激起人们的反感。"[61] 爱是对于对立性的扬弃，也就扬弃了建立在对立性之上的权威性。律法和道德性如果是基于一种对于自由的限制和破坏，那么它们已然构成了权威性，同时也必然屏蔽了爱的原则，所以爱本身意味着自发地以己度人、设身处地，律法也好，道德也好，在这样的一种自我放弃、自我缩小的精神之前完全失去了存在的意义。有必要指出，这里的"自我放弃"、"自我缩小"都是指的"小我"，即局限于原始生物意义上的个体之"自我"，一旦"爱人如己"成为了一种自我的生活理念，他者也就融入了那个小小的自我，从而扩大为一个具有整体之兼容性的"大我"，所以相对而言，原先的那个"小我"就在经历着自我心甘情愿的缩小和遗弃，因而在此，"自我缩小"和"自我扩展"是同一个内涵的不同表达而已。另外，这里我们可以鲜明地看到黑格尔对于康德之实践理性的完全扬弃。康德的实践理性实质上是普遍的道德原则对于个体由自然属性所赋予的感性经验之奴役，这种内在的奴役关系仍然保持着对立性的暴力。黑格尔的"爱"不但反对"一般对个别的奴役"，事实上它反对一切奴役。因为在他看来，"爱不仅使犯罪者同命运和解（爱对于律法的扬弃），它又可以使人同道德和解（爱对于道德的扬弃），这就是说，如果爱不是道德的唯一原则的话，那么每一种道德同时是一种不道德。”[62] 道德之成为真正的道德，就在于它以爱作为自身之纯正性的测度。如果道德是出于命令，不论是外来的命令还是内在的命令，它都是一种自相矛盾，因为道德本身理应是对于权威性的扬弃，而道德的命令形式却是以一种权威性扬弃另一种权威性，这只能成为一种自欺欺人的幌子，最终却仍然像一头蒙着眼睛的骡子，在黑暗中绕着权威性的中轴无休止地打转转，自以为行路万里，却只是原地踏步罢了。“正如道德是对于服从法律之行为的完成，同样，爱是对服从道德之行为的完成 xlix 。通过爱，道德的一切片面性、道德与道德之间的一切排斥、一切限制都被扬弃了。”[63] 既然如此，则律法与道德之范畴中会涉及的“权利”或者“义务”这样的概念也就同时遭到扬弃，因为“义务”本身就有一种被迫性，只不过这种被迫性是基于自我对自身感性欲望之满足的成功压抑，因此“说‘爱胜利了’，与说‘义务胜利了’并不是同样的意思，后者意味着对敌人的征服，前者意味着对敌对性的征服。”[64]

第三，爱必然具有宗教性，或者说爱本身就是一种神圣性的体现。由于黑格尔的“爱”从来都是伴随着一种“和解”与“结合”的意义，所以“我们可以把这种爱的结合叫做主体和客体、自由和自然、现实的东西和可能的东西的结合。”[65] 更具体地说，也就是一切分裂都被爱的精神所弥合。就像生物学上的类别划分——“门纲目科属”一样，每一次“划类”所分离的两个对象都可以在较高一层的属性中找到其相互统一的必然性，从而也相应地在那一层属性中此两者得到了和解，并实现了结合。同样地，人性与神性的裂痕也由此被爱的精神平复，“只要哪里主体与客体或者自由与自然被设想为结合着的，即是说，自然即自由，主体与客体不是分离的，那里就有神圣的东西”[66]，那里就是彼岸的抵达。当人敬拜神的时候，人表现为主体，神表现为客体；反之，当神赐恩于人的时候，神表现为主体，人表现为客体。但是这些只是出于“无爱”的知性分析或者权威律令的结果。爱的结合力量使人与神之间的关系走出了这样的对立性、奴役性、律法原则和道德约束。“爱只能发生于和我们相等同、是我们本质的反映、是我们本质的回声的对象里。”[67] 所以“属神的东西只有通过属神的东西才能被认识，‘上帝只有通过上帝自身而被认识。’”[68] 因此对人而言，“人的绝对本质、上帝，其实就是他自己的本质。所以对象所加于他的威力，其实就是他自己的本质的威力。因此，感性的对象的威力，就是感情的威力；理性的对象的威力，就是理性本身的威力；意志的对象的威力，就是意志的威力。"⁽⁶⁹⁾在爱中，人在上帝的神圣性中找到了自己的影子，也可以认为上帝在爱中把自己的光明渗透进了人的身心肺腑。在这种难分彼此的结合中，"上帝的意识，就是人之自我意识；上帝之认识，就是人之自我认识。你可以从人的上帝认识人，反过来，也可以从人认识人的上帝；两者都是一样的。人认为上帝的，其实就是他自己的精神、灵魂，而人的精神、灵魂、心，其实就是他的上帝：上帝是人之公开的内心，是人之坦白的自我。"⁽⁷⁰⁾在此，上帝与人通过爱彻底地舍弃了各自狭隘的边界，融入了难分难舍的同生共处的亲密结合，也正是由于这一结合的可能，生与死之间的囚锁才被猛力击碎。"生命成了'它（自然）最美丽的发明'，而死亡则是'拥有众多生命的窍门'；生与死汇成了同一片永恒的海洋。"⁽⁷¹⁾有趣的是，黑格尔似乎也注意到了一个特别之处，即东西方在对待精神与肉体、神性与人性、自由与自然、主体与客体之关系问题上的不同观念，早期的基督徒"呼吸了东方精神的空气，精神与肉体的分裂较少，他们只有较少的客体提供知性来处理。在我们用知性认识到特定的现实性和历史的客观性的地方，在他们看来，常常都是精神性的；而在我们认为只是纯粹精神的东西，在他们看来还是有形体的"，"我们只是用知性并且对别人的精神只认识到一种现实的东西，或者换句话说，一种异己的精神，而早期基督徒则把他们的精神与别人的精神混合起来。"⁽⁷²⁾可见，东方文明的熏陶使人更易于接受一种相互交融的合一，无论是"天人合一"ᴵ的思想、"未知生，焉知死"ˡⁱ的见解，还是佛教至高境界所通达的"涅磐"ˡⁱⁱ，都体现了一种物我不二的"妙契"精神，相反地，西方文明培养了人们的知性对于对立性的敏锐嗅觉，从古希腊开始这样的分离就已经奠定了西方之二元对立的思想脉统。而黑格尔所做的正是借着爱的精神打通这二元之间的脉络，回复二者在本原上的契合。所以宗教之为宗教，形态各异、各不相同，但是万变不离其宗者，乃是"爱"，即一种和解的精神、一种指向统一性的结合。于是，我们不无惊奇地发现，黑格尔的"爱"，某种程度上又在不知不觉中实践着东西方文化差异之和解，换言之，"爱"的理念与它的落实本身就已经是混杂了东西之文化特征的一个"混血儿"。

最后，由于爱的精神和解了一切对立性，超越了律法和道德，也散发着神圣的气息，所以这样的爱的原则必然与美的原则彼此相通。这样的等式并不是出于无端的玄想，或者自以为是的创新，而是基于对无论是"爱"的概念还是"美"的概念的黑格尔式的理解。首先，爱是对于任何奴役关系和统摄欲望的扬弃，所以在爱中，爱者与被爱者不分彼此、也不分高下优劣，而是活脱脱的包纳二者于其中的一个新生存在。爱者在被爱者中发现了自我，并且珍惜着那自我所需要却非自我所具有的、存在于被爱者之中的一切差异性的特质，更确切地说，这种对差异性的需要是对自我的补充和完善，自我在这样的差异性的认识和吸收中获得了提升并达到了圆满。拿最熟悉的爱情做典范的话，"每个人身上最独特的东西在情人的接触和交感里结合成为一体，直到分离的自我的意识消失了，情人间的一切差别被扬弃了。"（73）在爱中的双方各自的特质得到了完整的保留和相互的珍惜，或者说正是这样的特质才使得爱情的过程本身处处闪亮着惊喜而奇妙的糅合。爱不但使两者的结合成为了"一种纯粹没有分离的结合"，更微妙的是，它保存了甚至守护着两者中任何一方的个性和特点。爱令人清醒于这样的一个事实：爱他，所以不要把他变成自私的"小我"所希望的样子，而要让他成为"他自己"，成为"他希望所是"；爱他，所以不要让自己的占有欲剥夺了他的自由，而要给他随性驰骋的精神空间，把维护他的自由作为我的责任；爱他，所以他的梦想与我的梦想不再分离乃至冲突，相反地，它们构成了我们共同仰望的星空和共同努力的目标；爱他，所以"献出爱情的一方不会因而更贫乏。由于给予对方，他也同样增进了他自己的宝藏"（74），在此爱的付出与自我的幸福感形影不离；爱他，所以看到的天空格外蓝，呼吸到的空气格外清新，"爱情找出无穷的差别，并寻求无穷的统一，爱情转向无穷多样性的大自然，以求在自然的每一生命中去吸取爱情的养料"（75），爱突破了个体的自私，甚至也破除了任何意义上的自私，爱一个人不是把他扩展进自我自私的领域，而是通过爱这个人看到了自私的可扬弃性，并且体会到了自私性之扬弃的快乐，从而更拓宽自我的胸怀以至海纳百川；爱他，所以他成为了我安顿自我之精神、灵魂和心的家园，与他的结合带来了内心的平安和静谧，从而找到了内在于自我的永恒性，通过的爱的永生，自我也得到了永生。可见，爱的和解力量抚平了一切争端和矛盾的激烈，使它们平顺地在相互理解包容中获得各自独立性的保存和互补相承的通融。"爱人如己"使爱在捍卫自我之自由的同时也关怀和保护着他者的自由，爱与自由同步，而生命的终极意义就在于其自身精神的自由性，丧失了"自由之精神、独立之人格"的生命实质上无异于受外界强力驱动的机器，从而这样的"活着"本身就是生命的真正

"死亡"，爱通过尊重生命之自由，进而悄然驻留于一种平衡的状态——和谐。

美的原则有多种表达形式，但无论是宁静平和还是浓烈狂野的表现风格，其内在精神都是在寻找着自我"安身立命"之永恒落脚，都是对于无忧无虑、内心舒展的和谐之美的呼唤，只不过呼唤的声音有的温柔有的急躁，但是或近或远的，都是向着超脱苦难烦恼之纯真世界的攀爬。在既定的审美领域中，对于美的多元角度多数抱有着一份豁达的理解。但是那些能够引起绝大多数人动容落泪或者舒心微笑的共同的美，往往闪耀着一种"真"与"善"的光华，同时又超出了"真"与"善"的维度。上文中，我们已经涉及了主体与客体在美中的统一，即审美过程与审美对象的同一，而这样的"同一"完全自发地出于审美主体与审美客体之间的共鸣感，主体在客体中发现了自我的鲜活生命力，从而情不自禁地、忘我地沉浸其中，自我的精神契入了审美对象，审美对象也探入了自我的灵魂深处。"美"激发了审美主体深刻的自我了解。在"美"中，自我与审美对象之间定格为一种恒久的状态——和谐。可见，"爱"与"美"在"和解"、"结合"以至于"和谐"的维度中是相通的。日常语言中也存在对于这种相关意向的表达，即"情人眼里出西施"。"情人"特指"爱"的向度，"西施"则指向"美"的向度，而这两者却如此奇妙地彼此勾连；黑格尔在这个文本中也特别应用了妓女玛利亚向耶稣企求宽恕的例子来说明这一点 [76]，当犯了宗教戒律的玛利亚跪拜在耶稣面前，真诚地哭泣，并向他"全盘倾泻出她的灵魂"的时候，耶稣对旁人说："她在我身上做了一件美事。"——这是在整个耶稣故事中唯一的地方得到"美"的名称。充满了玛利亚内心的爱向耶稣展示了她的"灵魂之美"，这种美带有着朴素的纯洁，"没有任何应用于行为上或教义上的实用目的"，于是作为对这样一个优美精神的回应，耶稣说："你的许多罪都赦免了，因为你的爱多。你的信仰救了你，平平安安地回去罢。"但黑格尔借用这个故事还有现实的关怀意义，正如他所说的，"在那个时代里一个美的心灵是不能生活下去的，不过在这时代里正如在任何别的时代一样，人可以通过爱回复到最美的意识。" [77]

（二）爱的宗教——耶稣

黑格尔的"和解之爱"既不是在单纯日常意义上的，也不是在纯粹神学思辨中的，而是两者的共同体。在黑格尔自身生活的德语世界中，日常生活始终是一抹清淡却温暖的底色，而基督教神学意向则是一个难以脱离的思想大环境，餐前以及独处时的祷告成了哪怕是一个牙牙学语的稚童每天生活的一部分，而神圣的祷告形式承载着各种各样的内容，多半是一些混杂着朝夕片断的希望或忏悔。在这样的社会中，现实中的神人共处其实已经成了最为直接、最为日常的真相。可是哲学家们或者神学家们却往往对于真相的浅白不够敏锐，简单的东西只对一些纯真的心灵开启自身，哲学家们和神学家们思维的第一步常常是用一种复杂的视角去看待简单的现象，以剖析其中的道理，真理那难以掩藏的动人光芒诱使他们一步步把一团天然自成的世界演绎为一套玄奥的密码或者一个环环相扣的繁琐系统，这个过程确实让人们更了解他们被镶嵌其中的那个时间空间的组合体，但是这样的探究向来有始无终，当简单的头脑充满了错杂的思路，它们再也无法逆向返回、带领那个世界归于它纤尘不染的源头。各家之言使得世界被解释成各种面具，却恰恰忽略了任何面具都难描难画的那个真实素面。青年时期的黑格尔的研究有一个独特之处，即他的任何理论或者概念都没有离开过"生活"这根轰动世界的动脉，他的爱弥合了他文本中的自由与自然、主体与客体、彼岸与此岸、神与人、生与死，更重要的、并且更容易被忘却的是，他弥合了他的哲学与神学，更确切地说，他弥合了他的学术思想和实际生活，如果用更加神学化的语言来刻画这样的状态，即黑格尔实现了世界命运与个人命运的和解。所以当黑格尔再次转向基督教的精神及其命运的时候，他所说的"爱"固然是指耶稣基督所引领的基督教的精神实质、上帝的本质特征；同时也是人类的本质属性、人性之根。上帝与人类借着耶稣基督实现了"和解之爱"，于是基督教成为了一种完全不同于犹太教之权威性的崭新视界—— 爱的宗教，在那里，神与人的分裂平息于永恒的安宁 —— 和谐共处。

由于基督教自始至终都是围绕着耶稣基督展开，并且历史上、思想界的一切关于基督教之争端的最大症结都是集中在耶稣基督这个特殊人格上；更有甚者，当我们把其他宗教中出现过的任何一个重要人物从其宗教中抽离出来，都不会给此宗教造成致命的打击，然而，如果耶稣基督这个人物被确然否定或者被彻底颠覆，那么整个基督教将会因为其根基的崩塌而顷刻覆灭。因为耶稣基督不但是基督教精神的载体，也是基督教精神本身；他不但是物质性的，也是精神性的；他不但是一个宗教的创立者，也是这个宗教的

"魂"，或者"宗教之宗"。没有了他，上帝就是一个不可触碰的彼岸存在者，人类就是此岸庸庸碌碌的存活者，要么彼岸用不可拒绝的权威和暴力直接地威慑并统治此岸，使之水深火热、诚惶诚恐，要么两岸各不相望、互不关心、老死不相往来。但是无论是上述情况中的哪一种，都不能使人们摆脱发自内心的恐惧感，只不过前者是对于上帝这个权威者之无穷力量的恐惧，后者是对于自然之瞬息万变、不可预见的恐惧。但是在黑格尔看来，耶稣基督将"和解之爱"渗透到了自己的每一根神经、每一个细胞，全身心地化自身为桥梁，沟通了上帝与人类，并同时促成了灵魂的平和与物质生命的有所依靠。所以对于基督教精神的研究，实际上也就是对于耶稣基督这个人物的研究，了解了他，也就了解他的宗教以及其宗教今后发展的轨道。

"耶稣基督"这个称呼就颇有深意，因为"耶稣"是一个具体历史人物的姓名，这个称呼代表了人性、有着常人都有的"生老病死"；"基督"[liii]则具有着鲜明的神学指向，这个称呼蕴含了芸芸众生对于救世主的期待，它就是一个神圣性的标记。所以发生在耶稣基督这个"人与神的共同体"身上的这种非凡结合就是最大多数争议的发端——耶稣明明是玛利亚怀胎生下的孩子，也是同样被寻常的皮肉包裹的一个灵魂，何以可能成为基督，成为"上帝的儿子"？如此违背常理、几经周折仍未得定论的理论似乎将一切捍卫它的神学家们都推进了一个黑漆漆的"死胡同"，因为用"理智"来为这一最"背离理智的谬论"作辩解实在是一个"最不理智的行为"。更不能理解的是，关于耶稣基督的"神人共性"的理论竟然在公元325年的尼西亚会议上被指定为基督教世界普遍公认并遵循的《尼西亚信经》[liv]的基本内容。于是这个难题跟随着基督教发展的前行步履，处处引来非难和责疑。任何对于基督教的探索都不能避免与这个充满悖论却又极其重要的难题正面交锋，黑格尔也不例外，而他的"和解之爱"无疑在当时成为了他应付这个困境的有利对策，在一定程度上他不但小有突破地挪动了这块理论的磐石，也借此表达了其自身真实而切身的基督教情怀。

（三）耶稣的形象

参看耶稣基督所提出的基督教的最大诫命："你要尽心、尽性、尽意，爱主你的神。这是诫命中的第一，且是最大的。其次也相仿，就是要爱人如己。这两条诫命是法律和先知一切道理的总纲。"[lv]可见，"爱神"与"爱人如己"是基督教精神的宗旨。这里，根据这两条诫命，我们可以尝试着理解耶稣之"神人共性"的良苦用心以及这一形象的必然性。

首先，"爱神"无可非议地是最首要的教义。诚然，如我们在关于"爱"的章节中所表明的，黑格尔认为，"爱只能发生于和我们相等同的、是我们本质的反映、是我们本质的回声的对象里"[78]，所以"爱不是概念的统一性，而是精神、神性的统一性"，真正的"爱神"之可能性就建立在这样一个前提上，即神与我们相等同、相同质，是我们本质的反映，是我们本质的回声。换言之，当耶稣说"爱神"的时候，不是把神作为一个不可知的、难以接近的至高概念去爱，而是把神作为与我们自身的本质统一的"另一个我"去爱，爱从来不是盲目的冲动之举，而是基于理解和信任的深沉情感，所以对于神的爱必然也同样地基于对神的理解和信任，一旦神的本质与我们的本质达成统一，那么这样的理解和信任才能具有不可撼动的稳固性。神是无边无际的整体，是永恒的万有之综合，所以"爱神就是感觉到自己投身于生命的全体里、没有边界、在无限之中。在这种和谐的感觉里当然没有普遍性，因为在和谐之中特殊的东西不是争执着的，而是共鸣着的，不然就不会有和谐。"[79] 因此在爱神的过程中，神不再是那个与"特殊性"相对立的"普遍性"，人也不再是那个受"普遍性"统驭的"特殊性"，彼此的本质在爱中趋同，最终互相成为了对方的镜子，从而勾勒出对方的美好影像。耶稣就是这面镜子，他身上的"神性"与"人性"之完全性本身就是一座里程碑，向世人昭示着神与人之间的"爱"的最完美结晶。耶稣通过"爱神"的诫命，真正传递的信息乃是—— 每个人身后都投照着上帝的影子，因为每一颗人类的心都与神有着灵性的交集，即神圣性；我们之所以可以"爱神"，就因为我们自身的神性让我们能领会上帝的神圣性、能懂得神的博爱精神，进而从神那里继承这颗爱的种子。或者说，我们之所以具有"爱"的能力和"爱"的情感，本身就是基于神爱的关照。《约翰福音》第三章第十六节向我们做出了如下的证实："神爱世人，甚至将他的独生子赐给他们"，可见，"神"爱人，虽然神自身没有物质的固有形式，但是他努力地寻找着一种有效的可见的形式来向人类展示其爱的情感，这种爱需要一定的载体才能被经验世界中的人们所感知到，于是神赐给人们他的独生子—— 耶稣基督。既然神把耶稣作为自身爱的显示屏，即耶稣是神爱的代言人，则耶稣必然承担了上帝所寄望于他的爱的意向，所以耶稣身上的完全的神性是必不可少的，否则他难以切实地呈现上帝的爱。就此而言，运用一下最肤浅的逆向思考，我们不难领悟到耶稣的人性之于其神性的同等必然性。上帝爱世人，与前面所说的一致，真正的爱必然离不开深刻的理解与共鸣，所以上帝的儿子作为上帝对人类之爱的载体，本身就必需或者已经包含了对人类的清醒认识和切身体验，所以要完善地实践上帝的爱，耶稣必然，或者说耶稣自然而然已经具有了完全的人性。完全的神性与完全的人性在耶稣基督身上的紧密结合并不是基于任何反思的理智，也不是出于冷冰冰的功利态度，而是默默无声地以最现实同时却又最理想的方式，即借着耶稣基督这个实际的、可见可闻可感知的存在者，展示着神与人之间的爱的可能性和必然性。神与人自犹太教开始以来的对立性和奴役性借着耶稣这个中介者尽释前嫌，走向了相互的包容与和解。更重要的是通过神性与人性在耶稣这个具体的个体身上所实现的天衣无缝的结合预示着一个全新世界的降临，在那里上帝与人类、神圣之城与世俗之城、彼岸与此岸、整体与个体实现了"你中有我，我中有你"的相互糅合，这个全新的世界就是耶稣所说的"上帝之国"——"我的国不属这世界，我的国若属这世界，我的臣仆必要争战，使我不至于被交给犹太人；只是我的国不属这世界"[lvi]。耶稣所指的那个犹太人的权威宗教横行的"这世界"缺乏对于"神爱世人"的真切领会，从而也不具有"爱神"的深情厚谊，因而在盲目于上帝之神圣性的同时却丧失了其自身之神圣性的相度。但是，施洗者约翰却又在耶稣之前传道说："天国近了，你们当悔改！"[lvii]这样的教义是不是一种前后矛盾？如果单凭日常"这世界"的思考逻辑去理解，确实是无法解释的。但是，如果从"和解之爱"这一视角去看待"天国"，便会豁然开朗。耶稣说"上帝之国"不属于"这世界"是因为"这世界"的人们还没有"悔改"，还没有深刻地觉悟到自身的麻木不仁，而"麻木不仁"、"无动于衷"、"被权威摆布或驱使"本身却是对于"天国"的最大违逆。"天国近了"意味着最终"天国"的落脚点将是"这世界"，但是现在还不是，因为"这世界"中的人们还不知悔改，"悔"和"改"所指向的目标是同一的，便是"爱"的精神在人心中的苏醒和在"这世界"中的实现；这一过程本身就是上帝走进人类世界的过程，也就是耶稣的人生历程。所以耶稣本人就是一个标志，彰显着神对世人的爱，也呈现着人对神的爱，同时预告着天国的本质，乃是开启和铺展那萌生于上帝对世人的爱、潜藏在每一个人灵魂之根基处的神圣性，而这同时就是上帝在人世间的自我显现。因此从这个意义上说，"爱神"这一理念本身就来源于"神对世人的爱"，神对世人的爱也就是神对每一个人的爱，所以当每一个人都挖掘到自身内在的那颗由神播种的"爱的潜能之种"的时候，他也就会从冷漠中清醒，从而全心全意地爱神。但是之所以是"潜能之种"，就意味着它自身缺乏必然的自我意识和自我催生能力，也不具有百分之一百的生长率，甚至隐含了一些种子无法萌芽的可能性，并且隐约地表示这些种子即使成功地萌芽，其生长的速度和茁壮的程度也将会出现良莠不齐的现象。任何东西内在的潜藏性质只有在外来的强力推动下或者特定条件的刺激下才能被激活而成为显性的特征。耶稣在此就扮演了这个激发者的角色，他本人就是充满了人性的活生生的现实，其精神却包裹着神性的光环，这种完美的"神性"与"人性"的并存和融合就是一个自发建立的榜样，他是彻底的人，所以对于其他人而言，他是可以亲近的，因而是可以仿效的；他又是彻底的神，所以他的言行举止都透露着对自然万物的亲切和关爱、极度缩小自我而收纳天地于心的广阔胸怀。他用当时发生在他身上的、人所共知的事实来揭示上帝的真理，这样的榜样本身就是对于人们最直接的教育和最体贴的启蒙。就像我们常常说"母亲是人生第一个启蒙老师"那样，我们并不是在说母亲是第一个给我们制定很多行为规范、让我们恪守纪律的人，也不是因为她在我们最幼稚的时期会言传种种做人的道理，使我们朝夕背诵、烂熟于心，而是在于母亲始终是最爱我们的人，由于这份爱，她用自己为我们树立了一个榜样，以平易近人的日常细节令我们透过她自身的为人之道，学习了如何做人。耶稣对于世人之言传身教，如同母亲对于孩子之循循善诱，基础都是爱、没有任何罅隙与裂痕的完全的爱，而人类之借着耶稣爱神，也如同孩子之借着母亲学会通情达理。实际上，从这个意义上说，耶稣对于基督徒们而言，是犹太教后的第一位启蒙老师。

其次，另一个诫命与第一个诫命——"爱神"——"相仿"，就是要"爱人如己"。这个诫命中事实上包含了三个层次的"相仿"：第一，"爱人"与"爱神"的相仿；第二，"爱人"与"自爱"的相仿；第三，基于上面的两个"相仿"，"爱神"与"自爱"也相仿。这里需要指出一点，在《圣经新约·马太福音》的英文译本中，"爱人如己"被译作"a second"诫命，即"另一个诫命"，而非中文译本中出现的"其次"。"其次"如果翻译成英文的话是"the second"诫命，从理解中文的常规角度看，"其次"明显具有"第二"或者"次要"的隐性内涵，显然已经不同于英文所表明的"另一个"那样与前者具有并列关系的意义了。在此之所以有必要强调这一点，乃是在于按照黑格尔的"爱"的观念，他看待神与人的关系时，已经自动消除了两者间的对立性，也就没有了高尚与低下的区分，更确切地说，在黑格尔的"和解之爱"中，神与人之间的距离只限于彼此外显之形式的丰富差异，却根本不涉及内在之本质的同一，"爱的对象不是与我们相反对的，它是同我们的本质合而为一的。我们只在它里面看到我们，然后它又不是我们。"[80]因此，当我们"爱神"的时候，虽然我们并不因此从一个"人的存在"变成一个"神的存在"，但是神的本质却与我们人的本质同一；当我们"爱他人"的时候，我们也不能变成"我们所爱的、但是在我们之外的那个他者"，但是他人的本质也与我们的本质同一。所以在爱的精神中，本质上神与人是一体的、不分你我的，所以"爱神"与"爱人"之间没有"主要"和"其次"之分，也就是说，他们的关系没有任何逻辑上的必然先后次序，不存在"the first"和"the second"的分歧，实际上它们构成了两个呈现"爱"之不同表象的相度，但是就其精神实质而言却殊途同归于彼此融洽的和谐统一。所以第一个"相仿"意味着"爱神"与"爱人"是一个内部相互补充的自恰体。"爱神"是因为在"神"中我们看到了我们作为"人"却与之相同的本质，爱神不是爱它的表面浮华，恰恰就是爱"神的本质"，但是神的本质既然与我们作为人的本质全然为一，那么我们爱神的本质也就自然能推演出我们爱"人的本质"，"人的本质"存在于"人"中，所以"爱神"归根到底还是会不可避免地等同于"爱人"。"爱人"并不是一个空洞无物的口号，而是一个需要有实践之意识及现实之行动的东西，所以耶稣说当"爱人如己"，即"在爱里面，人在另一个人身上重新发现了他自己，因为爱是生命的合一"[81]，通俗地说，人对于他人之本质的尊重基于人对于自我之本质的理解和捍卫；人对于他人之生命的敬畏取源于人对于自身之生命的保全和珍惜；"在爱中的和解扬弃了奴役统治，恢复了生命的纽带、爱的精神、互相信任的精神，这精神从统治的观点来看，这应说是最高的自由"[82]。因而，"爱人"就是让他者恢复这种"最高的自由"，而且这一过程并不是一种自我的损失或者牺牲，因为当自我的爱推进他者达到其"最高的自由"的同时，自我也同样实现了自身梦寐以求的"最高的自由"，这个工序并不是分离的，而是完全携手同步实现的。对他者的爱只有在建立于"自爱"的相仿基础上才具有"大我"的通达性，然而"自爱"却又是一个难以自立的标准，自爱不是自私，而是基于自古希腊以来，其亘古训诫——"认识你自己"——之上的自我包容、自我完善、自我融洽，最终达到的是一种"宁静致远"的优美境界。"自爱"不仅需要一份主观上的自我认同，在此之前更需要一份具有相当清醒度的客观认识和自我评估。人作为一个生物体，最大的困境就是"出离自我"、成为自我的"旁观者"。当人类的自我意识自以为跃出自我之边界时，实质上那个"自我"也跟着"自我意识"的扩展而相应扩展，最终自我意识依旧还只是在那个狭隘的个体自我之中原地打转。这个时候人类要做到真正的"澄清真相"，就必须突破个体的意识之局限，奔赴真理所寓居的永恒，这个永恒就安置在"神"那里。人类只有在自我之中分有了上帝的永恒性，才能撤清"自私"的灰暗云层，看到人性的另一面、属神的一面，对于"人之为人"所兼备的两面属性的平衡认识方能使人获得真正的"自爱"的力量，因为"自爱"除了对于光明之自我向度的享受，更在于对于自我之人性阴暗向度的包容与完善。只有"爱神"，与神和解，才能看到自己之向神及背神的真相，才能做到"精专而不自闭、开放而有所守"，进而才能在平静而友善地与自我命运的和解过程中实现对他人真正的体谅与包容。由于"神性"与"人性"在耶稣基督身上的齐全，所以"爱神"、"爱人"与"自爱"这三个不同的向度毫无疑问地在耶稣基督那里得到了最融洽的调和，而耶稣本人也正是作为一个无可否认的实例向人们证实了这种调和的可能性以及调和后所放射出的、令人惊叹的美好。

"基督之前的人尚不是一种完全与自身同在的、无限自由的人格，他的精神在这个历史阶段还没有被解放为自己，解放为自己存在（自在）。它的最终的解放是随着基督教进入异教世界实现的，……只有基督教的上帝才真正既是'精神'又是人，精神性的实在在每一个历史的人里面成为主体。由此属神的东西与属人的东西的统一终于被意识到了，人作为上帝的一个肖像得到了和解。"[83] 这里的"尚不是"、"解放"、"终于"、"被意识到"等字眼向我们泄露着这样一个信息："神性"与"人性"的并存结合并不是耶稣基督的特点，而是确确实实地发生在每一个历史的人里面，耶稣基督的特点不在于他独有或者发明了这两种属性的兼容与契合，而在于他的"神性"与"人性"分别达到了各自程度上的完全与圆满，并由此调和出了一种整体上的完美。换言之，我们作为人，与耶稣基督的区别，从来都不是落实于"本质"，而自始至终都是基于"程度"的相异。同理推之，我们与上帝从一开始也就是同质的，不同之处在于程度有别；而人与人之间的本质差别究其本源，也就是其"神性"与"人性"之和解程度的差别，越是分裂就越是远离上帝，越相亲相爱就越领受天国的光照。在这一点上，"基督教超越了对生命的古典拯救，因为它也接纳了表面上与生命相抵触的东西。"（84）也正是这一点，使得黑格尔对于基督教重新加以认识，在他的字典中，耶稣从一个权威宗教的发号施令者转而变成了爱的宗教的引领者和启蒙者，而基督教从一个死气沉沉的犹太教的后续者转而变成了一个去粗取精、彻底重生的鲜活精神的家园。

    "死而复活"这一离奇的环节更是把耶稣这个由完全的人性与完全的神性叠合而成的独一无二的爱之形象推向了其无可超越的高潮。对于常人来说，发生在貌似无法转化的对立双方之间的变通或许都可以通过这种或者那种方式的疏通得以解释，例如驱鬼、治病等等神迹的实现，唯独死亡与生命这一组矛盾却始终是一个难以跨越的极限障碍。纵然种种关于"生死相通"的哲理或者诠释能够让人们更加冷静地从理智上认同生与死的彼此观照，但是横在这两者之间的鸿沟却是最为冷峻的现实，这一现实使得一切企图弥合生死之隔阂的尝试都成了无奈之下的自欺、聊以自慰的虚弱造势，生与死似乎绝无可能握手言和。无论男女、老少、善恶、贵贱、甚至健康的病态的，每个人都公平地走向"死亡"，世界上存在于个体身上的任何差异都不能赢得在死亡问题上丝毫的特权或者例外。一个人的一生可能变数无穷，但生命本身从诞生的那一刻起就自始至终贯穿着唯一的、也是最大的确定性——最终的"死亡"，每一个人的每一天或许闪烁着各自独特的小火花，但最后的归宿却是如此地整齐划一——熄灭，每一个瞬间、时间的最细微的蠕动都在推动着我们更趋近那个生命的大限——我们离死亡又近了一步、又近了一步……面对死亡，我们不能逃脱、不能替代、或许可以提前、却绝对不能延迟，就这样，后人成就的一切"前无古人"的伟大新意，在死亡的主题下，只能疲软地毫无创新地重复前代的旧途陈迹。死亡征服了人类，耶稣却征服了死亡。他的生命是一个全新的开端，这并不在于他摆脱了死亡的必然前景，而在于当死亡降临时，他用善意的平静取代了人们习以为常的绝望的哭嚎，这不是故作姿态，而是把死亡作为生命之必然环节直面接受的豁达勇气。死亡不再是生命的致命威胁者，而是生命链条中必要的一环，有了死亡的生命才是完整的生命，同时死亡象一个生命的推进器，它的齿轮紧紧扣住了生命的流转运行，正是由于它的执著坚定，生命的意义才被时时刻刻提示警醒着。生因为死变得更清澈，死因为生变得更深刻。两者的相互映衬使得各自超越了自身的局限，获得了新生。就像耶稣所说的："得着生命的，将要失丧生命；为我失丧生命的，将要得着生命。"[lviii]这种在常规意义上被归为逻辑混乱的表达方式，却点破了生命的本质。生命的终止意味着"自我"（精神和肉体）的彻底消亡，只有在"消亡"的观念迫近时，只有当人们意识到这不单纯是一个物理意义上的肉体的"我"从"有"到"无"的转变，更是在精神意义上的自我之灵魂的没落、最终陷入永恒的虚无，人们才会猛然间醒悟，进而反省生命的意义。如果生命的价值在于肉体，事情就会变得异常简单，日新月异的高科技帮助人类越来越轻松地实现了物质的保鲜，那么以此预测，肉体的保鲜应该也不会是一个那么难以攻破的难题，可惜，肉体的强健灵动恰恰不是生命之鲜活的重点，因为患卢伽雷氏症（肌萎缩性侧索硬化症）而被禁锢在轮椅上长达 40 年的斯蒂芬·威廉姆·霍金教授就是一个最有力的反证，在测度个体生命之份量的天平上，精神的灵动充实始终是衡量比较的重头。著名的奥地利作家斯蒂芬·茨威格在目睹了其精神上的故乡欧洲在第二次世界大战中的自我毁灭，在亲身经历了自己的语言所通行的世界对自己的无情封杀后，他选择了平静而真诚地自行了断生命，他的遗言中写道，"年过花甲，要想再一次开始全新的生活，这需要一种非凡的力量，而我的力量在无家可归的漫长流浪岁月中业已消耗殆尽。这样，我认为最好是及时地和以正当的态度来结束这个生命，结束这个认为精神劳动一向是最纯真的快乐、个人的自由是世上最宝贵的财富的生命。"对于他以及和他相类同的人而言，尊严是生命的本质，自由是尊严的基石，一旦自由被剥夺而难以赢回，尊严已然消散，那么肉体存在只是一具无意义无内容的躯壳，或者更确切地说，是阻碍了灵魂挣脱混浊、回归清澈的累赘。生命的被异化，就是生命最彻底的消亡。这是任何一个对自身生命执著热爱的人最难以容忍的耻辱。这个时候，死亡就不再是生命的丧失，而是放弃不值得一过的生命，而让真正的生命重新开始，从人类世界中隐退，为的是越级奔向上帝，在人们那里得不到承认，那么就直接到上帝那里获得尊重。黑格尔在《基督教的精神及其命运》这一文本中对于死亡的论述有着相似的观点，他说道，一些人"为了拯救自己而弄死自己，为了不要看见自己的生命受异己暴力的支配，他不复叫他的生命为自己的，所以他消灭他自己，由于他想要保存他自己，而那受异己暴力支配的已不复是他自己了，在他里面没有什么不受到侵害的东西和不可以放弃的东西"，"不幸可以大到这样的程度，以致他的命运，自我毁灭，可以驱使他弃绝生命，直到他完全退缩到空无。但是当人以最高的全部的命运来同他对立起来时，那末他同时就把他自己提到一切命运之上了。生命变得不忠实于他了，他也变得不忠实于生命了。他逃避了生命，但没有伤害生命。他也许想望生命就像一个离开了的朋友那样，但是它不能像一个仇敌那样来迫害他了。无论哪一方面他都是不可伤害的了，就像含羞草那样一受到接触时，立即回缩。早在他把生命弄成自己的敌人之前，早在他激起任何命运之前，他已经逃脱了命运。"[85] 因为对生命的自重和自爱，所以在生命将遭到难以抗拒的损毁之前，果断地结束残存的肉体。在此基础上，重新理解耶稣的"得着生命"与"失丧生命"，多少也就领会了耶稣作为个体生命的死亡所成就的"灵魂之美"，"'灵魂之美'以最高自由〔解脱〕为它的否定的属性，这就是说，为了保持自己可以放弃一切。"[86] 随着肉体生命的渐渐熄灭，耶稣的灵魂反而变得清澈透明起来，因为他通过死亡回到了他所来自的天上。耶稣临终前的遗言，无论是《马太福音》和《马可福音》记载的"我的神！我的神！为什么离弃我？"，《路加福音》记载的"父啊，我将我的灵魂交在你手里！"，还是《约翰福音》记载的最简单的一句"成了！"，都表明了耶稣的肉体死亡所隐含的"灵魂回归本源"的意义。死亡意味着自我的消亡，这仍然是正确的，但是在很多情势下，它却是一种完美的自我保全，当他人伤害我的生命时，我却依然小心翼翼地珍爱它，必要时不惜以牺牲它的外在形式来捍卫它本质的纯洁。在对生命的爱里，"生"与"死"这一对矛盾就这样在耶稣这个独特的个体这里获得了和解、实现了统一。

耶稣必须得死，因为他具有完全的人性，所以他身上除了罪，完备地拥有了属人的一切特点，死也不例外。所以当耶稣在十字架上呼出了最后一口气，他作为"人"的一生就此得到了完满的终结。死为耶稣的肉体生命画上了句号，耶稣也因为"死"证明了自己是一个无所缺失的完整的人——他是人子，是玛丽亚所生的彻底的人。但是死却并没有为耶稣的灵性生命画上句号，相反它只是一个醒目的休止符，重重得截断了平淡的曲调，为的是用一片寂静铺垫其后汹涌而来的更华丽的乐章，死是耶稣的一个"留白"，一个悬念，一个谜，就像耶稣本人的生命一样始终是历史上的一个谜。失而复得的亲人，更能让人懂得珍惜；失而复得的财富，更能让人保持清醒；失而复得的生命，更能让人觉悟人生的深意。耶稣的复活对于他的信众而言就是一个失而复得的亲人、财富和生命。耶稣的复活同他的死一样必要且必然。因为复活突出了耶稣完全的神性，在复活之前的耶稣除了施行神迹、道德完善、智慧过人之外没有其他奇异的超常之处，而对于生活在他那个时代的人们，先知、施行神迹者不乏其人，所以单单凭着这些特点而自命为"上帝的儿子"、天国的使者，是远不足以服众的，从圣经的记载可见，当时的人们虽然震慑于耶稣的种种奇能，却大都充其量把他当作又一个先知。然而复活却使得耶稣的神性浮在浑浊不清的舆论之上，为他此前的一切言行举止、谆谆教诲镀上了一层来自天堂的清朗明净的光彩。同时也使得人们在一片哗然之下不得不重新审视这个貌似平淡无奇的木匠的儿子，更极大地鼓励着他的门徒们以及信众们在他们的信仰之途上坚守信心。耶稣的复活，证明了他确实是上帝的儿子，是名副其实的基督，因为他与上帝一样内涵着永恒的时间性，并且在生与死的截然相反的维度中享受着来去自如的无限空间性。然而这里需要提醒大家的是，这种永恒无限性并不是上帝和耶稣的私有特性，而是内在于每一个人的共性，只是人们被人性的繁多面向牵引得晕头转向，却忘却了安放在心灵最深处那个房间里的最本真的"自我"，这个"自我"时时刻刻与上帝保持着亲密的交流与联系，这个"自我"或许年过半百，却仍旧如孩童般单纯无邪，这个"自我"也享受着超越时空的永恒性。耶稣用"父"的称呼表达了他与上帝的关系实质。这里，"'父与子'不是一种'相似'的关系，不是我们用反思的抽象方式所发现的（同种类型的事物属于"概念上的一"）那样的结论，这是一种建立在生物体之间，生命之共性之上的活生生的关系。父与子是'同一生命的不同阶段'，并不是相分离的存在物。这样的存在物之存在方式类同于部落或氏族之存在方式；氏族与其族人的关系不是整体与部分的关系，因为氏族的整体属性、血脉的传承性已经被清晰明确地印刻在了其族人的身上，并在他们每一个人那里得以展现。任何活生生的关系都遵循着这样一个特点，即如果每个部分都是可以相对独立存在的个体，那么整体将体现在每一个个体中"，"这一特点在最原始的生命形态，即植物生命的形态中得到了鲜明的印证。"[87] 由此可见，耶稣基督和上帝虽与"父子"相称，但是他们自始至终都不是分离的，而是一体的，上帝的"真善美"象基因那样弥漫在耶稣基督的每一个细胞中、每一举手投足中。而这又再次提醒着我们上面在"爱"的章节中提到的"孩子"是"父母"的爱的结晶和明证，在孩子那里父母的差异性已经被扬弃，取而代之的是一个以全新面貌呈现的完整统一体。上帝与耶稣的"父子"关系也是这样的爱的明证，试问人世间能有什么爱比父母对子女的爱更加无私而深沉？上帝使他的儿子耶稣历经生死、走过了一趟世俗世界的心路历程，可谓用心良苦，在这一旅程中，他的儿子不仅在应对重重险恶中获得了灵性的极大长进，同时也真正用自己的生命领悟着上帝对自己的关爱以及上帝对人类的关爱，这一份关爱没有同情的眼泪、也没有施与万能的援手，而是带领着自己、并借着自己帮助芸芸众生重新获得心灵的最高自由，恢复灵魂与上帝的互动呼应，用上帝种植在每一个人内心的"和解之爱"修好人与人之间的裂痕，从而把散布着种种对立、仇恨、芥蒂的世俗世界由内而外地过渡为上帝之国、天国。父爱就是这样同时兼具着严肃和慈祥，他虽然也因为儿子的苦难而心痛，但是他依旧坚持"授之以渔"，而非"授之以鱼"，这是对于另一个同等生命的平视和尊重，而不是居高临下的怜悯或施舍。耶稣基督与世俗世界的人们的关系也相仿，"耶稣宣称：'我是葡萄藤，你们是葡萄枝。'普通人与耶稣——这个"世界之光"——的关系，就如同树枝与树干之间的关系，树枝之得以维生，完全仰赖于吸收了树干所传输的生命养料；耶稣——"圣子"，与上帝——"圣父"之间的关系，则类似于树干与根系之间的关系（因此可以大胆地假设，如果把这三者所构成的"树"倒转过来重新栽植，即俗话所说的"本末倒置"，那么这三者仍然能够相得益彰地彼此和谐联系）。正如黑格尔在他的文本中提到的，'每一根幼苗、每一枝丫（也连同其他幼苗、叶和花）本身就是一树。那些把树的汁液从根茎输送到枝叶的纤维，其本性与树根是相同的。如果把某些树砍下来，倒立起来植入泥土，则那在空气中伸展的树根将会生长枝叶，而那些培在土中的枝丫将会在地下生根。因此说这里只有一棵树与说这里有三棵树（三个枝丫）都同样是真的。'[88] 因此，黑格尔要告诉我们的就是，"圣父"、"圣子"以及"那些以耶稣基督的名义信仰的人们"之间的差异不是必然的，而是偶然的、表面的。一个树枝也可以变成一个树根或者一个树干（但是在此我们必须注意，树根先要把自己变成树枝，才有可能成为树干："道"要成为"真正的天国之光"，必须要"道成肉身"）。"[89] 这里，神与人是合一的，"但人是儿子，神是父亲；人不是独立的，也不是存在于本身之上；就他独立而言，他只是一种变形，因此父亲还是在他身上；这儿子也有他的许多门徒，他们也和他合一，一个现实的质的变化，一种现实的父亲居于儿子之中、儿子居于他的学生之中：这一切人不是实体的、完全可以分开的、只在普遍的概念之中联结的，而是如同葡萄树根和它的枝蔓。神的活生生的生命在他们之中"，神不是绝对的超自然之物，作为生命的整体性，他并不高于或者外在于任何一个鲜活的具体生命，"超自然之物之存在于自然之物中；因为整体诚然会分离，必然总是在这里。神是爱，爱是神，除了爱，没有别的神。非神圣之物、不爱之物，神必然在观念之中拥有，除了自身。谁不能信仰神在耶稣中，耶稣在人们之中，谁就是鄙视人们。"⁽⁹⁰⁾换言之，"信仰神只有在这样的条件下才可能，即信仰者本人也有神性，这种神性在它所信仰的对象里重新发现它自己的本性，即使它没有意识到它所发现的就是它自己的本性"，"对神的信仰是根源于自己本性的神性。只有神的一个变形能够认识神性。"⁽⁹¹⁾耶稣的死正是出于对人类的爱，要帮助人们拾起自身信仰之独立性，挖掘自我内在的神性而做出的必要牺牲，"只要他活着在他们中间，他们便只能是信仰者，因为他们不依靠自身。耶稣是他们的教师和导师，是他们所依靠的个人中心，他们还没有自己的独立生活；耶稣的精神支配着他们；但是在耶稣离开后，神与他们之间的这个客观性、这道隔墙也就倒了。于是神的精神可以是他们的整个本质活跃起来。"⁽⁹²⁾"只有在耶稣个人死去之后，他们才停止对他的依赖，而他们自己的精神或者神圣的精神才在他们自身内持存着。"⁽⁹³⁾门徒们就像围绕在耶稣基督这颗光芒万丈的太阳周围旋转的卫星，他们的智慧、情感、人生都跟着耶稣的意志而转移，他们向耶稣无限地开放着自身，却向自己关闭了自身；他们牢记着耶稣的每一句教导，却遗忘了自我内在的同样清亮的悲悯之心；他们成了受光体，他们的光辉得自耶稣光辉，却不曾奢望、甚至彻底自我否定了自己成为发光体的可能性。诚然，耶稣基督的存在使得门徒们感受到了前所未有的和熙温暖，但是不可否定，他的个人魅力却也实实在在地掩盖了门徒们的个体意志和个体能量。所以他的"死"，是为了他们在灵性上的真正的"生"。而这样博爱无私的"死"更切实地体现了耶稣被凡人的肉体所包裹起来的完全的神性。而他的"死"并不是不闻不问地任其门徒自生自灭，实际上他的"复活"就是一种对其门徒们所担负的责任的延续。他死了，但是他们并不是孤儿，并不陷于无助或者孤独，并不因此决然一身去迎对接下来的无穷挑战，他复活了，所以他将永久地"与他们同在"。他的肉体消亡了，他的精神和灵魂却和他们每一个人分担和分享着生活中的点点滴滴，因为肉体的联合对于不同的人而言，是难以实现的，因为肉体是一个明晰的边界，清清楚楚地区分了你和我，但是一旦肉体这层中介被撤除，精神的交融就如同两颗不同的水珠相交汇成一颗水珠，难辨彼此、不分你我。就像耶稣说的："我不撇下你们为孤儿。我必到你们这里来。还有不多的时候，世人不再看见我；你们却看见我，因为我活着，你们也要活着。到那日你们就知道我在父里面，你们在我里面，我也在你们里面。"[lix]耶稣为门徒们"死"的爱是伟大的，他以自己的受难和死亡成全了门徒们灵性的独立与自由发展，但这样的爱仍不是完全的，耶稣为门徒们"复活"完成了这种爱，他像他的父、上帝守护他那样，守护着他的门徒们，让他们独立地生活、思考、选择，享受精神的最高自由，但是却并不把他们推入孤立空寂的绝境，即便在最痛苦煎熬的时刻，他们依然能感受到耶稣与他们同在，耶稣的爱与他们同在。上帝给了耶稣的爱，使他尝到了人世间酸甜苦辣的丰富内容，也使他深邃地经受了人生最苦难的黑暗，然后当他的生命重新与上帝结合，当他解脱了自身的黑暗的同时，也用爱的无限能量照亮了人世间其他阴暗的角落。

耶稣的形象，就是一个爱的形象，一个与一切对立和解的美的形象。认识他人是容易的，认识自己是困难的；包容敌人是可能的，包容自己的命运是难能可贵的。耶稣的爱包容了人性的罪、包容了隐藏在光明背面的黑暗，更重要的是，他的爱包容了、也教会了门徒们包容自己的命运，包容下发生在自己命运中的所有喜怒哀乐，因为世界不是静态的，一切都在相生相息的运动着。决定我们的命运的不是"我们是什么"—— 这不是被注定的、一成不变的——而是"我们选择成为什么"，命运不是一条横在悬崖上、黑暗中战战兢兢摸索前行的绳索，而是人生中面对生活做出的每一个选择所串联成的一条漫漫长路。

第三节 爱的辩证法

青年时期的黑格尔（1785 年至 1800 年）的哲学之路，就是在这一个或者那一个哲学理论的选择比较之下展开的，无论是《民众宗教和基督教》、《耶稣传》还是《基督教的权威性》，这些文本的构思和撰写中都隐约流露着另一位甚至几位哲学家或浓或淡的影子。然而，任何一位学者，不论是什么学术领域，都是经历了这样的学习过程成长、成熟起来的。最终，当从他人那里采撷来的思想在时间的积累中达到了足够地丰满，搅拌着自己平素深沉而勤勉的思考与探索，随着一个急剧加速的热情，甚至是沉寂在一段混合着焦躁、矛盾、痛苦、烦闷等恶劣情绪的杂乱无序的时光之后，终于，猛烈的暴风偕同着无边的雨幕席卷一切，扫清了所有的沉闷和逼仄，一道迷人的思想的彩虹，就跟在刺破黑夜的闪电之后明丽地悬挂在天际。

从青年黑格尔的哲学发展道路来看，《基督教的精神及其命运》中的宗教观实际上就标志着他本人思想风格的这样一个重要转折：首先，黑格尔对于"爱"之精神的高扬，就是对于康德哲学的基本原则，即"形式在先"原则的明显背离，注重扬弃一切对立性的和解之爱，本身已然扬弃了"形式"与"内容"之间的对立。黑格尔的"爱"扬弃了康德最为重视的"道德"，在黑格尔这里，"道德维护与确保的只是爱的可能性，因此按它的行动方式而言，只是否定的。它的原则是普遍性，即把一切都作为与它同样的东西，作为相同的东西来对待，爱的条件；普遍性的能力是理性。一个仅仅完全道德的人是一个吝啬鬼，这吝啬鬼总是收集和保存钱财，根本不享用。道德的行动总是被限制的行动，因为它是行动"，"在缺乏爱的道德那里，与个别客体的对立诚然在普遍性被扬弃，—— 客体的综合；但个别作为被排斥物、对立物而存在"，"返回到道德，只有靠爱"[94]。由此，黑格尔在反叛康德的实践哲学的同时，也扬弃了决定了西方哲学之脉统的对于"形式"、"内容"的二分法，这种思路至少可以追溯到古希腊时期的亚力士多德，他关于"形式"与"质料"的划分几乎完全统摄了其后的哲学发展之主流。其次，黑格尔的哲学从"批判型哲学"转而趋向于"解释型哲学"，在《民众宗教和基督教》中他不遗余力地批判客观宗教，褒扬主观宗教，并在他的文本中刻画了一个符合他个人理想的宗教形态—— 民众宗教，而民众宗教空中楼阁式的浪漫虚渺恰恰反衬了黑格尔对他所在时代之基督教的现实状况的极大不满；在《耶稣传》中他更为彻底地改造了基督教的圣书，把他前面所倡导的主观宗教精神发挥到了极致，撰写了一部能让他满意的"福音书"，书中的所有偏离凡人之常规的神迹异能都被清除干净，可见他对于现实中的圣经之《福音书》的反感与批判；在《基督教的权威性》中，"权威性"更是明晃晃地成为了激起黑格尔无限斗志的靶子，他与"权威宗教"相持的对立格局可说是立场鲜明的。但是到了《基督教的精神及其命运》，黑格尔却放弃了其之前那立于现实之上的、尖锐的轻蔑者的姿态，变成了一个沉入现实、用包容心态去看待世界的解释者。这并不意味着黑格尔抛弃了批判者的身份，而是他跳出了"批判"和"批判对象"这个充满了敌意和对立的"轮回"，他用"爱"的精神弥合了这两者之间的罅隙。他仍旧指出他所接触到的各种问题，但是当他批判黑暗的时候，他既看到了对于"光明"的偏执和异化所导致的"黑暗"，却也同时看到了显性之"黑暗"正是酝酿而等待绽放的隐性之"光明"。之前让他深恶痛绝的的发生在耶稣身上的种种奇迹也因此得到了释然，"奇迹不仅仅是围绕着耶稣或附加给他的东西，而是从他的内在力量中产生出来的东西，……在那些奇迹里神圣的东西与客观的东西似乎得到了最密切的结合。"(95) 在耶稣的身上，从耶稣由爱的精神所揉搓成的和平形象里，他发现了主观与客观之元素的融合为一，发现了对立性之双方各自"放下屠刀"后的冰释前嫌。

然而最重要的、奠定了黑格尔哲学今后发展之整体倾向的一点，是他的辩证法。从形式上看，在黑格尔的哲学生命中，他第一次运用一种齐整的"正题——反题——合题"的逻辑结构来推出独具他个人特色的辩证法是在被后人命名为《伦理体系》的手稿中。但是辩证法并不是一个简单的术语，而是一套完整的思想，它的源头或者说它的雏形在《基督教的精神及其命运》便已展露，换言之，《基督教的精神及其命运》中"爱"的精神所具有的扬弃异化、扬弃对立的属性已经使得它符合了辩证法的基本特征。青年时期的黑格尔，即 1800 年之前的黑格尔尚未明确提出"辩证法"[lx]的说法，因此这个话题也不是本论文所涉及的主要论题，而是本论文内容结束之后话，但是为了能够清晰地了解青年时期黑格尔对其一生哲学事业的重要铺垫作用，我们不妨顺便简明介绍一下黑格尔的辩证法，并借此机会纠正一下长期以来，人们凡提到黑格尔的辩证法，必以"量质互变规律"、"对立统一规律"、"否定之否定规律"此三大原则归纳之的误解。实际上，黑格尔的"辩证法"与前人对于他们的辩证法的理解相比，超越了他们的思考局限。黑格尔的辩证法不是对前人的继承，而是一种独创，因为最起码辩证法在他那里不单是解释自在之物的方式或者手段，更加是自在之物的真实存在方式的自然呈现。它不但是诉诸于理智的知识，更是万象流变之真相。因此黑格尔的辩证法可以被归结为以下几个基本特征：首先，思想与思想对象之间的统一，辩证法不是一个纯粹的思维方式或者推理技巧，而是事物自然存在的真实形态。例如当我们认同一个观点的时候，我们不是在认同一种外在于我们的一个陌生观点，实际上，当我们认同了一个观点的时候，这个观点已经属于我们了，它变成了内在于我们自身的观点。其次，事物在发展过程中必然包含着内部矛盾，辩证法必然牵涉到对立性。这与我们中国人比较熟悉的理论，即道家的"阴阳二仪"，事物的发展总是在"阴"与"阳"两极之间游走，且始终处于阴阳互济、相生相克的状态，到达任何一个极端的顶点则意味着向另一个顶点的转化，所以或许事物自身对立性的双方由于不同的视角呈现完全不同的方面，但是对立性作为一个普遍的性质融会贯通。最后，事物必然在发展前行的过程中实现自我之扬弃，辩证法就是指任何一个在较低层面上被认可的对立性，一旦经过一系列的自我否定上升到更高层面时就会扬弃前面这个层面的对立性所造成的分裂局面而重新整合为一个新的统一体，事物的自然发展就是这样一个螺旋式上升、在"分裂"与"统一"这两极间循环往复的过程。以植物的生长为例，从花朵的角度看待果实，或者从果实的角度看待花朵，两者间的差异是不言而喻的，因此从这种静态的思维定式我们看不到两者实现统一的契合点。但是"在死东西的领域内使矛盾的东西，在生命的领域内就不是矛盾。"[96] 花朵充满了生命，它的生命的下一个阶段就是果实，它们是同一个生命体的不同形态罢了。生命本身打破了花朵与果实之间的森严壁垒，连起了它们的脉络，它们作为"个别的东西、有限制的东西、作为与生命相反对的东西、死的东西，同时是无限的生命之树的一个分枝；外在于全体的每一部分同时又是一个全体、一个生命"[97]，在这里，"生命是'自然最美丽的发明'，而死亡则是'拥有众多生命的窍门'；生与死是同一片永恒的海洋"[98]。用黑格尔本人的更为抽象的哲学语言来表达则是"矛盾之物之所以能被认作矛盾物，只是由于它们已经是联合起来了的。联合是共同的标准，就这标准，才好进行比较；就这标准，对立面才表现为对立面，才表现为两个没得到满足的东西。如果现在已经表明：彼此对立的互相限制的两个东西本身不能成立，它们必定会扬弃自身，因而它们若是可能的，就要以联合为前提（为了能表明它们是对立面，联合已经被作为前提），那么，这就证明了，它们必须被联合起来，联合应该是存在的。"[99]

在《基督教的精神及其命运》这一文本中，黑格尔意识到了：在现实的宗教形态中并存的主观精神与客观形式或者说道德精神与权威形式不是我们能一厢情愿筛选的，它们之间的张力从某一个平面的断层来看是最不争的事实，也是我们无法摆脱的命运，因为这不是我们所能够刻意去选择或避免的，而是宗教发展之必然宿命、宗教成长之自然形态。主观精神与客观形式的对立性，与其说是黑格尔所在的或者此前的人类社会之宗教由于不善的动机而造成的偶然形态，不如说是伴随宗教历史之前行的必然命运。但是这样的对立性不是绝对的，正如黑格尔在文本反复证明的，"爱"的精神是弥合这一对矛盾的良方，在爱的理解包容之下，双方能够在更高的一个层次上实现最终的和解。耶稣的形象作为完全的神性与完全的人性的结合体，就是用上帝与人类之间的互爱来实现其两种本性的和谐共处，无论是主观精神还是客观形式，在耶稣身上都达到了最完善的表现和象征。黑格尔对耶稣形象的讨论说明了，"基督教的哲学真理在于：基督使人性的东西与神性的东西的分裂达到和解。这种和解对于人来说之所以实现，只是因为它本来就已经在基督里面发生；但是它也必须通过我们并且为了我们自己被产生出来，以便它自在自为地成为他所是的真理。在上帝的化身为人中证明的正是神性与人性的统一。"[100] 在黑格尔看来，人性与神性之间所以有着"自我存在与异己存在的决裂，并不是想让自己保持是自己所是的，而是因为它自身已经是某种原初统一并且还想要重新统一的东西的分裂。人必须能够在他者或者异者那里有家园感，以免在现存世界的异在中对自己成为异己的。"[101] 在他者或者异己那里所寻觅到的"家园感"就是一种爱的收获。因为"在爱中全体并不是包含着许多特殊的、分离的情感之总和。在爱中生命找到了它自身，作为它自身的双重化，亦即生命找到了它自身与它自身的合一。生命必须从这种未经发展的合一出发，经过曲折的圆圈式的教养，以达到一种完满的合一。"[102] 这个圆圈式的教养，就是上文所提到的"螺旋式上升的循环往复"。耶稣就是这样，"信仰的完成、恢复到神性，从神性中降生了人，结束了人的发展的圆圈。"[103]

可见，在爱的宗教的探讨中，黑格尔的辩证法思想已经跃然纸上。前面数个文本所透露出的思想之间的错绕纠结，借着他最后的理想与现实之间的和解而得以平复。耶稣形象在不同文本中的演变正是他本人的思考步步深入过程中的显示屏，透过每一个阶段在耶稣身上所体现出的不同特质，我们也清晰地看到了活跃在黑格尔脑中的灵感火花，耶稣的形象帮助我们抓住了黑格尔难以捉摸的天才思路，并且有趣的是，辩证法的演绎不仅是《基督教的精神及其命运》文本中的一个方面，却也是青年时期黑格尔思维路径的真实写照。前面所提到的他本人的哲学风格从"批评型"到"解释型"的转变，正是一个扬弃对立性，实现统一性的现实版本。黑格尔本人的哲学之路就是一条从对立到和解，从分裂到统一的螺旋式的、圆圈式的教养过程。他本人用自己鲜活生动的一生印证了他的辩证法，黑格尔的哲学并不只是黑格尔研究的领域，而是融入了黑格尔自己的生命。或者说黑格尔的哲学，就是黑格尔本人。

小　结　文风成形及辩证法萌芽

　　与青年时期黑格尔最初的几个文本相比，很显然，《基督教的精神及其命运》已然开始透露出成熟时期黑格尔这样或者那样的特点。他不仅逐步理清了之前错综复杂的主观精神与客观形式、道德与权威、应然与实然、神性与人性之间的关系，而且在成功破解这种种密码的同时，他也完成了其学术生涯中第一次富有创造力和说服力的"辩证法思想"的展现。另外，这一文本的写作，似乎是一个起点，从那以后，黑格尔的哲学表达方式趋于一种其个人的独特性，即常人看来是晦涩难懂、甚至前后矛盾的语言风格。这不仅使得后人在阅读其文本时由于对其文风的不适应而导致的对其思想的一知半解，更因此造成了人们对使用这种艰涩诡异之表达方式的黑格尔本人的猜疑或误解。实际上，如果仔细阅读《基督教的精神及其命运》一文，我们会发现，黑格尔已经在文中为他今后对于语言表达方式的选择给出了合理的说明："由于神圣的东西是纯粹的生命，因此任何关于它或者任何说到它的东西必须不包含对立在自身。而且任何关于这个客观存在的关系或者关于它表现在客观行为上的行动的反思词句必须避免。因为神圣东西的作用只是一种各个精神的合一，只有精神能理解精神，并包括精神在自身内。像这样一些名词：教导、学习、命令、看见、认识、造作、意志、来（到天国）、去等等都只是表述客观事物关系的名词，但只有当精神接受客观事物进它自身时才有这种关系。因此关于神圣东西只能以高度兴奋感动的词句来表达"，而耶稣在其传道的过程中，反复使用"'天国'、'进到天国'、'我是门'、'我是真正的食物'、'谁吃我的肉'等等，—— 他只得用这样一些日常的现实的词句，来勉强表达精神性的内容。"[104] 虽说在这里黑格尔是在解释耶稣为什么使用一些貌似粗糙而且背离常规的语言风格，实际上他想表达的就是：精神性的内容无法用日常语言加以完全地表达，因为日常语言的适用范围乃是日常生活，而日常生活之所以是日常生活，就在于它是有限的，但是上帝和神圣性是无限的，虽然它们时时处处体现在日常生活的任何角落，但是它们却有着无限超越于日常生活的另类维度，是日常逻辑语言无法抵达的另一个空间，用有限的语言来表达无限的对象，这本身就是一种"勉强"、一种令人"心有余而力不足"的窘境。黑格尔后来在分析《约翰福音》的开头时又对此做出了相应的解释："《约翰福音》的开头包含着一系列论题式的句子，以特有的适合的语言表达了关于神和神圣的的东西的性质。那是以一种最简单的反思式的语言来说的：'太初有道，道与神同在，道就是神，生命就在神里面。'但是这些命题只有判断的欺骗性的假象，因为它们的宾词并不是概念、普遍，像一种反思的表述在判断里所必然要包含的那样。反之这些宾词本身又是存在着的东西、有生命的东西。即使这种简单的反思形式也不适合于用精神的东西来表达精神。没有任何地方比传达神圣事物更需要接受者具有自己深刻的精神去掌握。没有地方比被动地去学习、去吸收神圣事物更少成功的可能性，因为在反思的形式里用来表述神圣事物的每一个命题本身都是直接矛盾的。而且被动地、缺乏精神体会地去吸收那种表述形式，不仅会令有深刻精神修养的人感到空虚，而且会使吸收它的理智也因而感到迷惑，因为它是与理智相矛盾的。"[105] 所以黑格尔之所以选择他之后一直延续使用的看似自相矛盾的哲学表达方式，并不是出于故弄玄虚的玩兴，也不是误入歧途的过失，而是出于两方面的原因：一方面，他之所以要表达，之所以要写作，就必须运用其自身理智去理解去阐释，并且需要让其他的具有理智的头脑也能够明白他的理智所要表达的内容，因此他的语言不能脱离理智的范围，而必然要依赖于某种与理智相协调的表达方式；另一方面，因为他所要表达、所要阐述的内容是关于神和神圣性的，这不但超出了人类理智的理解力范围，也同样超出了人类所惯于使用的理智语言的范畴，因此他的语言又不得不是一种超乎理智的表达。这里就出现了一组矛盾，即要让生活于有限时空中的人类大脑去通达那超出了人类大脑之边界、存在于永恒无限维度内的神。这是何等地艰难？深谙此困境的黑格尔于是"剑走偏锋"，采取了一种中立的，却又可以被认为是激进的改良手段，即使用了一种由符合理智的语言词汇与不符合理智的语言逻辑共同组合而成的语言表达方式。也只有这样的语言表达方式，才能帮助他实现他的"辩证思想"，使得"辩证的"自然事实在文本中得以现实化。因而当我们在黑格尔的哲学著作中看到诸如"无限的有限性"、"无局限性的局限性"此类自相矛盾的表达时不必诧异，因为这就是他的"正题—— 反题—— 合题"的理论表达方式，他的这些语言本身就如同事物自身的发展，不是一个单向度的线性的简单流程，而是众多层次同时运作的、相互交错的复杂系统。

《基督教的精神及其命运》一文中可谓浪潮汹涌，每一次的异化都在事物自身的发展所进入的更高层次上得到扬弃，一轮又一轮的"异化"与"扬弃"推动着历史的前行，也伴随着真理的前行。当"爱"的和解精神所带来的清新空气似乎驱走了所有的异化时，或许我们的心情不由得有种如释重负的舒畅感，仿佛历经艰辛，终于修成正果。然而熟悉了黑格尔的写作风格的人应该会隐约领会到黑格尔思想的一个重要特点：此起彼伏、此消彼长。每一次的理论成果，都是下一个理论的零分起跑线。"爱"固然给出了一个弥合对立性、扬弃异化的相对完满的解决方案，但是黑格尔却并没有因此搁置其敏锐的洞悉力，他看到了"爱"的局限性—— "爱本身仍然还是不完善的本性"，"爱的直观似乎满足了完善性的要求，不过这里有一个矛盾。直观、表象是一种有局限的东西，只是对于有限制的东西的接受。但是直观或表象的对象〔神〕将会是一种无限的东西。这种容器是装载不下那无限者的。" (106) 可见，黑格尔的"爱"的精神虽然在其文本中呈现着空前美满的包容豁达，但是正如前面所说的，神圣的东西是在自身中不包含任何对立性的，爱的直观性和表象性却注定了它是有局限的，而局限性本身就必然地意味着处于一种对立之中，对立的存在则进而意味着对立双方之间至少有着统治与被统治的可能性，即至少存在着被异化的可能性。事实上，"在幸福的爱各个瞬间里没有客观性存在的余地。但是每一个反思都扬弃了爱，又恢复了客观性，有了客观性又开始了有局限性的事物的领域"，爱与反思之间存在的对立性使得黑格尔力图找到统一两者的途径，于是他认为"宗教就是爱的完成（πληρωμα）（它是反思和爱在思想中的统一、结合）。" (107) 但是这个方案却并没有为黑格尔对于和谐统一的追求带来多大的起色，而且历史的真相告诉我们，耶稣死后的基督教并没有在"爱"的精神观照下走多远，相反，权威性的因素一次次占领了基督教精神的主阵地，基督教一次次被异化，而"爱"的精神却在异化的命运面前无能为力，甚至连"爱"也难以逃脱地成为了"异化"所扭曲的对象。在这个文本的最后，黑格尔不得不沮丧地承认："在发生于神与世界、神圣与生活的对立内部的两极端之间，基督教教会往返摇摆绕成一个圈子，但是总是与它企图在一个非人格的活生生的美中找到安息的主要特性相违反的。教会与国家、崇拜与生活、虔诚与道德、精神活动与世间活动绝不能溶合为一，——这就是基督教的命运。"（108）在意识到"爱"的不可挽回的悲剧命运之后，黑格尔也因此看到了耶稣这个爱的形象的局限性。精神的成长过程只有在不断超越自身之有限性的历史进程中才可能越来越接近真理、越来越接近那最终的统一，所以耶稣作为一个爱的形象在其自身的局限性暴露的同时也就成为被扬弃的对象，从而退出了黑格尔的思想世界。但是这里依然有必要提醒一句，首先，黑格尔"扬弃"的是象征着"和解之爱"的耶稣形象，而并没有扬弃他的辩证法思想，或者更确切地说，对于"爱"的扬弃恰恰是其辩证法走向相对成熟阶段的必要一环；另外，对于"爱"的扬弃，不代表"爱"或者爱的形象代言人——耶稣，就此失去了其价值而遁入无意义，就像在上文"爱的辩证法"一节中所提到的，任何在死的状态下处于矛盾的东西一旦进入运动的状态就变得不再矛盾了，因为每一个环节既是一个独立的个体，同时又是更宏大的整体之中的一个部分，就像每一个齿轮都对于机器的正常运作有着不可或缺的作用那样，每一个在黑格尔的文本中出现的环节也都直接地助长着黑格尔思想的成熟，不论这样的助长所采取的形式是肯定的还是否定的，都是思维向上攀爬过程中的一级阶梯，前面的阶梯紧紧地衔接着后面的阶梯，任何一个环节的抽空都会导致阶梯的整体坍塌。所以，与其说黑格尔否定了耶稣形象，不如说黑格尔将从这一个阶段走向下一个环节，在那个环节中，黑格尔将克服耶稣这个爱的形象自身所包含的局限性，而进一步完善并成全它，使之通达无限。就像耶稣本人在面对时人的责难时所说的那样："莫想我来要废掉律法和先知；我来不是要废掉，乃是要成全。"[lxi]这解释了耶稣与犹太教的关系，也同时澄清了黑格尔对于耶稣这个"爱的形象"的态度。相应于生活中，我们常常在吃了六个饼之后仍然觉得饥饿，却在吃了另外半个饼之后顿时感觉吃饱了，每当这个时候，我们应当提醒自己，这并不单单是最后那半个饼的功劳，它并没有取消前面六个饼的价值，而是与之前的六个饼一起，完成了它们共同的使命。而这不就是黑格尔的辩证法思想所提醒我们的么？

注释：

（1）列夫·托尔斯泰《生活之路》（M）·王志耕译·北京：中国人民大学出版社，2006：1·

（2）Frederick C. Beiser · The Cambridge Companion to Hegel（M）· Cambridge ：Cambridge University Press,2006 ：32 ·

（3）Terry Pinkard · Hegel：A Biography（M）· Cambridge ：Cambridge University Press，2000：76 ·

（4）A.Wyllemon · Hegel on the Ethical Life,Religion and Philosophy（M）· Norwell, MA, U.S.A. ：Kluwer Academic Publishers，1989：16 ·

（5）黑格尔 ·《黑格尔早期著作集》（M）· 贺麟等译 · 北京：商务印书馆，1997：352 ·

（6）黑格尔 ·《黑格尔早期著作集》（M）· 贺麟等译 · 北京：商务印书馆，1997：352 ·

（7）黑格尔 ·《黑格尔早期著作集》（M）· 贺麟等译 · 北京：商务印书馆，1997：354 ·

（8）黑格尔 ·《黑格尔早期著作集》（M）· 贺麟等译 · 北京：商务印书馆，1997：353 ·

（9）黑格尔 ·《黑格尔早期著作集》（M）· 贺麟等译 · 北京：商务印书馆，1997：354 ·

（10）H · S · Harris · Hegel's Development:Towards the Sunlight 1770-1801（M）· Oxford：Clarendon Press，1972：274 ·

（11）H · S · Harris · Hegel's Development:Towards the Sunlight 1770-1801（M）· Oxford：Clarendon Press，1972：283 ·

（12）黑格尔 ·《黑格尔早期著作集》（M）· 贺麟等译 · 北京：商务印书馆，1997：354 ·

（13）H · S · Harris · Hegel's Development:Towards the Sunlight 1770-1801（M）· Oxford：Clarendon Press，1972：282 ·

（14）黑格尔 ·《黑格尔早期著作集》（M）· 贺麟等译 · 北京：商务印书馆，1997：356-357 ·

（15）黑格尔 ·《黑格尔早期著作集》（M）· 贺麟等译 · 北京：商务印书馆，1997：488 ·

（16）黑格尔 ·《黑格尔早期著作集》（M）· 贺麟等译 · 北京：商务印书馆，1997：356 ·

（17）H · S · Harris · Hegel's Development:Towards the Sunlight 1770-1801（M）· Oxford：Clarendon Press，1972：282 ·

（18）H · S · Harris · Hegel's Development:Towards the Sunlight 1770-1801（M）· Oxford：Clarendon Press，1972：282 ·

（19）黑格尔 ·《黑格尔早期著作集》（M）· 贺麟等译 · 北京：商务印书馆，1997：357 ·

（20）黑格尔·《黑格尔早期著作集》（M）·贺麟等译·北京：商务印书馆，
    1997：359·

（21）黑格尔·《黑格尔早期著作集》（M）·贺麟等译·北京：商务印书馆，
    1997：360·

（22）黑格尔·《黑格尔早期著作集》（M）·贺麟等译·北京：商务印书馆，
    1997：361·

（23）黑格尔·《黑格尔早期著作集》（M）·贺麟等译·北京：商务印书馆，
    1997：361·

（24）黑格尔·《黑格尔早期著作集》（M）·贺麟等译·北京：商务印书馆，
    1997：356·

（25）黑格尔·《黑格尔早期著作集》（M）·贺麟等译·北京：商务印书馆，
    1997：361-362·

（26）黑格尔·《黑格尔早期著作集》（M）·贺麟等译·北京：商务印书馆，
    1997：365·

（27）H·S·Harris·Hegel's Development:Towards the Sunlight 1770-1801（M）·
    Oxford：Clarendon Press，1972：284·

（28）黑格尔·《黑格尔早期著作集》（M）·贺麟等译·北京：商务印书馆，
    1997：370·

（29）黑格尔·《黑格尔早期著作集》（M）·贺麟等译·北京：商务印书馆，
    1997：367·

（30）黑格尔·《黑格尔早期著作集》（M）·贺麟等译·北京：商务印书馆，
    1997：368·

（31）H·S·Harris·Hegel's Development:Towards the Sunlight 1770-1801（M）·
    Oxford：Clarendon Press，1972：286·

（32）H·S·Harris·Hegel's Development:Towards the Sunlight 1770-1801（M）·
    Oxford：Clarendon Press，1972：285·

（33）费尔巴哈·《基督教的本质》（M）·荣震华译·北京：商务印书馆，1997：
    20·

（34）H·S·Harris·Hegel's Development:Towards the Sunlight 1770-1801（M）·
    Oxford：Clarendon Press，1972：288·

（35）H·S·Harris·Hegel's Development:Towards the Sunlight 1770-1801（M）·
    Oxford：Clarendon Press，1972：287·

（36）H·S·Harris·Hegel's Development:Towards the Sunlight 1770-1801（M）·
    Oxford：Clarendon Press，1972：287·

（37）H·S·Harris·Hegel's Development:Towards the Sunlight 1770-1801（M）·
    Oxford：Clarendon Press，1972：287·

（38）H·S·Harris·Hegel's Development:Towards the Sunlight 1770-1801（M）·Oxford：Clarendon Press，1972：297·

（39）黑格尔·《黑格尔早期著作集》（M）·贺麟等译·北京：商务印书馆，1997：368·

（40）叶秀山等·《西方哲学史（学术版）》（M）·第 6 卷-德国古典哲学·江苏： 江苏人民出版社，2005：454·

（41）H·S·Harris·Hegel's Development:Towards the Sunlight 1770-1801（M）·Oxford：Clarendon Press，1972：294·

（42）H·S·Harris·Hegel's Development:Towards the Sunlight 1770-1801（M）·Oxford：Clarendon Press，1972：295·

（43）H·S·Harris·Hegel's Development:Towards the Sunlight 1770-1801（M）·Oxford：Clarendon Press，1972：305·

（44）H·S·Harris·Hegel's Development:Towards the Sunlight 1770-1801（M）·Oxford：Clarendon Press，1972：298·

（45）黑格尔·《黑格尔早期著作集》（M）·贺麟等译·北京：商务印书馆，1997：498·

（46）黑格尔·《黑格尔早期著作集》（M）·贺麟等译·北京：商务印书馆，1997：499·

（47）黑格尔·《黑格尔早期著作集》（M）·贺麟等译·北京：商务印书馆，1997：502·

（48）黑格尔·《黑格尔早期著作集》（M）·贺麟等译·北京：商务印书馆，1997：499·

（49）H·S·Harris·Hegel's Development:Towards the Sunlight 1770-1801（M）·Oxford：Clarendon Press，1972：308·

（50）黑格尔·《黑格尔早期著作集》（M）·贺麟等译·北京：商务印书馆，1997：499·

（51）黑格尔·《黑格尔早期著作集》（M）·贺麟等译·北京：商务印书馆，1997：414-415·

（52）黑格尔·《黑格尔早期著作集》（M）·贺麟等译·北京：商务印书馆，1997：498·

（53）H·S·Harris·Hegel's Development:Towards the Sunlight 1770-1801（M）·Oxford：Clarendon Press，1972：306·

（54）黑格尔·《黑格尔早期著作集》（M）·贺麟等译·北京：商务印书馆，1997：496·

（55）黑格尔·《黑格尔早期著作集》（M）·贺麟等译·北京：商务印书馆，1997：501·

（56）H·S·Harris·Hegel's Development:Towards the Sunlight 1770-1801（M）· Oxford：Clarendon Press，1972：298·

（57）H·S·Harris·Hegel's Development:Towards the Sunlight 1770-1801（M）· Oxford：Clarendon Press，1972：336·

（58）H·S·Harris·Hegel's Development:Towards the Sunlight 1770-1801（M）· Oxford：Clarendon Press，1972：305·

（59）黑格尔·《黑格尔早期著作集》（M）·贺麟等译·北京：商务印书馆， 1997：416·

（60）H·S·Harris·Hegel's Development:Towards the Sunlight 1770-1801（M）· Oxford：Clarendon Press，1972：336·

（61）黑格尔·《黑格尔早期著作集》（M）·贺麟等译·北京：商务印书馆， 1997：378-379·

（62）黑格尔·《黑格尔早期著作集》（M）·贺麟等译·北京：商务印书馆， 1997：412·

（63）黑格尔·《黑格尔早期著作集》（M）·贺麟等译·北京：商务印书馆， 1997：414·

（64）黑格尔·《黑格尔早期著作集》（M）·贺麟等译·北京：商务印书馆， 1997：415·

（65）黑格尔·《黑格尔早期著作集》（M）·贺麟等译·北京：商务印书馆， 1997：494·

（66）黑格尔·《黑格尔早期著作集》（M）·贺麟等译·北京：商务印书馆， 1997：494·

（67）黑格尔·《黑格尔早期著作集》（M）·贺麟等译·北京：商务印书馆， 1997：495·

（68）费尔巴哈·《基督教的本质》（M）·荣震华译·北京：商务印书馆，1997： 38·

（69）费尔巴哈·《基督教的本质》（M）·荣震华译·北京：商务印书馆，1997： 34·

（70）费尔巴哈·《基督教的本质》（M）·荣震华译·北京：商务印书馆，1997： 43·

（71）卡尔·洛维特·《从黑格尔到尼采》（M）·李秋零译·北京： 三联书店， 2006：30·

（72）黑格尔·《黑格尔早期著作集》（M）·贺麟等译·北京：商务印书馆， 1997：467·

（73）黑格尔·《黑格尔早期著作集》（M）·贺麟等译·北京：商务印书馆， 1997：501·

（74）黑格尔·《黑格尔早期著作集》（M）·贺麟等译·北京：商务印书馆，1997：501·

（75）黑格尔·《黑格尔早期著作集》（M）·贺麟等译·北京：商务印书馆，1997：501·

（76）黑格尔·《黑格尔早期著作集》（M）·贺麟等译·北京：商务印书馆，1997：410-411·

（77）黑格尔·《黑格尔早期著作集》（M）·贺麟等译·北京：商务印书馆，1997：412·

（78）黑格尔·《黑格尔早期著作集》（M）·贺麟等译·北京：商务印书馆，1997：495·

（79）黑格尔·《黑格尔早期著作集》（M）·贺麟等译·北京：商务印书馆，1997：416·

（80）黑格尔·《黑格尔早期著作集》（M）·贺麟等译·北京：商务印书馆，1997：496·

（81）黑格尔·《黑格尔早期著作集》（M）·贺麟等译·北京：商务印书馆，1997：446·

（82）黑格尔·《黑格尔早期著作集》（M）·贺麟等译·北京：商务印书馆，1997：409·

（83）卡尔·洛维特·《从黑格尔到尼采》（M）·李秋零译·北京：三联书店，2006：43·

（84）卡尔·洛维特·《从黑格尔到尼采》（M）·李秋零译·北京：三联书店，2006：30·

（85）黑格尔·《黑格尔早期著作集》（M）·贺麟等译·北京：商务印书馆，1997：403-404·

（86）黑格尔·《黑格尔早期著作集》（M）·贺麟等译·北京：商务印书馆，1997：404·

（87）H·S·Harris·Hegel's Development:Towards the Sunlight 1770-1801（M）·Oxford：Clarendon Press，1972：360·

（88）黑格尔·《黑格尔早期著作集》（M）·贺麟等译·北京：商务印书馆，1997：428·

（89）H·S·Harris·Hegel's Development:Towards the Sunlight 1770-1801（M）·Oxford：Clarendon Press，1972：361·

（90）黑格尔·《黑格尔早期著作集》（M）·贺麟等译·北京：商务印书馆，1997：514·

（91）黑格尔·《黑格尔早期著作集》（M）·贺麟等译·北京：商务印书馆，1997：434·

（92）黑格尔·《黑格尔早期著作集》（M）·贺麟等译·北京：商务印书馆，1997：436·

（93）黑格尔·《黑格尔早期著作集》（M）·贺麟等译·北京：商务印书馆，1997：440·

（94）黑格尔·《黑格尔早期著作集》（M）·贺麟等译·北京：商务印书馆，1997：518·

（95）黑格尔·《黑格尔早期著作集》（M）·贺麟等译·北京：商务印书馆，1997：464·

（96）黑格尔·《黑格尔早期著作集》（M）·贺麟等译·北京：商务印书馆，1997：428·

（97）黑格尔·《黑格尔早期著作集》（M）·贺麟等译·北京：商务印书馆，1997：427·

（98）卡尔·洛维特·《从黑格尔到尼采》（M）·李秋零译·北京：二联书店，2006：30·

（99）黑格尔·《黑格尔早期著作集》（M）·贺麟等译·北京：商务印书馆，1997：503·

（100）卡尔·洛维特·《从黑格尔到尼采》（M）·李秋零译·北京：三联书店，2006：61·

（101）卡尔·洛维特·《从黑格尔到尼采》（M）·李秋零译·北京：三联书店，2006：233·

（102）黑格尔·《黑格尔早期著作集》（M）·贺麟等译·北京：商务印书馆，1997：499·

（103）黑格尔·《黑格尔早期著作集》（M）·贺麟等译·北京：商务印书馆，1997：441·

（104）黑格尔·《黑格尔早期著作集》（M）·贺麟等译·北京：商务印书馆，1997：424·

（105）黑格尔·《黑格尔早期著作集》（M）·贺麟等译·北京：商务印书馆，1997：425·

（106）黑格尔·《黑格尔早期著作集》（M）·贺麟等译·北京：商务印书馆，1997：422·

（107）黑格尔·《黑格尔早期著作集》（M）·贺麟等译·北京：商务印书馆，1997：422·

（108）黑格尔·《黑格尔早期著作集》（M）·贺麟等译·北京：商务印书馆，1997：470·

第五章　1800 年体系残篇

　　无疑，在《基督教的精神及其命运》一文中，貌似黑格尔借着耶稣这个完满之爱的形象，通过和解精神超越了道德命令的片面性，基于"爱人如己"的理解与包容扬弃了权威性一手造成的异化命运，从而达到了全面。"然而从另一个角度来说，这种全面性仍然是一种片面性，即主观的片面性，因为它始终局限于爱、局限于情感的范围之内。"[1] 一旦进入客观的世界、面对与理想社会针锋相对的现实，爱的力量仍然显得孱弱无力。基督教不象希腊宗教那样始终沉浸于欢乐的祥和气氛中；当然，它也不象前文中黑格尔所提到的犹太教那般甘心情愿地将自己投入无尽的束缚和规则编织的樊笼内，于彻底的自我囚禁、自我压抑中表达对上帝的臣服；基督教由于爱的精神，由于上帝与人之间、信徒间、信徒对非信徒之间的对立性的和解，实现了心灵的自由，在主观世界中他们享受到了天国的安宁。然而他们与主观世界之外的现实却依然格格不入，他们陶醉于自己的爱的体系中，却无法适应、又难以摆脱实际生活的困扰；他们竭力传布爱的精神，却四处碰壁、遭到种种敌视或压迫。从自由的角度来看，犹太教确实是一种苦难的宗教，因为他们不仅与外部世界隔离，他们也与那个与生俱来、闪烁着人性火苗的真实的自我隔离，从而与一切跟人性相关的真相隔离，但是尽管他们排斥着所有客观存在的现实，他们却以自身展示着一个最客观的现实，即贯串于他们内外、始终的压抑的统一。这种压抑或者隔离虽然不是他们所自主选择的结果，却也是自他们的宗教源头便一以贯之的传统，是出于一种自愿接受统治的顺服心态。然而，与犹太教相比，基督教则没那么统一了，或者说，基督教爱的精神加剧了信徒们内心世界与外部环境的对立，彼岸世界与此岸世界的分离，他们的苦难不是犹太教那种自我设定且甘心承受的"百年孤独"，而是热切地仰望星空、却又无力从"对世俗的现实这种可悲的需要"[2]中解脱的挣扎感和负累感。"他们的爱是与世界隔离的，既不表现其自身于生活的发展中，也不表现在生活的美的关系中，和自然关系的形成里"，"他们的爱仅只是爱而不是生活"[3]，因此"爱的福音越是得到普遍的接受，那么横在宗教和生活之间的沟壑就越深也越绝对"[4]。最好的例子便是耶稣的一生。"耶稣完全无法进入任何的自然状态下的人际关系。他不得不无奈地扮演着这样一个自相矛盾的角色：一方面，他是一个宣扬人生而平等之福音的先知；另一方面，他却从来没有机会生活在任何一种与其他人保持平等的关系中；甚至对于那些敬重和爱戴他的门徒和信众而言，他也不曾平等，他更是被当作一个'主'来看待，然而事实上，在他所传布的天国中根本不存在任何所谓的主人。他只能逃离世俗世界，而在他的幻梦中持续他遁世的生活。"[5]耶稣的爱成了他肩头沉重的十字架，在他的身后留下了步履艰辛的苦难足迹。在认识到这一点之后，黑格尔意识到实际上"被爱所扬弃的对立不过是一种主观范围内的对立，是普遍的主观性与特殊的主观性之间的对立。当爱克服了道德的局限而达到了统一时，它并没有克服主观性的局限而达到主客观的统一"[6]。耶稣的爱使得他在世俗世界中"出淤泥而不染"，借着爱的精神他向人们言传身教何以在面对一切仇恨或者敌对时都自然地保持从容豁达、轻盈坦然，然而最终他的爱却把他送上了受难的十字架，他连同他的爱被世人绝然否定甚至彻底消灭。耶稣固然化解了自我与世界之对立，却并没有能力去取消世界与自我之对立；他把世界作为朋友，世界却以他为敌；他可以一厢情愿地屏蔽世界之客观性，但是世界依旧客观存在。耶稣的无私之爱使人不禁想起歌德的爱情名言"我爱你，但那不关你的事"，然而，当他们这样做、这样说的时候，似乎他们都遗忘了这样一个真相：完满的爱是一种相互扶持、相互促进的情感，单向的爱无论是升腾为自我纵容的理想化，还是陷于自怜自艾的消沉，最终都会因为丧失明智而沉入虚无。在这里，黑格尔开始清醒，"'爱'所试图实现的理想状态乃是以完美的和解精神来扬弃命运的羁绊"[7]，但是爱却无法扬弃自己的命运——"如果人不能'适应'任何世界并在其中'安身立命'，那么，这并不仅仅是个人的不幸，即'不真实'和最严酷的'无命运之命运'。"[8]

由于看清了"爱"的主观局限性，因此在《1800 年体系残篇》一文中，作为爱之化身的"耶稣"也随着"爱"之主题的扬弃而在文本中淡退。这并不是因为黑格尔不再关注和关心基督教的发展，而是因为黑格尔越来越鲜明地感受到，一种声称"情感是对上帝的信仰知识的基础并且'仅仅描述情感'的神学，必然陷于经验历史的偶然事件中。这种形式是能够给定一种内容的'最坏的'形式。'也许一切精神性的东西、意识的任何内容、作为思维之产品和对象的东西、尤其是宗教和道德，都必然以情感的方式存在于人里面，并且首先是这样。但是，情感并不是这种内容涌现给人的源泉，而仅仅是它存在于人里面的方式方法，是最坏的形式，是人与动物共有的一种形式。……一旦一种内容进入情感，每一个人就都被还原到他主观的立场。……如果有人说，他在情感中有宗教，而另一个人说，他在情感中找不到上帝，则每一个人都有道理。如果以这种方式把神圣的内容——上帝的启示、人与上帝的关系、上帝为人的存在——还原为单纯的情感，那么，人们已经由此离开了自在自为的真理。'"[9] 因而，要使得基督教之上帝保持其自在自为的真理性，排斥理智和反思的、纯粹的情感是远远不够的，而"要把神当作一种同时既是情感（即是说在心里），又是客观的东西"[10]，所以"理智无疑地也是有权利过问宗教问题的，因为神的客观的一面不仅只是爱的一个形态，它也有它的自身存在，并且作为一种现实，在现实世界里占有其一定的地位。"[11] 实际上，在这样表达的过程中，黑格尔逐步地开始重新认识一直以来被他忽略或者说轻视的客观性、理智以及反思的价值，而且，虽然爱始终坚定不移地试图打通不同事物之间的边界，但是由于爱本身的不完善性，"每一个反思都扬弃了爱，又恢复了客观性，有了客观性，又开始了有局限性的事物的领域。"[12] 因此，接下来黑格尔所要面对的难题便是如何扬弃由反思引起的爱之被异化的命运，即如何从根基处真正消除主客观之间存在的实际的对立性，从而实现最高的统一。于是他想到了"生命"，因为用他本人的话来说："在死东西的领域内是矛盾的东西，在生命的领域内就不是矛盾。"[13]

因为《1800年体系残篇》不是一个内容完整的文本，所以我们只能尽力从残篇的只字片语中去挖掘黑格尔当时所希图表达的体系精神，然而正像卢卡齐所说的，"在黑格尔的任何其他时期，含混不清、意义不明的术语名词都没有像他这个时期里这样占有重要地位。"[14] 对于黑格尔谜团式的表达方式，再加上文本的残缺，这无疑更是加重了破解黑式密码的难度。所以笔者在这个部分不打算采用前几章的方式，循序渐进地加以阐释梳理。既然“残篇”已成事实，那么就让我们把其中透露的几个关乎黑格尔宗教哲学之承前启后的观点进行提纯，从而摸索出通往其下一步哲学之门的路径。

第一节　生命是结合与非结合的结合

黑格尔之所以提出“生命”的概念，源于他不止一次地认识到的这样的一个事实，即“绝对对立〔在死物领域内〕是有效的。”[15] 这不是他在写作《1800 年体系残篇》之时的突发奇想，而是在《基督教的精神及其命运》中便屡次表明的一种思维倾向，或者说《1800 年体系残篇》所出现的、作为“绝对对立”之合题的“生命”概念最早的出处就是在《基督教的精神及其命运》中，对于熟悉黑格尔层层累进、储蓄式的思维方式的研究者而言，这并不会令人觉得陌生。实际上在《基督教的精神及其命运》中，黑格尔就提到“精神之所以是精神，只由于它与物体无共同之点，这个物体之所以是物体，只由于它与精神无共同之点。但是精神与物体没有任何共同之点；它们是绝对的对立面。它们的合一（在这个合一里它们的对立停止了），是一种生命，生命就是具体化的精神。”[16] 这是黑格尔在自我思绪的清理整合过程中得出的一个结论。当“他愈来愈强烈得体验到生活的基础是矛盾性，而这种矛盾性几乎表现成为矛盾的一种悲剧性的不可消除性”[17]，这种难以彻底弥合的分裂对于曾经一度在“爱的和解精神”滋润下的他无疑是一个创伤。但是在绝境中寻找光芒是黑格尔一直以来的哲学态度，并且依照他的辩证法，或许绝境本身不是一种结束，而只是一种模糊混沌的开启，“上帝关上了一扇门，却打开了一扇窗”，这种处境对于黑格尔而言是再熟悉不过了。但是为什么黑格尔会把弥合主客观相互对立局面的注意力投注在“生命”之上呢？我们不妨来看一看犹太教以及原始的基督教之所以在现实之中或孤立无助或遭人误解的失败原因。“犹太教注重的是对于律法、对于纯粹的合法性之宗教意识。基督教恰恰相反。它注重的是对于纯粹的生命、对于至高无上的爱、对于最完全的自由之宗教意识。然而，尽管这两者截然相反，它们却有着一个非常关键的共同点，即它们对于纯粹性的严格。这种对于纯粹性的强调破坏了人们对于现实生活的享受，因为现实生活本身从来都不是纯粹的。”[18] “犹太教失败了，因为它试图否定关系之生动性；原始的基督教失败了，因为它刻意地否认客观性并且妄图要建立一个与世俗世界相抗衡的'上帝之国'。"[19] 上述这二者的惨痛教训提醒着我们，"一方面，我们与世界要始终保持互动的关系；但是另一方面，我们也要直面世界之客观性这样一个事实。"[20] 显然黑格尔过去所作的努力就是直击第一个方面的，即用他的爱的精神来与世界维持友善而生动的交往，但是后一方面恰恰在此前的努力中被忽视而显得薄弱，因而此刻的他要重拾起对于客观性的领悟和重视。对平衡、统一、全面的追求从来都是推动着黑格尔在他的哲学之路上一如既往、孜孜不倦的原始动力。然而，要脱去天真而纯粹的浪漫主义色彩，与现实生活、与客观性和解，就必然要放弃掉那种洁净无杂质的纯粹宗教姿态，而投入到鲜活生动的"生活"之中去，挖掘医治分裂性以及对立性的灵丹妙药。那么生活中最基本的、最不可否认的本质是什么呢？—— 生命！存在！—— 无论是律法抑或是爱，都是对于存在者、对于生命体提出的要求或者发出的邀请。世界上，一切学科、一切理论、一切思想，无关乎它们按照什么标准被加工细化成为各不相交的类别或领域，但是追根溯源，它们都在直逼生命、都在追问存在。

作为万象万有之起点的"生命"，于是自然而然地也就成为了黑格尔这一篇目的起点，而"生命"的起点则又必然最初归结于一个个体生命的意义。因而黑格尔在此就要"说明'结合'（英文 joining；德文 Verbindung）与'对立'（英文 opposition；德文 Entgegensetzung）这一对矛盾是如何被包纳进一个'人'—— 作为一个'个体生命'—— 这样一个概念之中的。"[21] 换句话说也就是，"人"，作为一个与他者存在着鲜明差异性的"个体生命"，面对着这种不可撤销之对立性，其在何种意义上才可能跨越这种矛盾之必然性，从而实现统一？我们必须要清楚一点，即在黑格尔看来，生命之多样性以及由此引发的生命之间的"分裂"乃是鉴于反思作用的功效，但是在反思作用以外，就真理本身而言，就没有这样的限制了。[22] 所以眼下要克服的障碍便是如何以符合反思习惯的思维方式来澄清由反思作用所造成的对立之局面，"解铃还须系铃人"，问题总是结束在它开始的地方，则由反思所带来的困境，也必须用反思方能完善地予以解决。用黑格尔自己的话来说，"个体性这一概念既包含与无限多样性相对立，又包含与无限多样性结合。一个人就他不同于一切元素，不同于在他外面的无限多的个体生命而言，他是一个个体生命；但是他仅仅是一个个体生命，因为他同一切元素、他同在他外面的无限多的个体生命是一体的。他存在，只因为生命的全体是分裂成部分的，他本人只是一个部分，而所有其余的人是另一部分；他存在，只因为他并不是部分，没有任何东西是同他分离的。"[23] 这一段的话在字面上的自相矛盾足以令人跌入云雾之中、顿感不着边际，但是基于我们对黑格尔之思想的长期研究和领悟，我们必须建立这样一个信赖，即黑格尔从来不会浪费他的笔墨，他的每一句话，即便艰涩迂回、貌似前后冲突，但实质上往往深藏其哲学之异趣、灵感之精髓。相信哈里斯先生对这段话的玄奥生僻也是感同身受，因而他对此做出了格外细致的解析，"首先，一个人作为一个包含一切元素（不论这些元素具体是什么）的复杂的物理有机体，但是尽管如此，他不同于这一切元素，因为他是有生命的，而它们是"死"的；其次，虽然他的生命内部融入了无限多其他的生命（他的祖先和他的后代），但是他仍旧是一个与在他外部的无限多个体生命全然不同的一个单独的个体生命。但是就他自身的生命所囊括的无限性而言（这种无限性指向的是他的生命之恒久性，而非他那可朽败的生命之个体性），他既不能作为一个有机物与他所生活于其中的无机环境分离，也不能作为一个单独的个体生命与其他生物分离。生命的维持依赖于整个物理的环境，尤其依赖于两性之间的结合。所以这个个体的生命（即这个意识到了此种依赖性的人）会同时承认两个事实：一方面，对于他所认识到的、并且他与之对立的整个外部世界而言，他只是其中的一个'部分'；另一方面，当他清醒地发现他所认识到的一切都与他密切相关，且难以割舍时，他也就不再是一个'部分'了。"[24] 因此在这样的意义上，个体生命实现了其主观性与客观性的统一。

然而个体生命，无论自身多么宽广宏大，他最终只是多样性的生命总和之中的一个片断、一处细节。作为收纳所有个体生命的集大成者——自然，也就成了黑格尔笔下的"一个无限的有限物，一个无局限性的局限性"[25]：一方面，自然是无限的，因为无论是在时间上，还是在空间上，自然都是无限多的个体生命的集合；但另一方面，自然也是有限的，因为任何个体生命本身都是有限的，即使自然收集了无限多的个体生命，甚至全部的个体生命，它也只是"有限性"之堆积，无限多的"有限性"本质上永远也无法堆出一个"无限性"来。然而就如同个体生命之"部分的整体"或者"整体的部分"的性质一样，自然之"有限的无限物"或者"无限的有限物"的性质也是拜反思的分离作用所赐。"因为有限与无限的这种结合与分离是在自然之内，所以自然本身并不是生命，而乃是一种被反思作用固定下来的生命。"[26]
生而浑然一体的"生命"一旦遭到分裂，便失去了其作为"生命"的存在根基，因为"只有统一且与自身同一的生命才是一种真正的生命，因为它是完整的存在或生命，而在自身分裂的生命是一种非真实的生命"[27]，真正的生命始终是统一的生命。既然如此，那么要还"生命"以其真本色的关键便是打破由反思作用所铸造的"有限性"与"无限性"之森严壁垒。这也就是黑格尔所提出的要"从有限的生命提升到无限的生命"。[28]这是一种生命的运动状态，它需要"我们克服由于理智的反思所导致的生命的'静止不动'。"[29]也就是说，这种提升并不是以一种静态的思维方式把生命从一个所谓的"有限性"的领域原封不动地硬生生搬入另一个被称为"无限性"的领域，而是彻底扫除由反思作用为生命所设定的"有限性"与"无限性"的边界，使生命恢复其自然状态下未经理智破坏的自由，这种自由就是其本质的无限性，这个无限性来自于"精神"，这个提升的过程就是"宗教"。就像黑格尔自己所说的，被理智的反思所设定的生命、"这种思维的生命，从有死的、变灭的形态中，从无穷地自己与自己对立自己与自己斗争的形态中，提升出可以超脱消逝的有生命之物，提升出不是死的、不是互相残杀的多样性事物的关系，这种关系并不是一种〔单纯的〕统一，一种纯思维的抽象关系，而乃是全面活生生的、充满了力量的无限生命；这个生命就叫做上帝。这种无限生命并不只是在思维着或观察者，因为它的客体并不带有任何反思的东西、僵死的东西在自身内，〔而乃是崇拜的对象〕。"[30]由此可见，在《基督教的精神及其命运》之中由爱所全权代表的和解力量已经亦步亦趋地由生命本身的自然属性所成全，因为爱本身仍然与反思、与客观世界相对立，生命却不费吹灰之力地在其最朴素的本质上实现了与反思、与客观世界的和解，甚至连"死亡"这个与有限之"生命"构成终极对立的客体，也在"有限生命"提升至"无限生命"的抛物线顶点划向永恒，轻盈地获得了扬弃，因为"在有生命的全体里同时就设定了死亡的东西、对立物、抽象理智，因为这里设定了一种本身是有生命的多样之物，而这种多样之物，又可以设定其自身为一个全体。这样一来，它同时就是一部分，这就是说，对于这一部分来说，就有了某种死物，而这种死物本身对于别的东西来说也是死的。有生命之物的这种部分〔片面性〕存在在宗教中得到了扬弃，有局限的生命被提高到无限。"[31]"生命"就其个体性而言始终只能是"有限的"，只有当"生命"突破个体之局限而与全体达成统一时才能成为"无限的生命"。然而我们在此需要再次重申，这个"无限的生命"并不是"设定为由反思得来的存在，设定为无论是一种客观的东西或主观的东西，以致这种提高只不过是在有限物质外再加上有限物，而这加上的有限物又被认作一个被〔反思〕设定之物，其本身又被认作有限物，而且重新又须在这个有限物质外寻求有限物，并且要求这样连续下去以至无穷。理性的这种活动也是一种提高到无限，但是这种无限乃是一种〔坏的无限〕。"(32) 这里，黑格尔所强调的"无限的生命"是理智之反思无论怎样累加无限多的有限物也难以达到的目的地，就像"巴比塔"堆砌得再高，仍旧无法耸入"天堂"一样，因为"有限者"在反思范畴内是有效的，但是这里的"无限者"对于反思而言却是一个"完全的他者"，黑格尔在此处所谈论的对象——"无限的生命"——并不与"反思而得的无限生命"构成直接的对立性，因为"对立性"只属于"反思而得的无限生命"，在"无限的生命"中根本不存在任何"对立性"，更确切地说，"无限的生命"根本不是理智之反思所匹配的对象或内容，它并不对抗反思，因为它超越了反思。这就是黑格尔所说的"生命是结合与非结合的结合"，因为"每一个名词都是反思的产物，因此每一名词都可以被表明被设定者，从而设定一物同时就表明另一物未被设定、被排斥在外。这种过程可以追逐至没有止境。"(33) 也就是说，"对立"与"结合"在"生命"这个概念中的统一仍然是一种在反思的作用下层层推进的合成结果，这样的"合成"因为反思的严重人为加工痕迹却只能在形式上趋近于"由反思所设定的无限"，却始终远离着反思所无法涉足的真正的"无限的生命"，这一"无限的生命"不是反思所能够像对待"有限的生命"那样通过规律性的"正题"与"反题"只见的结合而获得的"合题"，这样的"合题"仍然在"反思"之中，而"无限的生命"，"并不是一个设定的东西、抽象理智的东西，而乃就反思来说"，是"具有独特性格的东西，即是超出反思的东西。"(34) 所以它不是一个被设定的"结合"，所以它是一种"非结合"，而"生命"作为一种"有限之生命"与"无限之生命"的混合体，就成了"结合与非结合的结合"。

"我们可以把无限的生命叫做精神，因为精神乃是多样之物的活生生的统一，精神的这种统一性与多样性的对立乃是与它自己的表现形态相对立（这种形态构成了包含在生命的概念中的多样性），而不是与精神相分离开了的、僵死的、单纯的杂多性相对立。…… 精神是同多样之物结合为一的活生生的规律，多样之物本身因而也是有生命的。……如果人把无限的生命设定为全体的精神，并同时设定为在他外面的有生命之物（因为他本人是有限制的，）并且当他要提高其自身以达到这有生命之物并同它有最亲密结合时，同时又设定他自己自身为在他外面，（即在他这个有限制者外面），那么他就在崇拜上帝。"(35)

在这一节中我们看到，在《基督教的精神及其命运》末尾那困顿于主观性之范围内的"爱"已经实现了到在《1800 年体系残篇》中的主客观性兼容一身的"生命"的转变，这一和解力量的变形并不是一种由反思所达到的主观局限之"有限性"到主客观兼容之"无限性"的理智划界，而乃是一种从"有限的生命"到"无限的生命"的生动成长成熟过程。因此，"爱"从来也没有被黑格尔否定，它只是从一个曾经的顶点转化成了通向下一个顶点的台阶，正是经历了这一个以及此前的每一个"羽翼未丰的阶段"，黑格尔的"生命"概念才能像雄鹰般挥翅直冲云霄、通达无限。然而，"生命"的概念仍然还只是一种过渡式的高潮，因为它还无力承当"绝对"，而黑格尔的一切努力都是毫不犹豫地指向那个最高的统一体，即终极、即"绝对"，即上帝。通过上面的研究和分析，我们可以清楚地意识到"上帝……无法通过包含自相矛盾于自身之中的反思来方式来加以呈现。"(36) 于是这就使得黑格尔得出了此后引来无数非议以及争端的这样一个结论，即"哲学必须停止在宗教面前。"(37)

第二节　哲学必须停止在宗教面前

黑格尔说"哲学必须停止在宗教面前"，因为"哲学是一种思维，因而一方面以非思维为它的对立物，一方面又有能思维者与被思维者的对立。哲学必须揭露一切有限之物的有限性，并且必须要求有限之物通过理性达到它们的完善化；哲学特别要认识到它自己的无限观念的欺骗性，因而必须把真的无限放置在欺骗性的范围之外。有限之提高到无限之所以标明自己是有限生命之提高到无限生命、之所以标明自己是宗教，乃只是由于在这里并没有把无限者的存在设定为由反思得来的存在，设定为无论是一种客观的东西或主观的东西。"(38) 在这里，"宗教之所以高于哲学，因为宗教不只是一种静止不动的思维模式，更是一种活生生的生命形态。"更详细地说，"宗教与哲学理论的区别在于，发生在宗教体验中的有限生命之提升到无限生命的动态过程，并不是通过反思的设定作用所能够努力达到的（不管这个反思所试图达到的理想是一种客观的理想，即如同犹太教信徒对于摩西的上帝所表现的俯首帖耳那样，或者这个理想是一种主观的理想，即如同人们在内心深处保持与康德所谓的'神圣意志'的统一那般）。在理智的这类努力中所获得的任何成功，只不过是从一个旧的观念向新的观念迈进了一步，但是这个新的观念很快又会被另一个观念所扬弃，所以这个过程可以被简化为如下的程序，即层出不穷的旧的观念之局限性被反思一一揭示，从而遭到层出不穷的新的观念之扬弃，而这些新的观念本身也同样具有着自身之局限性、不完善性，因此它们也必然会在下一轮的反思中被扬弃。这样的新陈代谢的滚动将是永无止尽的。但是我们历尽艰辛、真正希望实现的目标却是通过反思或者概念这样的途径永远也无法达到的。我们试图由自我提升所指向的'无限性'，作为一个理智的反思结果，只存在于思维之中，却在体验中毫无根基。"(39) 但是"无限生命"恰恰是作为一种体验而被人类的心灵所铭记。哲学之反思，在这里只是起到了"新装换旧装"的效果，却远远还不是能够把握"无限生命"之本质的"脱胎换骨"。于是，人们认为黑格尔所说的"哲学必须停止在宗教面前"是一个基于哲学与宗教相互比较而得出的结论，即"宗教高于哲学"，而"比较"一词的潜在含义乃是哲学与宗教之间的对立性，从而人们想当然地确定，当时的黑格尔是重宗教而轻哲学，包括一些专门从事黑格尔思想研究的学者也开始认为"神秘主义成分在青年黑格尔的思想中具有优势地位"(40)，或者认为"法兰克福时期的黑格尔陷入了神秘的泛神论"，卢卡奇也认为"青年黑格尔的'生命概念'不仅在形式上没有解释说明而是模糊不清的，并且内容上也充满了神秘气息。"(41) 这样的理解根据上下文似乎最符合"哲学必须停止在宗教面前"的意义。

但是"如果我们想要理解黑格尔的秘密，我们就决不能够被这样的一个现象所迷惑，即'哲学'与'宗教'这两个词语在黑格尔当下的这个发展阶段是这样的一种关系，到了一年以后lxii却构成了另一种与此前全然相反的关系；我们必须要留心这两个词语的真正含义。"(42) 关键时刻，宋祖良先生提醒了我们，"当黑格尔在法兰克福从事新的理论探讨时，流行的哲学都渗透着反思的分离作用。为了跟反思哲学划清界限，他故意不提'哲学'这个词。"(43) 于是我们顿时恍然大悟，法兰克福时期的黑格尔的哲学思想还未走入当时哲学界的主流，当时的哲学界处处弥漫着启蒙运动的人类理智精神，以及康德的纯粹理性与实践理性的哲学，而这两者都是建立在理智之反思的基础上的，所以"分离"或者说"对立"是黑格尔当时写作该文本时背后的哲学主旋律，因此对于当时的黑格尔以及其他同时代人而言，"哲学"一词已然成为了一种约定俗成，即意味着理智的反思。在这样的情况下，"哲学"一词在此时的黑格尔的文本中的运用，往往具有明显的反思色彩，因此当黑格尔说"哲学必须停止在宗教面前"时，"他所真正针对的康德的实践哲学，而实践哲学，黑格尔看来，直接地起源于康德所设定的理论哲学的概念。据黑格尔的认为，纯粹理性批判一劳永逸地揭露了理智所必然扮演的这样一个辩证的角色（康德意义上的'辩证'），即对于实际的存在进行理论的反思。当理智试图与生活接轨时，于是在康德的'实践理性'中出现了'反思一往无前、永无停息'"（reflection is driven on and on without rest）的观念；在'理论理性'中，反思则只是在构成一个"合题"的"正题"及其"反题"之间来回游移。黑格尔深信康德的实践理性向着一个永不可及的理想目标不懈趋近的无限努力都根植于他的'纯粹理性'所扮演的"合题"这样一个角色。根据这里的说明，则在黑格尔看来，康德的这一思路是他个人对于'哲学'所作出的唯一贡献。可惜康德本人从来未曾设想过反思最终所不可避免要走进的'死胡同'，因此他对于反思也从未丧失过其自信。"(44) 康德哲学中的理智之反思"在理性与嗜好、普遍与特殊、无限与有限、主体与客体之间处处造成割裂。……黑格尔故意避免使用通用的一些概念，以求跟康德划清界限。"(45) "哲学"一词在《1800 念体系残篇》中的使用仍然沿用了当时哲学界的通行含义，即理智之反思。所以"哲学必须停止在宗教面前"，黑格尔真正想要表达的是，理智之反思必须停止在宗教面前，因为反思不论怎样攀爬，永远也不可能触及到宗教的顶端——无限的生命，即上帝。既然黑格尔之前的"哲学"在黑格尔看来是理智之反思的代用券，一旦面对"无限的生命"则彻底失去了其强大的活动力，那么黑格尔所倡导的"哲学"又是什么样的？熟悉黑格尔的思想风格者应该会敏感到，辩证法不仅仅是黑格尔之思想所依托的方式手段，而且也钻入了黑格尔的骨髓、成为了黑格尔的思想之本质。也就是说当黑格尔在否定一个事物的同时，他从不是单纯地在否定，他实际上是在建立、是在肯定。所以黑格尔的"破旧"必然孕育着他的

"立新"。当黑格尔说"哲学必须停止在宗教面前"时，伴随着"旧哲学"的止步，黑格尔自己的哲学却恰恰刚刚起步。因此当我们在前文中颇费口舌地解释说明文本中的"哲学"如何不是真正意义上的纯粹的"哲学"时，接下来我们另外需要周折要分析理清的便是，文本中的"宗教"如何不是常规意义上的纯粹的"宗教"。因此我们就要顺着这样的一条线索来看看法兰克福时期黑格尔理解中的"宗教"与"哲学"的关系。

小　结　宗教与哲学

在上文的分析中，由于理智之反思所必然导致的分离性以及对立性，黑格尔似乎对于理智之反思表现出了强烈的反感，以至于他说出了冒天下之大不韪的"哲学必须停止在宗教面前"的论调。但是在《基督教的精神及其命运》中，黑格尔又明确地指出了爱的主观局限性，以至于他本人对于主观之爱所具有的和解力量产生了怀疑和动摇。对于黑格尔而言，一方面深恶痛绝于反思所制造的对立性，另一方面又不满足于爱的精神对于这样的对立性的弥合，那么他自己的哲学将何去何从？当黑格尔对于"反思之哲学"以及"爱之宗教"这两者都不再抱有信赖感时，那么黑格尔的哲学又是如何独树一帜的呢？既然黑格尔一贯地厌恶"对立性"、喜好"统一"，那么很显然，他的哲学应该会尽力去突破存在于"反思"和"爱"之间的隔阂，相应地，在他的"哲学"与他的"宗教"之间存在的分歧应当也会因此得到消除，然而"反思"与"爱"、"哲学"与"宗教"是何以可能实现黑格尔所期望的"统一"的呢？也就是说，黑格尔的哲学是怎样在"统一"的基础上获得建立的呢？这些问题也同样深深地困扰着笔者。

有一点是肯定的，即无论是反思对于情感的"无计可施"，还是情感对于反思的"无动于衷"，这本身就是一种对立性的表现，这里的"反思"与"情感"可以被幻化为"哲学"（反思之哲学）与"宗教"（爱之宗教）的代名词。黑格尔清醒地知道这两者之间的距离，并且正是这两者之间存在的张力以及难以调和的碰撞才使得青年时期的黑格尔常常苦恼地徘徊于错综复杂的各种思想之间，寻觅着可行的、最佳的出路。对于"反思"面对"情感"时的"心有余而力不足"，黑格尔分析道，"反思对于感情的关系只不过是对于感情的认识，认识到感情是一种主观的东西；只不过是对于感情的一种意识，意识到一种脱离情感的反思对一种脱离反思的感情的反思罢了"[46]，因此铁面无私的"反思"如果没有情感的陪伴，永远也无法深入人心，进入主观性之领域，去领会那个弥漫在"有限生命"之中的最高"无限生命"。但是，如果没有了"反思"的介入，"情感"就只能停留在一团不可理解的神秘物质、一种无法得以普遍感知的私人交流、一个无处追根溯源的信仰，这样的"情感"因为其过分纯粹的主观性而陷入了客观领域的"残疾"，它或许真实，但由于过于狭隘而缺乏持久的生命力。从宗教的角度具体地说，"那有限者对无限者所感到的神圣的感情只有加上反思，通过反思的浸透，才能够达到完善"[47]，因为"如果我们对于上帝一无所知，并且只能信仰他，如果理性没有能力'认识上帝'"，那么，就既不存在真正的信仰也不存在真正的知识，而是只有启蒙运动的信仰和知识的死的对立"[48]，所以"光是对上帝的感情还不够，还要促使反思参加进来，才能使主观性与客观性真正统一起来。"[49] 由此可见，黑格尔通过打通了反思与情感之间的阀门，也顺应地建立了哲学与宗教之间的联系，或者更确切地说，此时的黑格尔笔下的哲学依然是反思之哲学，是黑格尔反对的一种哲学模式，而宗教则是包容了反思作用之效用的宗教，是一个超越了"反思之哲学"的全新思维维度，而事实上，这里的"宗教"就是"哲学"[lxiii]——"黑格尔的哲学"，或者说是"黑格尔的宗教哲学"，那么当我们再次回顾他所说的"哲学必须停止在宗教面前"这一论断时，我们可以尝试着去把它翻译成"'反思之哲学'必须停止在'实现了反思与爱的相互统一的宗教哲学'面前"，这样一来，就能够毫无问题地回应于之后成熟时期的黑格尔哲学体系中所提及的"关于宗教必须停止在哲学面前"的论断了，其实上述的这两个结论不但不象它们表面上看起来那样是自相矛盾的，恰恰相反，它们是完全统一的，因为这一个句子中的"宗教"实际上指的是"直观和表象的宗教"，而"哲学"指的是"由直观和表象提升而成的思维和概念"，换言之，即"统一了'直观和表象（爱之宗教）'以及'思维和概念（反思之哲学）'的哲学"，所以除了"哲学"与"宗教"在两句话中的具体含义有所更变，背后的潜台词其实是完全一致的。由此，"知识（反思之哲学）与信仰（爱之宗教）的这一对对立获得了一种完全不同的意义，并且被置于哲学自身的内部"[50]，"哲学"（基于反思的理智）与"宗教"（基于情感的信仰）之间的矛盾最终在"黑格尔的宗教哲学"中获得扬弃时，客观性与主观性之间的对峙也得以平服，于是黑格尔的辩证法又一次成功了。而且这不仅仅只是一种理论上的成功，或者说是反思意义上的成功，事实上它也是黑格尔自身的哲学生命的在其转型、成形过程中最重要一环，是辩证法理论与其哲学生命的活生生的结合，有限与无限的结合，结合与非结合的结合。"当我们说到'黑格尔的辩证法'时，我们通常指的是詹姆斯和记斯多林先生（Hutchison Stirling）所指的'黑格尔的秘密'——'基于对生活的理解而与之和解'"[51]，但是我们必须在此格外小心的是，黑格尔所说的"与生活和解的不是'知性（Verstand）',而是'理性（Vernunft）'"[52]。因为建立在理智之反思基础上的"知性"创造的是一种"死的对立"，是站在局外审视"生活"的冷眼旁观，而"理性"则实现了一种"重建原初之整体性"的"活的关系"，是将"冷眼旁观"转变为对"生活"本身的参与和融入、并与之合二为一的互动前行。因此僵死的"知性"作为一个观察者与作为观察对象的"生活"仍然存在着对立，它仅仅具有着"对生活的理解"作用，却不赋有"与之和解"的力量，而"'知性'与生活的和解"，或者说"知性"与"生活"两者的合题才是理性，因为"理性"本身就是和解精神，就是辩证法的灵魂，就是"矛盾之统一"，所以"基于'知性'对生活的理解"，"理性"完成了"知性"所难以实现的"与生活的和解"。因此理性是活跃在一切对立性之间的"和解精神"之命脉。由此黑格尔的哲学，又可以被另称为"理性哲学"（注意：绝对不是"理智哲学"或者"知性哲学"），也就显得十分顺理成章了。

当我们把黑格尔哲学象剥洋葱一样将表皮层层脱去、直逼中心时，总会在短暂欣喜的同时赔上一把辛酸泪。因为每当我们在黑格尔的文本中接触到一个酷似真理的结论时，我们的兴奋激动很快就会被紧接而来的沮丧失望所浇灭。研究黑格尔的哲学，就是一场没有止尽的"上山"和"下山"、跌宕起伏的过程，而这并不是黑格尔为我们的毅力所设定的考验，实际上，这种"上山和下山"的过程贯穿了整个黑格尔的青年时期，并且当我们把无数次的"上山和下山"进行衔接、放大、拉长，我们发现的不再是"哲学"，而是"生命"本身，黑格尔所做的，就是把我们拉到"无限生命"的高度，重新审视那些曾经一度周旋于其中的"有限生命"。这个"无限生命"，如果我们把它叫作"神"的话，那么黑格尔就是要我们通过接近"神"来更真切的理解"神"，从而更深入地理解"人"；如果我们把它叫作"理性"的话，那么黑格尔就是要我们从"理智"的角度更全面地理解"爱"，也从"爱"

的角度更友善地运用"理智"，但是无论是上述那一种，最终都是直达于"黑格尔的秘密"——"基于对生活的理解而与之和解"——，即最高的统一。所以在黑格尔这里，"神"与"理性"是一回事，因为"哲学在整体上就是基督教通过上帝的化身为人所实现的那种与现实的和解，作为最终被把握到的和解，它就是一种哲理神学。通过哲学与神学的这种和解，黑格尔已经以理性的方式建立了'上帝的平安'。"[53] 从此，"黑格尔的哲学"开启了其正式的起点，即"哲学"与"宗教"的统一。

注释：

（1）赵林·《黑格尔的宗教哲学》（M）·武汉·武汉大学出版社，2005：96·

（2）黑格尔·《黑格尔早期著作集》（M），贺麟等译·北京：商务印书馆，1997：462·

（3）黑格尔·《黑格尔早期著作集》（M）·贺麟等译·北京：商务印书馆，1997：462·

（4）H·S·Harris·Hegel's Development:Towards the Sunlight 1770-1801（M）·Oxford：Clarendon Press，1972：375·

（5）H·S·Harris·Hegel's Development:Towards the Sunlight 1770-1801（M）·Oxford：Clarendon Press，1972：371·

（6）赵林·《黑格尔的宗教哲学》（M）·武汉：武汉大学出版社，2005：97·

（7）H·S·Harris·Hegel's Development:Towards the Sunlight 1770-1801（M）·Oxford：Clarendon Press，1972：369·

（8）卡尔·洛维特·《从黑格尔到尼采》（M）·李秋零译·北京：三联书店，2006：220·

（9）卡尔·洛维特·《从黑格尔到尼采》（M）·李秋零译·北京：三联书店，2006：444·

（10）黑格尔·《黑格尔早期著作集》（M）·贺麟等译·北京：商务印书馆，1997：459·

（11）黑格尔·《黑格尔早期著作集》（M）·贺麟等译·北京：商务印书馆，1997：461·

（12）黑格尔·《黑格尔早期著作集》（M）·贺麟等译·北京：商务印书馆，1997：422·

（13）黑格尔·《黑格尔早期著作集》（M）·贺麟等译·北京：商务印书馆，1997：428·

（14）卢卡奇·《青年黑格尔》（M）·北京·商务印书馆，1963：93·

（15）黑格尔·《黑格尔早期著作集》（M）·贺麟等译·北京：商务印书馆，1997：471·

（16）黑格尔·《黑格尔早期著作集》（M）·贺麟等译·北京：商务印书馆，1997：465·

（17）卢卡奇·《青年黑格尔》（M）·北京·商务印书馆，1963：93·

（18）H·S·Harris·Hegel's Development:Towards the Sunlight 1770-1801（M）·Oxford：Clarendon Press，1972：375·

（19）H·S·Harris·Hegel's Development:Towards the Sunlight 1770-1801（M）·Oxford：Clarendon Press，1972：394·

（20）H·S·Harris·Hegel's Development:Towards the Sunlight 1770-1801（M）·Oxford：Clarendon Press，1972：394·

（21）H·S·Harris·Hegel's Development:Towards the Sunlight 1770-1801（M）·Oxford：Clarendon Press，1972：383·

（22）黑格尔·《黑格尔早期著作集》（M）·贺麟等译·北京：商务印书馆，1997：430·

（23）黑格尔·《黑格尔早期著作集》（M）·贺麟等译·北京：商务印书馆，1997：472·

（24）H·S·Harris·Hegel's Development:Towards the Sunlight 1770-1801（M）·Oxford：Clarendon Press，1972：368·

（25）黑格尔·《黑格尔早期著作集》（M）·贺麟等译·北京：商务印书馆，1997：473·

（26）黑格尔·《黑格尔早期著作集》（M）·贺麟等译·北京：商务印书馆，1997：473·

（27）卡尔·洛维特·《从黑格尔到尼采》（M）·李秋零译·北京： 三联书店，2006：439·

（28）黑格尔·《黑格尔早期著作集》（M）·贺麟等译·北京：商务印书馆，1997：474·

（29）H·S·Harris·Hegel's Development:Towards the Sunlight 1770-1801（M）·Oxford：Clarendon Press，1972：387·

（30）黑格尔·《黑格尔早期著作集》（M）·贺麟等译·北京：商务印书馆，1997：473·

（31）黑格尔·《黑格尔早期著作集》（M）·贺麟等译·北京：商务印书馆，1997：475·

（32）黑格尔·《黑格尔早期著作集》（M）·贺麟等译·北京：商务印书馆，1997：475·

（33）黑格尔·《黑格尔早期著作集》（M）·贺麟等译·北京：商务印书馆，1997：475·

（34）黑格尔·《黑格尔早期著作集》（M）·贺麟等译·北京：商务印书馆，1997：475·

（35）黑格尔·《黑格尔早期著作集》（M）·贺麟等译·北京：商务印书馆，1997：474·

（36）H·S·Harris·Hegel's Development:Towards the Sunlight 1770-1801（M）·Oxford：Clarendon Press，1972：387·

（37）黑格尔·《黑格尔早期著作集》（M）·贺麟等译·北京：商务印书馆，1997：475·

（38）黑格尔·《黑格尔早期著作集》（M）·贺麟等译·北京：商务印书馆，1997：475·

（39）H·S·Harris·Hegel's Development:Towards the Sunlight 1770-1801（M）·Oxford：Clarendon Press，1972：388·

（40）赵林·《黑格尔的宗教哲学》（M）·武汉：武汉大学出版社，2005：99·

（41）卢卡奇·《青年黑格尔》（M）·北京·商务印书馆，1963：88·

（42）H·S·Harris·Hegel's Development:Towards the Sunlight 1770-1801（M）·Oxford：Clarendon Press，1972：388·

（43）宋祖良·《青年黑格尔的哲学思想》（M）·湖南：湖南教育出版社，1989：66·

（44）H·S·Harris·Hegel's Development:Towards the Sunlight 1770-1801（M）·Oxford：Clarendon Press，1972：389-390·

（45）宋祖良·《青年黑格尔的哲学思想》（M）·湖南：湖南教育出版社，1989：65·

（46）黑格尔·《黑格尔早期著作集》（M）·贺麟等译·北京：商务印书馆，1997：476·

（47）黑格尔·《黑格尔早期著作集》（M）·贺麟等译·北京：商务印书馆，1997：476·

（48）卡尔·洛维特·《从黑格尔到尼采》（M）·李秋零译·北京：三联书店，2006：441·

（49）叶秀山等·《西方哲学史（学术版）》（M）·第 6 卷-德国古典哲学·江苏：江苏人民出版社，2005：475·

（50）卡尔·洛维特·《从黑格尔到尼采》（M）·李秋零译·北京：三联书店，2006：441·

（51）H·S·Harris·Hegel's Development:Towards the Sunlight 1770-1801（M）·

Oxford：Clarendon Press，1972：390·

（52）H·S·Harris·Hegel's Development:Towards the Sunlight 1770-1801（M）·
Oxford：Clarendon Press，1972：391·

（53）卡尔·洛维特·《从黑格尔到尼采》（M）·李秋零译·北京： 三联书店，
2006：62·

主要参考文献

英文版书目

（1）H·S·Harris《Hegel's Development:Towards the Sunlight 1770-1801》Oxford：Clarendon Press，1972·

（2）Frederick C·Beiser·《Introduction：Hegel and the problem of metaphysics》·Cambridge：Cambridge University Press，2006·

（3）Adams, George Plimpton·《The Mystical Element in Hegel's Early Theological Writings》·Berkeley：University of California Publications, 1910·

（4）Terry Pinkard·《Hegel：A Biography》·Cambridge ：Cambridge University Press，2000·

（5）A.Wyllemon·《Hegel on the Ethical Life,Religion and Philosophy》·Norwell, MA, U.S.A. ：Kluwer Academic Publishers，1989·

（6）Frederick C. Beiser·《The Cambridge Companion to Hegel》·Cambridge ：Cambridge University Press,2006·

（7）《The Young Hegel——studies in the relations between dialectics and economics》by Lukacs, MerlinPress, London。

中文版本书目

（1）黑格尔·《黑格尔早期著作集》·贺麟等译·北京：商务印书馆，1997：1-518·

（2）卡尔·洛维特·《从黑格尔到尼采》·李秋零译·北京：三联书店，2006：1-445·

（3）黑格尔·《精神现象学》·贺麟、王玖兴译 ·北京：商务印书馆，1979：1-122·

（4）叶秀山等·《西方哲学史（学术版）》·第 6 卷-德国古典哲学·江苏： 江苏人民出版社，2005：1-709·

（5）黑格尔·《逻辑学-哲学全书·第一部分》·梁志学译·北京：人民出版社，2002：1-411·

（6）理查德·罗蒂·《偶然、反讽与团结》·徐文瑞译·北京：商务印书馆，2003：1-287·

（7）马克思等·《马克思恩格斯全集》·第三卷·北京： 人民出版社，1995：1-320·

（8）马克思·《黑格尔辩证法和哲学一般的批判》·北京：人民出版社，1980：1-14·

（9）马克思、恩格思·《神圣家族—或对批判的批判所做的批判》·北京：人民出版社，1958：1-291·

（10）黑格尔·《宗教哲学》·魏庆征译·北京：中国社会出版社，2005：1-883·

（11）大卫·施特劳斯·《耶稣传》·第一卷·吴永泉译·北京：商务印书馆 ，1981：1-464·

（12）麦克斯·施蒂纳·《唯一者及其所有物》·金海民译·北京：商务印书馆， 1989：1-410·

（13）费尔巴哈·《基督教的本质》·荣震华译·北京：商务印书馆，1997：1-432·

（14）赵林·《黑格尔的宗教哲学》·武汉：武汉大学出版社，2005：1-289·

（15）徐向东·《道德哲学与实践理性》·北京：商务印书馆，2006：1-480·

（16）康德·《单纯理性限度内的宗教》·李秋零译·北京：中国人民大学出版社，2003：1-250·

（17）亨利克·费弗·《基督形象的艺术神学》·萧潇译 ·北京：中国社会科学出版社，2005：1-109·

（18）古留加等·《黑格尔小传》·北京：商务印书馆，1978：1-231·

（19）维利斯顿·沃尔克·《基督教会史》·北京：中国社会科学出版社 1991：1-377·

（20）欧内斯特·勒南《耶稣的一生》·梁工译 ·北京：商务印书馆，1999：1-316·

（21）康德·《纯粹理性批判》·《康德著作全集》 第 3 卷·北京：中国人民大学出版社，2004：1-548·

（22）克罗蒂斯·克列尔·《生活的艺术》·沈鸣鸣等译 ·江苏： 江苏教育

出版社，2006：1-250．

（23）宋祖良·《青年黑格尔的哲学思想》·湖南：湖南教育出版社，1989：1-207．

（24）歌德·《浮士德》·上海：复旦大学出版社，1982：1-695．

（25）罗德尼·斯塔克·《基督教的兴起》·黄剑波等译·上海：上海古籍出版社 ，2005：1-301．

（26）朱维之·《希伯来文化》·上海：上海社会科学出版社，2004：1-246．

（27）列夫·托尔斯泰《生活之路》·王志耕译·北京： 中国人民大学出版社，2006：1-510．

（28）卢卡奇·《青年黑格尔》·北京·商务印书馆，1963：1-144．

后　记

　　从小就对宗教、哲学、艺术领域的事物充满了好奇心，仿佛那是一个漩涡，总是在吸引着我深入探索。每当面对绘画、音乐、雕塑、建筑时，往往有一种"忘我"的气氛久久萦绕四周，挥之不去。年幼时不曾思考过这是出于什么样的原因，只是冥冥中觉得这样的东西似乎是自身情感的一部分，一旦与这一部分交融，我就会沉浸于一种内心的安宁以及波澜不惊的喜悦，或者说它们是一个作为"游子"的我返回家园时的自白。这样的喜好始终持续着，只是它的外延随着年龄的增长一直默默地扩展着，从一些局限于形象、直觉或者知觉的视听材料渐渐地弥漫开去，融入了更多隐匿在他人字里行间的弦外之音。那时略微懂事的我爱上了托尔斯泰、歌德、席勒，他们的文字释放着通达无限的能力，让我常常感觉到微曦温暖的阳光，小时候停留于不明就里的吸引力而燃烧的灼热激情，慢慢地也有所冷却，但是那从来不是抛弃或者转向，相反，那是一个贪婪者对其所好更为深入的挖掘、更为彻底的饕餮，如同一个美食家不仅只是满足于品尝各式各样的鲜美菜肴，他更难以克制的愿望是发掘每一道菜品的制作过程、配料以及火候。

　　非常幸运的是，在进入大学的那一刻，我选择了哲学、它也微笑着接纳了我，允许我在它深不可测的汪洋中玩耍嬉戏。一无所知的我开始了真正属于自己的人生，因为在过往的生命中，那是我跟随着心灵的牵引，所作出的第一个冷静而郑重的选择，并且长期以来一直为这个选择而深感庆幸。从基督教神学的角度来看，或许在这里，我应该情之所至地默念一句"感谢上帝"。确实，对于目前为止的命运，我的内心充满了感激，如果命运真是一份来自"无限者"的礼物的话，那么，在我打开这份礼物的过程中，的确时时伴随着不断的意外惊喜。然而，在感谢"上帝"之前，我却有太多的感谢要罗列。因为正是这些我身边的人，让我看到了生活的奇妙，间接地沐浴到了"命运"的眷顾。

首先，我很荣幸成为了那个可爱而美丽的"她"的女儿。某种意义上，我是母亲的一个作品，尽管这个作品有着那么多的缺点，但是它的创造者因为"十月怀胎"的坚韧以及常年不断的教养，却已经足以被我称为"伟人"。母亲给我了肉体，并且无论经济上还是精神上，一直支持着我对于爱好的追求和探索，她始终是我最贴心的伙伴。在论文的进行过程中，虽然她无力扮演一个指导者的角色，但是她对于我的生活细节的嘘寒问暖却是我继续快乐地写作论文的一个重要动力。而她偶尔的电话"骚扰"，也成了我移步书斋外，呼吸日常空气的清新片刻。感谢之辞已然难以描述这一份深入骨髓的爱，仅仅希望、并且会尽力去保证母亲一切都好。

"哲学家要作社会的'良心'"——这是导师张庆熊教授给我的宝贵礼物。对于导师，有太多感激，也有不少惭愧。六年多的跟随，只是在收获从他那里学习来的知识和言传身教的为人格调；却并没有为他分担很多辛劳和工作，由于自己的笨拙和闲散，也没有提供任何可以在学术上值得导师骄傲的东西，不禁感觉愧对导师多年的栽培和关怀。师恩深厚，不仅仅只是六年多点点滴滴的累加，而是植入了我的生命，幻化为其中非常重要的一部分，它将会观照我的一生，受用不尽。用黑格尔的话来说，它不是即将过去的故事，而是我自身成长和成熟的一个环节，这一环节如此关键，以至于它直接导向了今后的每一天。尽管再多的谢意也很肤浅，但是依然请接受我诚恳的感谢。

师兄——徐英瑾——现在是复旦大学哲学系教授，对我这份论文的写作给予了至关重要的帮助和指导，虽然在我具体撰写的阶段，他已然身在大洋彼岸投身于更宽广的哲学视野熏陶之中，但是在整个论文构架的构思以及具体内容的选择上，他的无私指教和细致分析一度点燃了我对于长篇论著的写作感觉，并且疏通了我对于黑格尔哲学的种种疑惑和困顿。在此，除了万分感激，也要把这份历时一年、朝夕写作的论文献给徐师兄。您分担了我的汗水，那么请您也与我共同分享喜悦。

一个人没有朋友，就会找不到自己在世界这个大坐标系中的位置。我的几个知心好友，对我在写作论文过程中的支持和帮助，以及他们在我的成长历程中不厌其烦的陪伴，让我的世界总是和风拂面。朋友的珍贵，除了相互的默契和理解，更在于那一份严峻的批评和纠正。由于自己的很多不足之处，常常会在情绪的起伏跌宕中有些微的迷失，而每每这个时候，朋友的警醒以及提示，往往总在阴云密布的天空中投照一线曙光，让我忘却烦躁、恢复平和，一如既往地做自己该做的事情。在这里，不一一指出他们的名字了，但是在我的心里，他们的名字是那么鲜明，和我的名字连在了一起。谢谢！

　　黑格尔——虽然我没有机会见到他，无法跟他实现面对面的对话交流；虽然在写作论文的整个过程中，他的深奥与智慧几度令我陷入对自我的失望和自信心的缺失；虽然无论我怎么努力，都只是浮于对他的表层研究，而无法真正彻悟他的哲学精神；虽然他在那个时代的德国，我在这个时代的中国；——我对他的敬意并不会因为这些因素的干扰而有所迟疑。黑格尔说，当人接受一种思想的时候，这种思想不再是一个外在的东西，而是成为了接受者自己的思想。我并不知道其他的研究者或者博士生是如何感受他们的研究对象的，但是从我自身的角度而言，他的"青年时期基督教宗教学思想"很显然深深影响了我，并且成为了我看待生活、看待世界的一个较为稳定的视角。很有趣的是，虽然他从不认识我，他却是这几年唯一一个和我朝夕相处的人，在对他的研究中，我些微地看清了他，但是更清晰地了解了自己。当黑格尔的"和解"精神在我的文本中逐步深化时，我与我自己也获得了最终的和解，那两个生活在天平两端、时时被张力拉扯而挣扎着的"我"放弃了相互间的对立性，成为了朋友，于是通过这样的"和解"，我更加热爱生活，也更加热爱这个世界。而这一切从灵魂深处满足了自幼便伴我左右、一心企图实现"悲天悯人"之情怀的愿望。诚然，对于黑格尔哲学的学习并没有因为论文的完成而结束，这是一个开头，以理论的形式展开的起点，此后的学习更要落实在一个实践的维度——在理解的基础上去爱。

　　感谢我的校园，给了我将近十年的家园感；感谢很多的作曲家和演奏者，他们的音乐给了我新鲜的生活灵动；感谢很多的电影制作者，当我疲劳时，他们的作品是我的神经缓和剂，在埋头书斋的日子里他们令我还能有机会作为一个旁观者身临其境于发生在他人身上的意韵万千的生活形态。

　　论文中引用了一些前人研究的材料，也混合了一些自己的头绪和观点。事实上，对于青年时期黑格尔基督教宗教学思想的研究，让我隐约触碰到了自己的能量边界，如果没有大量前人的研究作为铺路石，那么我可以十分肯定的是，我无法走完这条路。因此，论文中如果存在一些值得被赞同或者欣赏的有价值的东西，如果确实有的话，那一定是来自前人的启发和引导，凭我自己的能力、智力以及毅力，显然无法去创造什么；如果没有上面提到的来自母亲、导师、朋友的耐心和悉心作为我的写作背景，那么我想我是无法为论文画上句号的。

最后，请允许我递上这一份论文，作为对于将近十年大学学习的总结，也希望这一个远远还不够完善的东西，能够略略地承载我的感恩之心。

陈果

2008 年 4 月 5 日

备注：本论文获得了上海市哲学社会科学规划办公室的中青班专项项目。

以下为论文中出现的个别注解之补充：

i 　　来自复旦大学哲学系副教授徐英瑾老师的课堂笔记

ii 　　原因很简单，因为下文中，黑格尔对于民众宗教的论述，与纯粹的主观宗教相比，恰恰是糅合了客观宗教的因素，他的"民众宗教"恰恰是黄金比例的主观宗教与客观宗教的混合体。可见，黑格尔必然认为宗教之为宗教，必须包含着客观因素。

iii 　由于黑格尔把客观宗教与神学紧密地联系在一起，所以在他的这个文本中，当他与神学平行而论时，他所提及的"宗教"，在没有特别注明的情况下，往往指的是"主观宗教"

iv 　这里所指的理性，延续前文中的康德意义上的"实践理性"的思路，因为中间没有介入关乎理性其他向度的因素，所以没有特殊说明，则"理性"即指"实践理性"

v 　　《马太福音》22：32

vi 　《马太福音》5：17

vii 　《马太福音》22：37-40

viii 　古犹太教教派，又称匕首党。奋锐党（Zealots）虽然不是两约之间产生的，然他们对新约背景大有关系。他们是犹太教中之"狂热派"（Zealous，译为奋锐，有奋力锐进摩西律法者之意。）人士，据传在 6A.D.时，罗马二次征收赋税，举令犹太人家家户户人口登记，加利利人犹大嘉马拉（Judas Gamala）怂恿犹太人反判罗马。失败后他们组成奋锐党，藉着暗杀行刺之手段继续行其光复祖国之大计。他们也称为匕首党（Sicarrii，因常藏匕首在身），宣称除神是王之外，别无他人是王。在信仰上，他们笃守摩西律法，热切等待弥赛亚国度降临。

ix 　德尔图良（约 160～约 225）Tertullian，Quintus Septimius Florens 基督教教父，拉丁神学的创立者。生于北非迦太基城一个异教罗马人家庭。约 195 年入基督教。后一直从事护教方面的写作，是第一个用拉丁语写作的基督教教父，有拉丁教父之称。他对希腊哲学持强烈批判态度，斥之为异端，推崇信仰，贬低理性。他本来支持正统教会，约在 207 年，因对正统教会彻底失望，转而支持孟他努派。著作有《护教篇》、《论异端无权成立》、《论灵魂》、《论洗礼》、《论基督之肉体复活》等。

x 　　在失乐园的故事中，魔鬼引诱了亚当和夏娃偷食智慧之果，从而获得了理性，转引自《黑格尔的宗教哲学》赵林 武汉大学出版社 2005 年版 p.10

xi 　《约翰福音》3：16

xii 　《驳普拉克西亚》第二章 德尔图良著，转引自《基督教会史》 维利斯顿·沃尔克著，中国社会科学出版社 1991 年版 p.81-82

xiii 　《马太福音》1：1-25

xiv 　《马可福音》1：1-11

xv 　《路加福音》1：26-38，2：1-7

xvi 　《约翰福音》1：1-5，14

xvii 　《马太福音》8：23-27，《马可福音》4：35-41，《路加福音》8：22-25

xviii 　《马太福音》8：28-33，《马可福音》5：1-20，《路加福音》8：26-39

xix 　《马太福音》9：1-8，《马可福音》2：1-12，《路加福音》5：17-26

xx 　《马太福音》14：22-33，《马可福音》6：45-52，《路加福音》6：15-21

xxi 　《马太福音》9：30，《马可福音》1：44，《马可福音》7：36 等等

xxii 　纪伯伦（1883～1931），黎巴嫩诗人、散文作家、画家。生于黎巴嫩北部山乡卜舍里。12 岁时随母去美国波士顿。两年后回到祖国，进贝鲁特"希克玛（睿智）"学校学习阿拉伯文、法文和绘画。学习期间，曾创办《真理》杂志，态度激进。1908 年发表小说《叛逆的灵魂》，激怒当局，作品遭到查禁焚毁，本人被逐，再次前往美国。后去法国，在巴黎艺术学院学习绘画和雕塑，曾得到艺术大师罗丹的奖掖。1911 年重返波士顿，次年迁往纽约长住，从事文学艺术创作活动，直至逝世。

xxiii 　《路加福音》23：44-46，《马太福音》27：45-56，《马可福音》15：33-41，《约翰福音》19：28-30

xxiv 　《马太福音》28：1-10，《路加福音》24：1-12，《马可福音》16：1-8，《约翰福音》20：1-10

xxv 　都灵裹尸布之谜："都灵裹尸布"困扰着科学界，很多科学家试图解开个中谜团。据说是曾经包裹过耶稣尸体的裹尸布，这个问题长年来牵动着神学界和科学界，引来争议无数，却至今没有定论。

xxvi 　英国诗人威廉·布莱克（William Blake）（1757-1827）著，台湾散文家陈之藩译。另外几个译本：一颗沙里看出一个世界，一朵野花里一座天堂；把无限放在你的手掌上，永恒在一刹那里收藏。（梁宗岱译）

xxvii 　《马太福音》28：16-20，《马可福音》24：36-49，《约翰福音》20：19-23，《使徒行传》1：6-8

xxviii 　《马太福音》3：10-17，34-35；《马可福音》4：10-12；《路加福音》5：9-10

xxix 　《约翰福音》15：5-7

xxx 　《约翰福音》16：26-27

xxxi 　《约翰福音》20：31

xxxii 　《自然与艺术》，歌德的诗

xxxiii 　《浮士德》，歌德的长篇诗歌

xxxiv 　《马太福音》22：37-40

xxxv 　《马太福音》5：17

xxxvi 　《马太福音》16：16

xxxvii 　《马太福音》27：11

xxxviii 　《路加福音》17：20-21

xxxix 　《马太福音》18：1-5，《马可福音》9：33-37，《路加福音》17：1-2

xl 　《马太福音》14：22-33

xli 　《马太福音》26：14-16，《马可福音》14：10-11，《路加福音》22：3-6

xlii 　《马太福音》26：31-35，《马可福音》14：27-31，《路加福音》22：31-34，《约翰福音》13：36-38

xliii 　《马太福音》6：38-42

xliv 　《旧约创世纪》22：1-19

xlv 　《旧约创世纪》21：9-21

xlvi 　《旧约创世纪》17：1-14

xlvii 　伯里克利（Pericles，约公元前 495—429），古希腊奴隶主民主政治的杰出的代表者，古代世界最著名的政治家之一。

xlviii 　《新约马太福音》22：37-40，《马可福音》12：28-34，《路加福音》10：25-28

xlix 　译本上的"行为之完成"使用的翻译乃是"补充"，以表示"扬弃"之含义。但

是笔者比较了英文译本与德文原本之后，仍然选择了"行为之完成"作为起译解，觉得这样更能清楚地表达"扬弃"之含义。因为"完成"一词本身就隐含着整体性的含义。

l　中国古典哲学的一个观念是"天人合一"。所谓"天"并非指神灵主宰，而是"自然"的代表。"天人合一"有两层意思：一是无人一致。宇宙自然是大天地，人则是一个小天地。二是大人相应，或无人相通。是说人和自然在本质上是相通的，故一切人事均应顺乎自然规律，达到人与自然和谐。老子说："人法地，地法天，天法道，道法自然。"（马王堆出土《老子》乙本）即表明人与自然的一致与相通。先秦儒家亦主张"天人合一"，《礼记·中庸》说："诚者天之道也，诚之者，人之道也"。认为人只要发扬"诚"的德性，即可与天一致。汉儒董仲舒则明确提出："天人之际，合而为一。"（《春秋繁露·深察名号》）是二千年来儒家思想的一个重要观点。

li　《论语·先进十二》：季路问事鬼神。子曰："未能事人，焉能事鬼？"曰："敢问死。"曰："未知生，焉知死？"

lii　《涅磐无名论》中的记载如下："无名曰：夫至人空洞无象，而万物无非我造。会万物以成己者，其唯圣人乎！何则？非理不圣，非圣不理，理而为圣者，圣人不异理也。故天帝曰：般若当于何求？善吉曰：般若不可于色中求，亦不离于色中求。又曰：见缘起为见法，见法为见佛，斯则物我不异之效也。所以至人戢玄機於未兆，藏冥運於即化，總六合以鏡心，一去來以成體。古今通，始終通，窮本極末，莫之與二。浩然大均，乃曰涅磐。經曰：不離諸法而得涅磐。又曰：諸法無邊，故菩提無邊，以知涅磐之道，存乎妙契。妙契之致，本乎冥一，然則物不異我，我不異物，物我玄會，歸乎無極，進之弗先，退之弗後，豈容終始於其間哉！天女曰：耆年解脫，亦如何久。"

liii　基督：Χριστος[希腊语]Christos〔拉丁语〕Christ〔英语〕基督，意思是"受膏者"；希伯莱语发音为"弥赛亚"，意思是"救世主"。

liv　尼西亚信经：（中文又译做尼吉亚信经或奈西亚信经），是传统基督教三大信经之一。尼西亚信经是大公会议有关基督教信仰的一项基本议决。这个议决确定了圣父、圣子、圣灵为三位一体的上帝，地位平等。接受并且信奉此信经的有罗马天主教会，东正教会，圣公会（英国国教会），以及新教派里的主要教会。

尼西亚信经的内容如下：Credo in unum Deum,〔我信惟一天主，〕Patrem omnipotentem,〔全能者罢德肋（音译：父亲、圣父），〕Factorem coeli et terrae,〔造成天地，〕Visibilium omnium et invisibilium.〔及见与不见之物。〕Et in unum Dominum,〔我信惟一主，〕Jesum Christum, Filium Dei unigenitum,〔耶稣契利斯督（音译：基督），惟一天主子，〕Et ex Patre natum ante omnia saecula.〔从无始生於罢德肋（圣父）。〕Deum de Deo,〔由天主者天主，〕Lumen de lumine,〔由光者光，〕Deum verum de Deo vero.〔由真天主者真天主。〕Genitum, non factum,〔受生而非受造，〕Consubstantialem Patri, per quem omnia facta sunt.〔与罢德肋（父亲）同体，万物因彼而受造。〕Qui propter nos homines,〔我信其爲我等人，〕Et propter nostram salutem, descenit de coelis,〔又爲救我等，自天降来，〕Et incarnatus est de Spriritu Sancto ex Maria virgine,et homo factus est.〔我信其因斯彼利多三多（圣神）取肉身，於玛利亚之童身而爲人。〕Crucifixus etiam pro nobis,〔我信其爲我等被钉十字架〕Sub Pontio Pilato,〔於般爵彼辣多（般雀彼拉多）居官时〕Passus et sepultus est.〔受难死而乃瘗（埋葬）〕Et resurrexit teria die secundum Scripturas.〔我信其第三日复活符（符合）於经典（圣经）〕Et ascendit in coelem, sedet ad dexteram Patris.〔我信其升天坐於罢德肋（圣父）之右〕Et iterum venturus est cum gloria,〔我信其显赫荣福复降来临〕Judicare vivos et mortuous,〔审判生死者〕Cujus regni non erit finis.〔其国无终〕Et in Spiritum Sanctum,〔我信斯彼利多三多（圣神）〕Dominum et vivificantem, qui ex Patre et Fiioque procedit.〔是主且活发於罢德肋（圣父）及费略（圣子）〕Qui cum Patre et Filio simul adoratur,〔我信其协罢德肋（圣父）及费略（圣子）合并（一同）钦崇〕Et conglorificatur, Qui locutus est per prophetas〔盖假厥（假借）用先知之口而已论（意思）〕Et unam sanctam catholicam,et apostolicam Ecclesiam.〔我信唯一圣而公授宗徒遗训厄格勒西亚（教会）〕Confiteor unum baptisma in remissionem peccatorum.〔我认唯一圣洗以得罪之赦〕Et exspecto resurrectionem mortuorum.〔我望已亡者俱复活〕Et vitam venturi saeculi.〔我望来世之常生（永生）〕Amen!〔亚孟〕

lv 《马太福音》22：37-40，英文的版本是："'You shall love the Lord your God with all your heat, and with all your soul, and with all your mind.'This is the greatest and first commandment. And a second is like it: 'You shall love your neighbor as yourself.' On these two commandments hang all the law and the prophets."根据英文译本，中文译本中"其次"翻译得略有疏漏，因为英文中的"a second"与"the second"有着明显区别，后者具有着其次而略逊于第一的含义，但是前者则代表"另一个"或者"另外"的含义，通常更有并列者的意义，而无明显的高下优劣先后之分。所以如果按照英文译本的理解，则"爱神"与"爱人如己"没有孰高孰低的分别，而是具有同等的重要性。

lvi 《约翰福音》19：36

lvii 《马太福音》3：2

lviii 《马太福音》11：39

lix 《约翰福音》14：18-20

lx "辩证法"一词在古希腊就有了，希腊文原型是 dialektike。在苏格拉底那里，"辩证法"是一种技术，即用提问的方式来深入挖掘精神和思想。在亚力士多德那里，"辩证法"指的是从不必然为"真"的前提出发作理性推理的方式。在康德那里，"辩证法"则背离了方法论意义上的中性价值，而是指人类的知性被用于超感性领域，而不胜其任造成的虚假幻相。

lxi 《马太福音》5：17

lxii 黑格尔的耶拿时期。他认为宗教必须停止在哲学面前、直观和表象必须上升为思维和概念

lxiii 《Hegel's Development toward the Sunlight 1770-1801》By H.S. Harris Oxford at the Clarendon Press p.391 哈里斯提到，"哲学"和"宗教"这两个词在黑格尔这个阶段的文本中的使用需要格外被留意，因为其前面阶段所称的"哲学"实际上所指的是反思的哲学，而其后一个阶段所谓的"哲学"事实上植根于前一个阶段所指的"宗教"。